베트남
견문록

KB121001

외교관 임홍재,
베트남의 천 가지 멋을 발견하다!

베트남
견문록

임홍재 지음

김영사

Việt Nam Kiến Văn Lục

베트남 견문록

저자_ 임홍재

1판 1쇄 발행_ 2010. 11. 10.
1판 6쇄 발행_ 2019. 4. 11.

발행처_ 김영사
발행인_ 고세규

등록번호_ 제406-2003-036호
등록일자_ 1979. 5. 17.

경기도 파주시 문발로 197(문발동) 우편번호 10881
마케팅부 031)955-3100, 편집부 031)955-3200, 팩시밀리 031)955-3111

값은 뒤표지에 있습니다.
ISBN 978-89-349-4190-3 03300

홈페이지_ www.gimmyoung.com   블로그_ blog.naver.com/gybook
페이스북_ facebook.com/gybooks   이메일_ bestbook@gimmyoung.com

좋은 독자가 좋은 책을 만듭니다.
김영사는 독자 여러분의 의견에 항상 귀 기울이고 있습니다.

서로에 대한 이해, 공감과 배려는 지속가능한 관계의 핵심이다

1992년 한국과 베트남이 외교관계를 수립한 후 올해 18년이 된다. 이 짧은 기간에 한국과 베트남의 관계는 그 예가 없을 정도로 급속히 발전해왔다. 이제 베트남과 한국은 서로의 전략적 협력동반자, 형제의 나라, 사돈의 나라가 되었다.

양국 관계가 이처럼 발전하고 인적 교류가 왕성한데 비해 상대의 역사, 문화 그리고 생활풍습에 대한 이해는 아직은 미흡한 것으로 보인다. 서로에 대한 이해, 공감과 배려는 지속가능한 관계의 핵심이라고 생각한다.

이런 점에서 이번에 임홍재 대사의 《베트남 견문록》이 출간된 데 대해 진심으로 환영한다. 현재 한국과 베트남의 관계는 정치 · 외교, 경제, 문화, 사회, 교육, 과학기술, 인적 교류 등 모든 분야에서 꽃을 피우고 있다. 한국에 거주하는 베트남인과 베트남에 거주하는 한국인이 각각 10만 명에 육박하며, 양국의 발전은 물론 양국 간 우호협력관계에 기여하고 있다.

이 책은 임 대사가 재임기간 중 한국과 베트남 양국 관계와 더불어 베트남의 역사, 문화, 베트남 사람에 대해 베트남에서 보고, 듣고, 느낀 것을 한국 국민들에게 알려주려고 썼는데, 이 책을 보면 외교관으로서 임 대사의 베트남에 대한 따뜻한 마음과 양국 간 우호관계를 증진시키려는 각고의 노력을 발견할 수 있다. 베트남에 대한 그의 애정과 노력을 높이 평가한다.

임 대사가 재임하는 기간, 양국 관계는 외교의 최상 상태인 전략적 동반자관계로 격상되었고, 베트남이 정치적 안정과 함께 경제사회 발전에 큰 성과를 거두었다. 임 대사가 베트남에서 한 것처럼 본인도 재임하는 기간에 베트남과 한국 간 훌륭한 우호협력관계의 발전을 위해 최선을 다 하겠다.

이 책은 마침 하노이 천년이 되는 해에 출간하여 서울의 자매도시 탕롱-하노이의 천도 천년 기념에 좋은 선물이 될 것이다. 이 책은 하나의 유익한 기록으로서 널리 읽히고 보존될 것으로 기대한다.

2010년 11월 주 한국 베트남대사

쩐쫑또안Tran Trong Toan

사랑과 관심으로
베트남인들의 마음을 얻다

임홍재 대사의 《베트남 견문록》 출간을 진심으로 축하한다.

내가 베트남 대사로 한국에서 근무하고 있을 당시 임 대사가 한국 대사로 베트남에서 일하고 있어서 우리는 양국 간 우호관계를 증진시키기 위해 긴밀한 협력을 나누었다. 재임 기간 중 농득마인 당서기장의 방한, 응우옌떤중 총리의 방한, 이명박 대통령의 베트남 방문은 양국 관계를 전략적 동반자로 격상시켰고, 이 과정에서 우리의 노력이 커다란 보람으로 기억되고 있다.

임 대사는 이 외에도 베트남 사람들에게 한국을 소개하려고 많은 노력을 기울였다. 베트남의 각계 인사들을 한국으로 초청해서 여러 분야에서 한국의 개발경험이 베트남과 공유되도록 주선했다. 한편 그는 베트남 문화를 한국에 알리기 위해 베트남 문화행사를 한국에서 갖도록 지원했고, 나아가 베트남의 박닌 성 민요인 〈꽌호〉가 유네스코의 세계무형문화재로 등재되도록 앞장서서 지지했으며, 꽝닌 성의 하롱베이가 세계 7대 자연 기적으로 선정되도록 두 번에 걸쳐 커다란 캠페인을 벌이는 등 베트남의 문화 외교에 남다른 관심을 가지고 지원했다. 주 베트남 한국대사로서 임 대사의 이 아름다운 우정과 지원은 모든 베트남인을 깊이 감동시켰다

나는 2008년 5월 임 대사와 함께 충청북도 옥천에 거주하는 우리 베트남 여성들을 방문하여 위로하고 대화를 나눈 일을 뜻있는 일로 기억하고 있다. 우리의 방문에 마치 친정아버지를 만난 것처럼 기뻐했던 그들의 모습은 내 마음에 깊이 남아 있다. 임 대사가 짧은 고국 방문 기간 중에도 틈을 내서 지방에 사는 우리 베트남 여성들을 직접 찾아가서 격려하는 모습을 보고 그의 베트남 사랑을 엿볼 수 있었다. 그는 진정으로 베트남 사람들의 마음을 얻었다.

임 대사의 책은 이런저런 베트남의 이야기 보따리를 풀어 놓고 있다. 이 책을 통해 베트남에 대한 지식을 새롭게 하고 평화와 발전을 위해 일하는 베트남인들의 아름다운 이미지가 한국인들 사이에 널리 퍼지기를 바란다.

2010년 11월 전 주 한국 베트남대사

팜띠엔번Pham Tien Van

21세기의 블루오션 베트남의
어제, 오늘, 내일을 읽다

베트남은 이제 우리의 이웃이고 사돈의 나라다. 수교 이후 18년 이라는 길지 않은 시간 동안 베트남과의 양국 관계는 외교의 최상 상태인 전략적 협력 동반자 관계로 발전했다. 베트남에 2천 여 개의 우리 기업이 진출해 있고 9만 여 명의 우리 동포들이 거주하고 있다. 거의 같은 수의 베트남인들이 한국에 거주하고 있다. 국제결혼을 한 베트남 여성들은 우리의 딸이며 며느리로 곁에 살고 있다. 또한 우리는 베트남 근로자들과 유학생들의 근면성과 재능을 좋아한다. 한국인에 대한 베트남 사람들의 호감도도 매우 높다. 문화와 역사적 배경의 유사성은 두 나라 국민을 단단히 묶어주는 끈이 되어주기도 한다.

근세에 프랑스, 미국, 중국 등 강대국을 상대로 세 번의 전쟁을 치른 베트남이 다시 세계의 주목을 받고 있다. 전쟁터라는 이미지를 벗고 개발과 발전의 상징으로 떠오르고 있기 때문이다. 베트남은 최근 전 세계가 경제 위기로 마이너스 성장을 하는 중에도 플러스 성장을 한 몇 나라 중 하나다. 대규모 국제 투자가 베트남으로 몰려오고 있다. 2025년이 되면 베트남은 인구 1억 2,500만 명의 아시아에서 3위의 경제력을 지닌 국가가 되리라는 전망도 있다. 베트남의 중장기 발전 잠재력은 국제 투자와 무역을 끌어들이는 자석이 될 것이라고 한다.

그렇다. 그동안 긴 잠을 자고 있던 베트남이라는 용이 기지개를 켜고 있다. 21세기 블루오션의 물결이 베트남에서 일고 있다. 베트남 물결의 원동력은 유구한 역사와 찬란한 문화에서 오는 것으로 보인다. 물론 기나긴 고통의 세월을 겪기도 했지만 숱한 침략에도 불구하고 외세를 물리쳤다는 자존심도 크다. 뿌리 깊은 역사와 문화가 베트남 사람들에게 특유의 값진 영감을 주고 있다.

인내, 미소, 근면, 시 애호는 베트남의 특성을 보여주는 단어다. 끊임없이 다가오는 자연재해와 외세 침략을 극복해내고, 모든 것을 녹이고 덮는 미소와 부지런함, 시와 음악을 사랑하는 여유를 지닌 베트남은 알면 알수록 신비한 매력이 숨어 있는 나라다. 무엇보다 근세에 들어서 호찌민이라는 훌륭한 지도자를 만난 것은 베트남 사람들에게 커다란 행운이었다. 베트남 사람들에게 호찌민은 공산주의자이기 이전에 인내심과 학구열, 현실과 미래에 대한 판단력, 애국심, 청렴함으로 나라를 독립시키고 통일의 기반을 마련한 민족주의자로 존경받고 있다.

베트남의 급부상으로 많은 사람들이 베트남의 역사, 문화, 지리에 관심을 보이고 있다. 그들은 베트남의 이모저모에 대해 각자의 시각에서 좋은 책들을 내놓았다. 나는 이 책들을 읽으며 많은 것을 배우고 확인했다. 나의 《베트남 견문록》은 한국과 베트남 간 관계를 전략적 협력 동반자로 보고 베트남이 가장 힘차게 발전하는 기간을 현장에서 목격한 증인의 눈으로 본 베트남에 관한 것이다.

이 책은 베트남의 역동성의 뿌리가 되는 베트남의 과거, 현재, 미래를 들여다본다. 역사, 지리, 사람, 문화를 소개하고 베트남 사람들의 가슴 깊이 자리 잡고 있는 호찌민과 보응우옌지압, 과감한 쇄신을 택한 도이머이에 대해서도 알아본다. 그리고 우리 한국과 베트남의 현재와 미래에 대해서도 다루고 있다.

또한 한국과 베트남의 질긴 인연도 더듬어본다. 12, 13세기에 각각 고려로 피신해온 베트남 왕자들은 우리나라의 정선이씨, 화산이씨의 시조가 되었고 그들의 후손들은 양 국가 간의 다리를 놓아주고 있다. 민족의 독립과 자유를 위해 일생을 바친 호찌민과 김구 두 지도자들이 중국에서 활약하고 있을 때 서로 교류가 있었다는 사실이 입증된다면 양국 간 인연은 한층 더 굳건해질 것으로 생각된다.

베트남은 나의 외교관 생활의 마지막 임지로, 지난 30여 년 외교관으로 일하며 쌓은 경험과 지식 그리고 열정을 이곳에 쏟아부었다. 그러는 동안 나는 베트남을 깊이 사랑하게 되었다.

이 책을 통해 특별히 베트남의 역사, 문화, 사람들에 대해 긍정적인 측면에 초점을 맞추어 기록하고 이를 우리 국민들에게 소개하고자 한다.

Contents

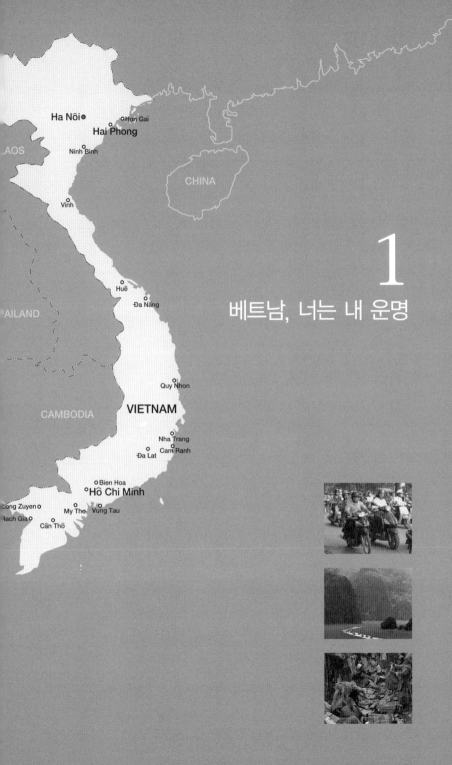

1
베트남, 너는 내 운명

첫눈에 반한 베트남

2005년 9월 나는 주 이란 대사로 부임하였다. 풀이 자라는 동시에 말라버릴 정도로 무더운 어느 여름날 나는 본부로부터 베트남 주재 대사로 내정되었다는 통보를 받았다. 미국의 이라크 침공 직후에 무더운 이라크에 자원해서 전쟁터에서 1년을 힘들게 보냈고, 곧이어 또다시 무더운 나라 이란에서 2년을 보냈는데, 다시 한 번 무더운 정글의 나라 베트남으로 가라는 것이었다. 평소 우리 기업의 해외 진출을 도와 젊은이들에게 일자리 하나라도 더 만들어주는 것이 내 의무라고 여겨왔던 터라 아무리 좁고 험한 길을 가라고 해도 기꺼이 응했지만, 솔직히 연이어 무더운 지역으로 가라고 하니 몹시 서운한 맘이 들었다.

처음 인선 과정에서는 유럽 지역으로 검토되었는데 막상 최종 단계에서는 베트남으로 결정된 이유가 무엇인지 나는 곰곰이 생각해 보았다. 폭염의 사막 중동에서 3년을 보내는 동안 나는 초록의 벌판을 그리워했다. 풀 한 포기 찾아보기 힘든 사막의 나라에 사는 중동의 사람들도 초록을 사랑한다. 그래서 그들의 국기 색깔에는 모두 초록색이 들어 있다. 그곳에 있으면서 사실 나는 다음 발령지로 물도 많고, 비도 많이 오고, 풀도 많고, 나무도 많은 나라로 보내달라고 기도했다. 베트남이 다음 임지로 결정된 것은 바로 그 기도의 응답이었던 것 같다.

또 곰곰이 생각해 보았다. 이란에서 근무하다가 베트남으로 가는데 어떤 인연이 있을까. 순간 혜초 스님이 생각났다. 이라크, 이란에서 근무하면서 다수의 중동 관련 책을 읽었는데, 그중 하나가 혜초慧超 스님의 《왕오천축국전往五天竺國傳》이다. 혜초는 남천축국(인도 남쪽) 여행길에서 고향을 그리는 시를 다음과 같이 남겼다.[1]

달 밝은 밤에 고향 길을 바라보니
뜬 구름은 너울너울 돌아가네.
그 편에 감히 편지 한 장 부쳐 보지만
바람이 거세어 화답이 안 들리는구나.
내 나라는 하늘가 북쪽에 있고
남의 나라는 땅 끝 서쪽에 있네.
일남에는 기러기마저 없으니
누가 소식 전하러 계림으로 날아가리.

혜초 스님이 남천축국에서 쓴 시이지만 일남을 지명으로 언급한 것은 참으로 흥미롭다. 정수일에 의하면 일남日南(베트남 말로는 녓남)은 남쪽이라는 뜻도 있지만 한나라가 기원전 111년에 남비엣을 멸망시키고 세웠던 베트남의 북중부 지역의 3개 군 가운데 하나이다. 혜초 스님이 고향을 그리며 시를 쓸 때 왜 일남 지역을 언급했을까? 일찍이 혜초 스님은 구도 수행차 인도로 가는 길에 베트남을 경유하면서 그곳에 기러기가 없다는 것도 알았기 때문이 아닐까 추측해본다. 기록에 의하면 고대 중국의 고승들은 구도차 인도에 갈 때 베트남을 경유했다. 혜초스님은 천축국(인도) 방문을 마치고 파사국(고대 페르시아, 현대 이란)을 경유해서 중앙아시아로 갔고 여기에서 중국으로 갔다. 나는 이제 혜초 스님의 발자취를 거슬러 이란-베트남 여정으로 여행을 하게 되었다.

옛날 동서의 상인들이 거닐었던 비단길이자, 마르코 폴로가 동방으로 가기 위해 경유했던 이란에서 시작해서 우리 조상의 한 사람이 구도의 길 가운데 경유했던 베트남을 가게 된 것이다.

틈나는 대로 베트남을 세계 지도에서 들여다보았다. 한국이 동북아의 심장이듯, 이란은 중동의 심장이고, 베트남은 동남아의 심장이다. 그렇다. 나는 세계의 심장인 나라에서 대사직을 수행하게 된 것이다.

나에게 또 다른 인생 과정이 시작되고 있었다. 현실적으로 따져볼 때 분명히 베트남은 나의 마지막 임지였다. 그간 외교관이 되고 나서 거쳤던 나라들과 그간의 사건들을 회상해보았다.

1977년 외교관 생활을 시작한 이래 영국(옥스퍼드대 연수), 미국(뉴욕 두 번), 태국, 코스타리카, 프랑스, 이라크, 이란에서 근무했다.

이 근무지에서 겪은 다양한 문화는 더할 나위 없이 귀중한 경험이고 내 인생에 커다란 영향을 주었다.

공관장으로 근무했던 이라크, 이란은 황량한 사막이었으나 기술과 도전 정신으로 무장한 우리에게는 황금의 땅이었다. 이라크는 당시 전쟁 직후로 이 황금을 캐낼 우리 기업을 도울 수 있다는 생각에서 지원했다. 다른 사람들은 원하지 않은 위험한 지역이었지만 모두가 회피하려고만 한다면 조직은 결코 발전할 수 없다. 당시 나로서는 결단을 과감하게 감행한 것이었으나, 돌이켜보면 가족들에게는 너무나 많은 고통과 불편을 주었다. 지금도 테러가 벌어지는 이라크는 당시 생사가 왔다 갔다 하는 전쟁터였다. 위험한 바그다드 생활을 1년 마치고 본부로 돌아와 잠시 대기한 후 이란 대사로 부임해서 2년간 그곳에서 우리 기업들과 땀 흘리며 지냈다. 작열하는 중동의 태양 아래서 뜨거운 먼지바람을 견뎌내며 열심히 일하는 우리 기업인들을 보면서 이들이야말로 진정한 애국자라는 생각이 들었다.

인구 7,200만 명의 이란은 찬란한 페르시아 문명을 지니고 있으며 석유와 천연가스 등 에너지 자원이 넘치는 나라다. 석유는 확인된 매장량만 가지고도 앞으로 80년 동안 일산 410만 배럴을, 천연가스는 7,200만 인구가 430년 동안 사용할 수 있는 어마어마한 양을 보유하고 있다. 그곳에서 우리의 자동차, 전자제품은 전체 시장의 반을 점유했다. 이란은 현재 핵 문제로 국제 사회의 우려 대상이지만, 문제가 해소되고 나면 분명히 커다란 시장이 될 것이다.

나에게 이라크와 이란은 중동과 이슬람 문화에 대한 이해의 폭을 넓히는 기회가 되었다. 중동 역사와 이슬람에 대한 책을 틈나는 대로 읽었으며 영어 번역본으로 된 코란 구절도 읽었다. 중동 사람들로부터 코란에는 모세가 120여 번, 예수가 20여 번 언급되었다고 들었다. 삼국, 고려, 조선의 중동 교류는 나의 흥미를 크게 북돋았다. 중동 사람들은 1970년대 진출한 우리 기업인들의 근면한 모습을 보고 한국인들에 대해 매우 큰 호감을 가지고 있다. 내가 이란에 있을 당시 우리 드라마 〈대장금〉이 방영되었는데 이란 방송국이 조사한 시청률이 무려 80퍼센트를 넘었다. 이란 사람들은 한국인들이 드라마 〈대장금〉에서처럼 매우 세심하게 조리된 맛있고 건강한 음식을 먹고사는 훌륭한 문화를 가진 민족으로 생각했다. 이란에는 또 백만 명이 넘는 태권도 인구가 있어 어딜 가나 태권도 하는 사람을 쉽게 만날 수 있었다. 우리의 기업들과 한류는 우리의 가치와 문화를 세계 구석구석에 전파해주고 있다.

이란과 좋은 인연을 맺고 이제 베트남으로 가게 되었다. 베트남 속담에 베트남의 7월 햇볕은 자몽나무 가지를 말려 쓰러뜨리고, 8월 더위는 얼굴을 타게 한다고 한다. 덥긴 무척이나 더운 모양이다.

그러나 여러 소개 책자 속에서 만난 베트남은 저개발과 전쟁으로 얼룩진 것이 아니라 무성한 산록, 아름다운 해변, 고대 파고다, 문화적 매력을 지닌 평화로운 나라였다.

막연하나마 베트남 근무를 통해 내가 베트남을 위해, 한국과 베트남 양국 관계를 위해 무엇인가 할 수 있으리라는 확신이 들기도 했다.

베트남은 어떤 나라인가[2]

나의 또 다른 인생이 될 베트남은 어떤 나라인가? 지구본 위 어디쯤에 위치하고 있으며 어떤 역사를 갖고 있는가? 龍용의 나라, 越월의 나라라 알려진 베트남의 기본 지식을 아는 것이야말로 국제 사회 속의 베트남, 떠오르는 경제국으로서의 베트남을 알기에 우선이 되어야 할 것이다.

용 혹은 독수리의 머리를 닮은 국토

한반도 크기의 1.5배이고 남한의 3배인 베트남의 영토는 4분의 3이 구릉과 산악 지대이다. 여기에 8,500만 명이 거주하고 있다.

베트남은 무덥고 습도가 매우 높다. 특히 오뉴월 무더위는 대단하며 1년에 100일 정도 비가 내린다.

베트남은 북남으로 긴 나라로 북쪽의 랑선Lang Son에서 남쪽의 까마우Ca Mau까지 2,351킬로미터로 서울에서 부산까지 5배의 길이다. 폭이 넓은 곳은 600킬로미터이고 좁은 곳은 50킬로미터이다. 1,000여 개 섬을 가지고 있으며, 해안선은 3,200킬로미터이고 중국, 라오스, 캄보디아와의 육지 국경선은 물경 3,730킬로미터나 된다. 오늘날 베트남과 중국 간 국경은 베트남을 보호령으로 한 프랑스와 중국 간 1887년 천진조약天津條約에 의해 정해졌다.[3] 이 조약에서 중국은 속국 베트남에 대해 가지고 있었던 일부 주권을 포기했다. 베트남과 중국 국경 간 철도 부설이 허용되었고 양국의 국경에 세워진 우호의 문Friendly Gate에 "국경은 석벽으로 보호되는 것이 아니라 조약의 이행으로 보호된다Borders are not protected by stone

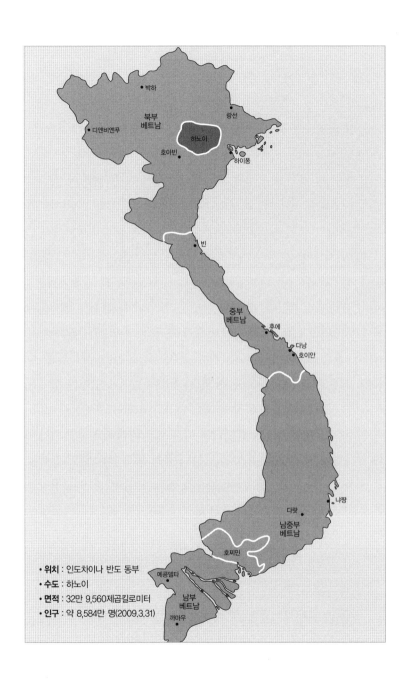

박하

북부
베트남

랑선

디엔비엔푸

하노이

호아빈

하이퐁

빈

중부
베트남

후에

다낭
호이안

나짱

다랏

남중부
베트남

호찌민

메콩델타

남부
베트남

까마우

- **위치** : 인도차이나 반도 동부
- **수도** : 하노이
- **면적** : 32만 9,560제곱킬로미터
- **인구** : 약 8,584만 명(2009.3.31)

23

walls, but by the enforcement of treaties"는 문구를 붙였다. 이 조약에서 정해진 국경은 1911년 중국 공화국에 의해서도 변하지 않았고, 베트남이 프랑스 식민 통치에서 벗어났을 때도 변하지 않았으며, 1979년 베트남과 중국 간 국경 충돌에서도 변하지 않았다. 베트남과 중국은 2008년 12월 31일에 1999년부터 시작된 양국 간 육로 국경 확정 및 표지판 설치에 관한 공동 선언문을 발표하고, 양측이 합의에 도달했음을 선언하였다. 양국은 10년에 걸쳐 1,350킬로미터에 달하는 국경선에 2,000개의 경계석을 설치했다고 밝혔다.

베트남의 모습을 여러 가지로 비유해서 설명하는데, 베트남을 용처럼 생겼다고도 하고(북쪽 하지앙Ha Giang은 용의 머리, 남쪽 까마우Ca Mau는 용의 꼬리), 베트남 반도가 독수리의 머리(부리를 위로 쳐든 모습)처럼 생겼다고도 하고, 대나무 어깨지게(북쪽의 홍강 델타, 남쪽의 메콩 델타가 대나무 어깨지게의 바구니)처럼 생겼다고도 한다. 베트남은 북에는 중국, 서쪽은 고산준령, 동쪽은 바다를 접하고 있어서 뻗어갈 수 있는 곳은 남쪽밖에 없었다. 홍강(紅江, Red River)에서 메콩 강까지 확장하는 데 800년이 걸렸는데 이를 베트남의 북거남진北拒南進의 역사라고 부른다. 나라가 길다 보니 북쪽 끝과 남쪽 끝의 기후도 크게 다르다. 북쪽은 네 개의 계절이 있고, 남쪽은 건기와 우기만 존재한다. 베트남 문명의 요람인 북쪽 문화는 동북아에 가깝고, 남쪽 문화는 동남아에 가깝다.

베트남 신화는 용에서 시작한다

베트남도 우리처럼 반만 년의 역사를 가지고 있는 것으로 알려져 있다. 고대 베트남은 중국 광시, 광둥 그리고 홍강 델타 지역에 걸쳐 있었다. 신화는 민족의 정신적 잠재력을 이해하는 데 단서가 되므로 베트남의 국민과 문화를 알려면 베트남의 신화를 알아야 한다. 베트남 신화는 기원전 천년 청동기 시대 홍강 델타에서 시작되었다. 이것은 중국 문화가 유입되기 전의 베트남 문화와 정체성을 형성하였다.

베트남 신화는 용에서 시작한다. 그래서 베트남 사람들은 용을 조상으로 삼고, 수도에 용의 이름을 붙이기도 했다. 용이 벼 경작에 필요한 비를 내려준다는 믿음에서 비롯된 용 숭배는 다산숭배의 일부분이다.

전설에 의하면 바다의 용왕과 산의 요정이 결혼해서 100개의 알을 낳았는데 이들이 부화해서 100명의 아들이 태어났다. 그런데 요정은 산으로 돌아가기를 원했고, 용은 바다로 돌아가기를 원했다. 그래서 이들은 헤어지기로 결정하고 각각 50명의 아들을 데리고 산과 들판으로 나갔다. 도움이 필요하게 되면 서로 돕기로 했다.

비엣족(낀족)은 원주민과 북쪽에서 내려온 몽골족과의 혼혈 종족으로 중국의 양자강 이남과 현 베트남 북부 지역에서 살았다. 이들은 기원전 1,000년부터 홍강을 중심으로 문화적 정체성을 형성하기 시작했다. 비엣족은 베트남의 54개 종족 중 하나로 오늘날 베트남 전체 인구의 85.7퍼센트를 차지하고 있으며, 나머지는 53개의 소수 민족이다. 중국에 56개 소수 민족이 거주하는데 중국보다 33배나 작은 크기의 나라인 베트남에 53개의 소수 민족이 살고 있다. 비엣족은 해안, 삼각주 지역에 거주하고 있으며, 소수 민족들은 주로 산악 지대에서 산다. 100만 명의 화교는 도시에, 짬족과 크메르족은 메콩 델타 지역에 거주한다. 베트남의 54개 민족들은 한 지붕

아래서 평화롭게 살고 있다.

남쪽에 사는 비엣족

베트남Vietnam이라는 말은 남쪽Nam에 사는 비엣Viet족을 뜻한다. 마치 유고슬라비아Yugoslavia가 남쪽Yugo에 사는 슬라브Slavia족을 뜻하는 것과 같다. 베트남이라는 국호는 베트남 마지막 왕조인 응우옌 왕조(Nguyen Dynasty, 阮王朝)가 채택했고, 1945년 호찌민 주석이 독립을 선포할 때 다시 채택한 이름이다. 베트남은 우리에게 안남으로도 알려져 있다. 1950년대와 1960년대 국제 사회로부터 구호품으로 제공된 쌀 중 '알랑미'가 있었는데 안남미 발음이 알랑미로 된 것으로 보인다. 그러나 베트남에서 안남이라는 말은 베트남인을 폄하하는 의미를 가지고 있다. 679년 당나라가 베트남에 안남도호부를 설치하여 안남(安南, Pacified South, 평정된 남쪽)으로 불렀고, 프랑스 식민지 시대 때 중부 베트남을 안남으로 불렀다. 그래서 베트남 사람들은 안남이라고 불리는 것을 몹시 싫어한다.

한국과 베트남은 한 문화다

내가 베트남에 가서 놀라웠던 것은, 기후도 인종도 언어도 다른데, 친척을 만난 듯 편안함이 느껴진다는 것이었다. 유불선 사상을 바탕으로 하고 있다는 점 때문인지, 아니면 쌀을 먹는 식생활의 유사성 때문인지 베트남이 무척 가깝게 느껴졌다.

도전과 극복의 역사

한국과 베트남 모두 대체로 5천 년의 역사를 가지고 있으며, 유물과 기록이 존재하는 역사는 3천 년 정도이다. 두 나라 모두에게 이 3천 년의 역사는 인고의 역사이며 도전과 극복의 역사이다. 중국의 지배도 받았고 중국으로부터 수없이 침략도 받았다. 또 식민지 탄압도 받았다. 베트남은 프랑스, 미국, 중국과 전쟁을 치르고 독립과 통일의 두 마리 토끼를 모두 잡았는데, 우리는 경제의 번영은 이루었지만 아직 통일을 이루지 못하고 있다.

한국과 베트남 모두 지정학적 측면에서 볼 때 대륙 세력과 해양 세력이 만나고, 사상적으로는 민주주의와 사회주의가 혼재하며, 남북이 분단되고 이로 인한 전쟁을 똑같이 치러 양국은 동병상련을 느끼며 더욱 가까워질 수 있는 역사적 배경을 갖고 있다.

한국과 닮은꼴 나라

가만히 들여다보면 두 나라 국민은 닮은 점이 참으로 많다. 유교·불교·도교의 영향을 받아 문화적으로 유사성이 많고, 한자 문화권으로 사용하는 어휘도 상당 부분 공유하고 있다. 베트남은 동남아 문화권이 아니라 동북아시아 문화권에 속한다. 베트남이 우리와 가지고 있는 문화적 유사성은 우리 기업들에게 많은 편익을 주고 있다. 관행이나 관습, 사고방식이 매우 유사해 우리 기업들에게 편안한 마음을 주고 있기 때문이다. 처음 베트남을 방문하는 많은 한국인들은 공항에 도착하는 순간부터 왠지 모르는 편안함과 따뜻함을 느낀다고 말한다. 문화적 유사성, 역사적 배경의 유사성, 심지어 언어상 유사성 때문에 한국인과 베트남인들은 처음이지만 보는 순간 통하는 게 있는 모양이다.

몽골반점

베트남 사람들도 우리처럼 몽골반점을 가지고 있다. 베트남 인구의 주류를 구성하고 있는 비엣족은 토착 주민과 북쪽에서 내려온 몽골족과의 혼혈로 부지런하고 재능이 많다. 20여 년 전부터 우리가 그랬듯 이제 베트남 학생들이 미국의 고등학교나 대학교에서 재능을 발휘하고 있다. 한국 대학교의 교수들도 베트남 유학생들을 조교로 가장 선호한다고 한다.

젓가락으로 밥을 먹다

동남아에서 베트남 사람들만 젓가락을 사용한다. 차이점이라면 우리는 쇠 젓가락을 사용하는데, 베트남 사람들은 대나무 젓가락을 쓴다는 것이다.

누가 베트남을 저개발국가라 말하는가

베트남 하면, 사람들은 전쟁, 공산주의, 가난 등을 먼저 떠올린다. 내가 만난 베트남은 그런 것과는 거리가 멀었다. 물론 강대국들의 침략으로 많은 상처를 갖고 있는 나라이며, 오랜 기간 공산주의로 인하여 개발이 덜 된 것은 사실이나, 베트남은 도약을 위해 힘차게 발을 내딛고 있었다. 풍부한 인적자원, 천연원료, 근면한 민족성 등을 바탕으로 베트남의 위상을 세계에 알리고 있었다.

베트남은 승천하는 용이 될 수 있을까?

답은 베트남은 다시 한 번 승천하는 용이 될 수 있다고 말할 수 있다.

천년 전 베트남 리타이또(Ly Thai To, 李太祖)는 지금의 하노이에서 용이 승천하는 모습을 보고 탕롱(昇龍, 승천하는 용)이라는 이름을 붙이면서 수도로 정했다.

숱한 질곡과 부침의 역사를 겪은 베트남은 1986년 도이머이 정책을 택하고 과감한 개방 개혁의 길을 걷기로 했다. 그리고 농업 개혁을 통해 단기간 내 쌀 수출국으로 부상했다. 1992년부터는 헌법 개정 등 법률을 정비하고 국영기업의 민영화, 금융제도개혁 및 금융시장개방, ASEAN, APEC 가입 등 시장경제체제의 기반을 갖추었다. 베트남은 2001년 사회주의를 지향하는 시장경제체제 채택을 선언하였다. 2006년에 들어서서는 사기업의 활동을 허용하고 투자법 개정, FTA 확대의 조치를 취했다. 그리고 2007년 1월 세계무역기구에 정식으로 가입하는 등 시장경제체제를 확립해가고 있다.

베트남은 2001년부터 2010년까지 연평균 7.2퍼센트의 경제 성장을 달성하였다. 2008년도 말 1인당 국민 소득이 1,000불을 넘어서서 저소득 국가에서 중소득 국가로 진입하였다. 1993년 인구의 58퍼센트가 빈곤 상태였으나, 2008년 14.5퍼센트로 떨어졌다. 대단한 발전 속도이다.[4]

도이머이 후 개방은 그 효과가 단기간 내에 가시적으로 나타났기 때문에 베트남은 개방에 대해서는 국민의 지지를 쉽게 얻었지만, 개혁의 핵심이라고 할 수 있는 관료 제도와 국영 기업 등의 개혁은 그 과정이 고통스럽고 성과 획득에 장시간이 소요되어 어려움을 겪고 있는 것으로 분석된다.

잘나가던 베트남도 2008년도 위기를 맞았다. 2008년 5월 일본의 다이와 증권회사는 베트남이 IMF에 구제 금융을 신청할지도 모른다는 내용의 〈Hello, IMF?〉라는 제목의 보고서를 발표했다. 이 보고서에서는 베트남의 인플레이션과 무역수지 적자 및 이자율을 문제시하면서 베트남 정부가 더 강력한 긴축정책을 추진하지 않을 경우 수개월 내에 IMF에 구제금융을 신청하게 될 것이라고 분석했다. S&P, 피치Fitch 등은 베트남의 국가 신용 등급을 부정적으로 하향 변경했으며, 모건 스탠리는 베트남 통화의 39퍼센트 절하 가능성을 예측하면서 베트남 위기가 전염성이 있다고 발표했다. 로이터 통신은 베트남과 함께 한국, 인도, 필리핀 등도 위험 가능성이 있다고 보도했다. 이 보고서가 알려지자 한국 언론은 베트남의 투자 환경에 대한 우리 기업의 지대한 관심을 반영하여 베트남 경제 위기를 집중 보도하였고, 베트남 언론은 한국 언론의 베트남 위기 가능성 집중 보도에 매우 민감한 반응을 보였다.

물론 모든 문제에 대해서 항상 경계의 태도를 취해야겠지만, 다이와 보고서에 대해 우리 공관의 경제팀(최형찬 경제참사관, 이은호 상무관, 유성용 국토해양관)이 베트남 정부 인사, 경제 연구소의 전문가, 하노이 주재 국제 기구 전문가들로부터 수집해서 분석한 결과는 다이와 보고서 내용이 지나치게 비관적이라는 것이었다. 동 보고서가 제기한 베트남 경제 문제는 그동안 경제 전문가들이 공통적으로 지적해온 사항으로 특별히 새로운 것은 아니었다.

특히 물가와 관련해서는 베트남 정부도 2008년 초부터 물가 안정을 정책의 최우선으로 정하여 긴축통화정책과 재정정책을 실시해왔고, 무역 적자와 관련해서도 2007년 말 현재 베트남의 외환 보유고는 200억 불 내지 250억 불 정도는 되는 것으로 추정되며, 외국인 직접투자, 공적개발원조ODA, 해외 동포 및 근로자들의 송금, 외국인 간접투자가 계속되고 있고, 단기 외채 비율이 낮기 때문에, 1997~1998년 당시 우리나라처럼 외환이 부족하여 IMF에 구제금융을 신청할 정도의 단계는 아니라고 보았다. 우리 공관은 그 당시 베트남이 겪고 있는 어려움을 외환 위기라기보다는 성장통으로 분석했다. 한국은 당시 베트남에서 제1위의 투자국(2008년 4월 말 누적 투자 승인액 147억 불)이며, 베트남 정부는 이에 대해 매우 감사하게 생각하고 있었다. 2008년 4월 세계은행과 아시아개발은행ADB은 보고서를 통해 베트남 경제가 2008년도는 어렵겠지만 2009년에는 물가도 어느 정도 잡히고 경제 성장도 제자리를 잡을 것으로 전망하면서 보다 폭넓고 객관적으로 베트남 경제를 분석하면서 장기적인 안목을 갖고 베트남에 대한 투자를 결정해나갈 필요가 있다고 조언하였다.

2008년도 경제 위기로 베트남은 물가 앙등, 주가 폭락, 부동산 가격 폭등 등 어려움을 겪었지만 이런 혼란 중에서도 6.2퍼센트의 성장을 달성했다. 외환 위기도 있었으나 외국인 직접투자, ODA 원조 자금, 해외 근로자 등 교포(비엣끼에우, 越僑)의 송금 등에 힘입어 위기를 잘 극복하였다. 2009년도에도 세계적인 경제 위기로 또 한 번 영향을 받았지만 5.3퍼센트의 성장을 달성하였다. 세계 대다수 나라들이 마이너스 성장을 한 와중에서도 플러스 성장을 한 몇 나라 중 하나다. 두 번의 큰 '딸꾹질'을 경험한 베트남은 2010년도에는 6.5퍼센트의 경제 성장률, 8퍼센트의 인플레이션을 보이면서

서서히 고도 성장의 길로 되돌아갈 것으로 전망되고 있다. 2010년 1인당 국민 소득은 1,200불에 이를 것으로 예상된다.

무궁무진한 가능성의 나라

베트남이 국내외적 여건으로 여전히 기복을 겪고는 있지만 베트남은 무역 및 투자에서 중장기 발전 잠재력이 큰 나라로 세계의 주목을 받고 있다.

베트남은 천연자원, 광물자원, 농림수산자원, 해양자원이 풍부한 나라이다.[5] 원유 50억 톤, 석탄(무연탄) 35억 톤, 철광석 7억 톤, 보크사이트 55억 톤의 매장량을 보유하고 있으며, 70여 개 광물과 5,000여 개 광산을 가지고 있다. 쌀 수출도 태국 다음으로 2위이고 (210만 톤 수출), 커피도 브라질 다음으로 제2위의 생산국이다. 커피의 경우 2008년 독일, 미국, 스페인, 한국, 영국, 일본 등에 15억 불을 수출했는데, 우리나라에서도 G7 커피가 맛이 좋아 인기가 있다. 천연고무는 인도네시아, 말레이시아, 태국 다음으로 제4위의 수출국이다.

자원 보유국 베트남은 동북아(중국, 한국, 일본)와 동남아를 연결, 중국 남부 시장과 아세안 시장을 이어주는 위치에 있어 소위 대 메콩 지역Greater Mekong Area의 지리적 장점도 누리고 있다. 아시아개발은행 자금으로 하노이-라오까이 고속도로를 건설하고, 한국, 독일 등의 자금으로 우리의 서울-인천에 해당하는 하노이-하이퐁 간 고속도로를 건설하여 대 메콩 지역 연결을 준비하고 있다.

베트남은 인구 대국이다. 2009년 3월 인구가 8,584만 명이고, 2015년에 1억을 넘고, 2025년에는 1억 2,500만에 이를 것으로 예측된다.[6] 인구가 1억이 넘으면 자체의 내수 시장이 형성되고 양질의 노동력을 계속해서 공급할 수 있다. 남자가 49.4퍼센트로 여자 50.6퍼센트보다 1.2퍼센트가 적다. 2,540만 명(29.6퍼센트)이 도시에서 살고, 6,040만 명(70.4퍼센트)이 농촌에서 산다. 호찌민 인구는 710만 명이고, 하노이 인구는 640만 명이다. 54개 종족 중 낀족이 85.7퍼센트(7,359만 명)를 차지하고 있다.[7]

이처럼 베트남은 양질의 인적 자원을 풍부하게 보유하고 있다. 베트남 사람들은 머리가 좋고 손재주가 뛰어나며 임금이 저렴한 편이다. 베트남은 전통적으로 교육열이 매우 높다. 이미 1076년 최초의 국립대학인 국자감을 설립했는데 이는 서양보다 200년 앞선다. 호찌민도 십년대계로 나무를 심고 백년대계로 인재를 양성해야 한다며 전쟁 기간 중에도 국비 유학생을 외국으로 보내 교육시켰다. 15세 이상 베트남 국민의 94퍼센트가 문자를 해독할 수 있다. 베트남 사람들은 손재주가 좋은 것으로 정평이 나 있는데 한 한국 기업인에 의하면 베트남에서 생산한 의류는 다른 지역에서 생산한 경우보다 클레임 걸리는 비율이 크게 낮다고 한다.

베트남 근로자들의 임금은 중국, 태국, 인도네시아의 절반 수준이다. 또 30세 이하 인구가 전체 인구의 60퍼센트를 넘는 매우 젊은 나라로 노동 인력 면에서 '황금 구조'를 가지고 있다. 이러한 인구 구조는 교육, 훈련, 일자리 창출, 보건, 사회 복지 등의 문제도 제기하고 있지만 베트남의 지속 가능한 개발 잠재력을 뒷받침하고 있다.

베트남은 2020년 공업화·현대화를 추진하는 과정에서 고도 경제 성장을 지속할 것으로 보인다. 앞으로 연평균 8퍼센트 이상 성장을 기대하는 베트남은 2025년 아세안 국가 중 GDP 3위를 목표로 내세우고 있다. 공업화·현대화를 실현하는 과정에서 도로, 항만, 발전, 석유 화학, 제철 등 베트남의 산업 구조와 인프라도 고도화되고, 원자력 발전소, 화력 및 수력 발전소, 고속도로, 고속철도, 항만 등 대규모 사업이 시행될 것으로 보인다. 또한 이런 사업들을 수행할 외국 자본과 기술 도입을 위해 외국인 투자의 기회를 더욱 확대할 것으로 보인다. 베트남은 2020년 공업화·현대화가 이루어지면 1인당 개인 소득이 3,000불에 이를 것으로 기대하고 있다.[8] 뒤에서 소개할 쟈크 아탈리의 예측대로 베트남이 2025년 아시아의 3위 경제권에 오른다면[9] 1인당 소득은 개인적 예측이지만 5,000불에 이를 것으로 기대된다. 이렇게 되면 일본, 한국, 중국에서와 같이 베트남에도 자동차 시대가 오고, 올림픽을 개최하는 나라가 될 것이다.

베트남의 정치 사회적 안정은 외국인 투자를 베트남으로 끄는 자석이다. 정치 사회적 안정은 개발의 전제조건이다. 개발은 중장기 정치 사회적 안정의 토대가 된다. 안정과 개발은 불가분의 관계에 있고, 서로 보장해주는 역할을 한다. 안정과 개발은 함께 가야 한다. 베트남은 안정과 개발을 동시에 이루어내는 대표적인 국가이다. 당서기장, 국가주석, 총리, 국회의장, 조국전선 주석 등 집단지도 체제를 통해 안정을 기하고 있다. 베트남은 주변국들에 비해 테러나 사회불안을 조성하는 분쟁이 없고 치안이 매우 안전하다. 서방 국가들이 권고하는 인권개선, 언론자유 보호 등 문제는 조용한 가운데 개선의 조치가 취해지고 있는 것으로 감지된다.

베트남의 국제적 위상 또한 눈에 띄게 향상되고 있다. 베트남은 일찍이 호찌민의 외교 전략에 따라 다변화와 다자화 접근을 통해 외교를 강화해왔는데, 1995년 아세안 가입, 1998년 APEC 가입, 2001년 미국과 무역 정상화, 2007년 WTO 가입, 2008~2009년 유엔 안전보장이사회 비상임이사국, 2010년 아세안 의장국 수임 등 국제적 역할과 목소리는 동남아를 넘어서 전 세계로 향하고 있다. 베트남은 정치적 안정, 경제적 발전과 함께 국제적 지위 상승을 통해 세계 투자가들의 신뢰를 얻는 데 노력하고 있다.

또 자국 경제 제도를 세계 경제 체제에 통합시키고 있다. 2007년 1월 WTO 가입을 계기로 자국 경제의 규정과 관행을 세계 수준에 일치시켜가고 있다. 베트남 경제의 세계 경제 체제에의 통합은 우리 기업의 활동에도 크게 도움을 줄 것이다.

버블이 꺼진 자리에 베트남이 들어서다

베트남이 지닌 이런 장점 때문인지 국제 투자가들은 소위 '차이나 플러스 원China+One 전략'을 세워 베트남을 포스트 차이나로 지목하고 베트남 투자를 확대하고 있다. 중국 진출 대기업들은 중국 노동자의 임금 인상, 각종 혜택 감소 등으로 어려움을 겪고 있다. 그러나 중국 내 생산 활동을 갑자기 중단하기는 어려우므로 일단 중국 내 활동은 계속하되 인근국 특히 베트남에 동시 진출하는 전략을 채택하고 있다. 이 전략이 바로 차이나 플러스 원 전략이다.

이런 배경에서 베트남에 외국인 투자는 계속 유입되고 있다. 베트남은 2008년도에 640억 불의 외국인 직접 투자를 승인했으며, 2009년에는 세계 경제 위기로 외국인 직접 투자는 다소 주춤해서 214억 불에 머물렀다.[10] 세계 경제가 회복되고 베트남의 고도 성장이 재연되면 외국인의 베트남 투자는 다시 활발해질 것으로 보인다. 국제연합무역개발회의UNCTAD는 베트남을 외국인 직접 투자에 가장 호의적인 국가 중 하나로 분류하고 있다. 원조 공여국들도 베트남을 신뢰하고 있다. 원조 공여국들의 2009년도 대 베트남 원조 서약 금액은 51억 불이었는데, 2010년도 서약 금액은 80억 불로 크게 늘었다.[11]

물론 베트남도 많은 문제를 안고 있다. 베트남은 생산성, 성장의 질, 자원 이용의 효율성 면에서 매우 취약한 상태이다. 또 거시 경제가 불안하고 위험이 도사리고 있다. 인플레이션이 다시 되살아날 가능성이 상존하고 있다. 정책의 입안, 집행, 관리 능력이 취약하고 혁신 과정이 느린 편이다. 도로 및 항만 등 교통과 통신 인프라가 매우 열악한 편이다. 법과 제도도 아직은 시장 경제 체제에 미흡하다. 여기에 공무원들의 비효율적인 행태, 불투명한 행정 절차와 시장 경제로 가는 과정에서 생기는 부패는 경제 발전에 매우 큰 걸림돌이 되고 있다. 전력 공급 부족, 숙련된 노동력 부족, 원부자재 조달의 어려움도 시급한 개선이 필요하다. 또한 경제 발전, 산업 구조의 고도화에 꼭 필요한 고급 기술 인력이 크게 부족한 편이다.[12]

나아가 베트남이 지속 가능한 성장을 이루어내려면 국내 산업을 육성해서 외자 의존도를 줄이고, 철강, 정유 등 기간 산업 기반을 구축하고 부품 소재 산업을 육성하면서, 숙련 노동자를 배출해나가야 할 것으로 보인다. 자생적 경쟁력을 갖춘 기업들이 육성되면 이들은 베트남 경제 발전의 원동력이 될 것이다.

베트남은 이런 문제들을 해결하기 위해 노력하고 있다. 인프라 사정이 좋지 않아 외국인 투자 사업의 진척이 느려지는 요인이 되고 있어 이를 개선하기 위해 2025년까지 6,000킬로미터의 고속도로 건설 등 인프라 확충에 228억 불을 투자할 예정이다.[13] 그러나 베트남은 50억 불 정도만 마련할 수 있는 상황이어서 외국 자본 투자가 절실한 상황이다.

고급 인력 육성 문제 관련해서 정부는 어려운 국가 재정 형편에도 불구하고 20억 불의 예산을 할당하여 유망한 학생들을 해외로 유학 보내고 기술학교와 전문대학 등에 많은 투자를 하고 있는데 이는 인적 자원을 전략적으로 육성하려는 의지의 표현으로 보인다.

정부 정책의 투명성 제고를 위해 베트남 정부는 총리실에 규제 개혁 자문 위원회를 두고 '프로젝트 30'[14]등 규제 개혁을 추진하고 있다. 베트남의 행정 제도 개혁은 현대화·공업화 이행 과정에 필수 불가결한 일이다. 베트남 정부는 '프로젝트 30'을 통해 업계, 민간인들에게 악영향을 주는 규제를 2010년까지 30퍼센트 줄인다는 목표를 세우고 독려하고 있다. 이 프로젝트가 성공하면 2억9,500만 불의 절약을 가져온다고 한다. 베트남 총리실은 은행, 세금, 무역, 교육 등 15개 분야 실무 그룹을 구성하고 각종 규제 규정을 점검하고 있다. 곧 시작될 3단계는 5,000여 개 규정을 점검할 예정이다. 2015년까지 정부의 관리 분야 행정 절차를 30퍼센트 감축시킬 예정이다. 우리 정부도 이에 대한 경험과 지식을 베트남에게 전수했고, 2010년 2월 양국의 반부패 기관은 양해 각서를 서명, 반부패 관련 경험과 지식을 공유하기로 했다.

베트남이 앞으로도 계속해서 연평균 8퍼센트 정도 고도 성장을 지속하려면 25년 전 과감하게 택했던 것과 같은 '제2의 도이머이' 채택이 필요하다는 주장이 제기되고 있다.[15] 국제 사회는 1997년 아시아 금융 위기 때 베트남에게 국영 기업의 민영화, 금융 기관의 구조 조정, 무역 개선 등 '도이머이 2'를 권고했으며, 국제연합 무역개발회의도 2007년 베트남의 투자 정책 검토 보고서에서 '도이머이 2'를 촉구한 바 있다. 1986년 도이머이 개방 정책을 택한 후 베트남이 현재 정치적 안정을 유지하는 가운데 경제적으로 급성장하고 또한 국제적 위상이 크게 올라가고 있는 것은 베트남 지도자들이 유구한 역사와 문화에서 영감을 얻고 미래에 대한 비전을 가지고 지혜로운 선택을 했기 때문에 가능한 것으로 분석되며, 베트남은 분명 제2의 도약에 필요한 조치를 취할 것으로 기대된다. '제2의 도이머이'는 베트남 경제 발전의 장애로 지적되는 기술 개발, 경제 구조, 자원 배분, 지역 경제, 투자의 효율성, 시장 자유화 및 개방, 행정 절차 투명성 등에서 과감한 쇄신책을 제시해야 할 것이다. 이렇게 되면 베트남은 도전을 기회로 바꾸어 소위 중소득 국가 함정을 잘 극복해낼 것이다.

베트남이 또 다른 중국이 될 수 있을까?[16]

베트남이 중국의 역동성을 구현해낼 수 있을까? 중국에서의 투자 경험이 베트남 투자에도 적용될 수 있을까?

중국과 베트남 간에는 분명 몇 가지 유사성이 있다. 첫째는 두 나라 모두 사회주의 경제에서 시장경제로 전환하고 있다. 그다음으로 소련과는 달리 두 나라 모두 정치개혁보다는 경제개혁을 먼저 시행했다. 중국과 베트남은 국민들에게 경제 분야 자유는 허용하지만 아직도 일당의 국가지배를 택하고 있다. 셋째 중국과 베트남은 농업분야에서부터 개혁을 시작했다. 농업 자유화를 통해 생산성을 늘리고 농촌인구의 도시이주를 촉진했으며, 도시의 소규모 기업들이 도시이주 노동력을 활용하면서 번성하였다.

두 나라 사이에는 차이점도 있다. 첫째는 두 나라 간 규모다. 중국은 국토 면적에서 베트남의 33배, 인구 면에서 15배, GDP에서 30배 크다. 둘째, 베트남은 역사적으로 중국의 지배나 영향력에 대해 거부의 태도를 견지해왔다. 베트남은 시장 개혁의 경험을 중국으로부터 배우기는 하겠지만, 정치적 진로는 독자적으로 결정한다. 셋째는 공산주의의 지속 기간이다. 중국은 시장개혁을 도입하기 전까지 30년의 공산주의를 경험했지만, 베트남 특히 구 월남은 공산주의를 10년 정도밖에 경험하지 않았다. 중국은 민간기업 경험이 없어서 개혁에 긴 시간이 걸렸지만, 베트남은 개방 개혁 후 바로 예전의 기업 운영 경험을 활용할 수 있었다.

베트남은 규모 면에서는 중국에 비할 수 없지만, 정치·사회적 안정, 고도성장, 풍부한 천연자원, 젊고 재능 있는 인구, 세계 무역 체제에 통합 등 장점을 가지고 있기 때문에 중장기 무역 및 투자의 대상지로서 매력을 충분히 가지고 있다고 분석된다.

베트남에 승부를 걸어라

베트남의 중장기 무역 및 투자 등 발전 잠재력은 세계의 주목을 받고 있다. 프랑스의 정치경제 학자인 쟈크 아탈리는 그의 저서 《미래의 물결*Une Brève Histoire de l'Avenir*》에서 정치·금융·교육 개혁, 고속도로와 같은 인프라 건설, 부패 척결 등 몇 개의 단서를 붙이면서도 베트남은 2025년이 되면 인구 1억 2,500만의 나라가 되며 아시아에서 3위 경제력 국가로 부상할 것이라고 전망하였다. 강대국들의 침략을 물리친 자존심이나 지도층의 개발 의지 등을 보면 쟈크 아탈리의 예측은 실현되리라 생각한다. 나는 2025년에 꼭 베트남에 가서 아시아 3위 경제 강국 베트남을 보고 싶다. 이는 홍강의 기적이 될 것이다.

중장기로 투자할 사람은 베트남에 승부를 걸어보라!

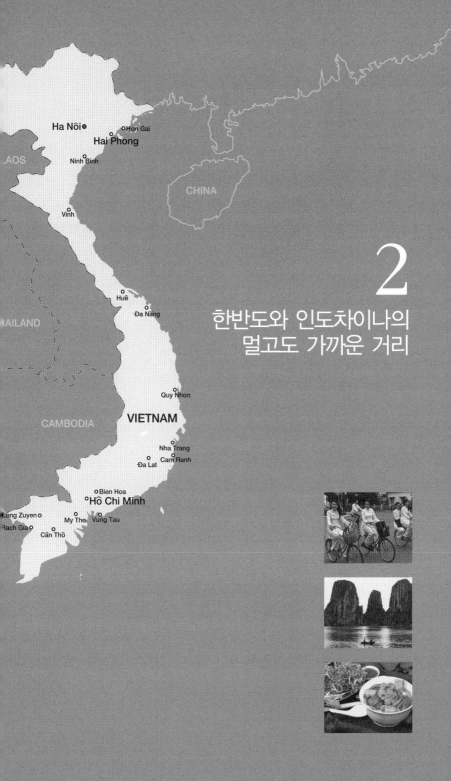

Ha Nội
Hon Gai
Hải Phòng
Ninh Bình

LAOS

CHINA

Vinh

Huế
Đa Nẵng

THAILAND

Quy Nhon

VIETNAM

Nha Trang
Cam Ranh
Đa Lat

CAMBODIA

Bien Hoa
Hồ Chi Minh
Long Zuyen
My Tho   Vung Tau
Rach Gia
Cần Thơ

2
한반도와 인도차이나의
멀고도 가까운 거리

한국-베트남 질긴 인연

'한꿕', 베트남 사람들의 이 단어 발음은 처음 듣는데도 바로 '한국'으로 들린다. 중국어의 '한꾸어'나 일본어의 '간꼬구'보다 훨씬 '한국'을 우리처럼 발음한다. 한국이란 단어의 발음을 우리나라 발음에 가장 가깝게 하는 외국어는 베트남어일 것이다. 여기에 양국의 깊은 관계가 형성될 수 있다고 본다.

한국과 베트남 양국은 중국 문화를 매개로 한자를 공유했고 유교·불교·도교 사상에 기반을 두고 있어 사고와 생활 관습에서도 유사점을 가지고 있다.

양국은 이미 900여 년 전부터 서로가 이웃이었음을 보여주었다. 1127년에 베트남 내 국난을 피해 베트남 리 왕조의 이양혼李陽焜이

고려에 와서 정선이씨旌善李氏의 시조가 되었고, 99년 뒤인 1226년 베트남 리 왕조의 왕자 이용상李龍祥이 국난을 피해 고려로 와서 화산이씨의 시조가 되었다. 이희연 화산이씨花山李氏 종친회장이 들려준 이야기에 따르면, 이용상 왕자가 고려에 도착한 지 얼마 안 된 1232년에 몽골의 고려 침입이 있었다. 고려 고종은 강화도로 천도했으며, 이용상 왕자는 황해도 옹진에 성을 축조하여 5개월간 방어했다. 항아리에 금은보화와 자객을 넣어 보내면서 항복하는 척하는 몽골군의 간계를 미리 알아 막았고, 퇴로에 군을 매복시켜 몽골군을 격파시켜 큰 공적을 쌓았다. 몽골군이 물러간 후 전과를 보고받은 고종은 이용상을 '화산군'으로 봉하고 화산군 근처 30여 리를 식읍食邑으로 하사했다고 한다. 지금도 황해도 옹진군 북면 화산리가 있으며, 황해도 방대산 기슭에 이용상, 그의 아들, 그의 손자 등 3대의 묘가 있다고 한다.

베트남에서도 한국의 정선이씨와 화산이씨 후손들을 최초의 베트남 해외 교포로 각별히 예우하고 있다. 베트남 리 왕조 후손들은 매년 음력 3월 15일 하노이 근교 박닌 성에 소재한 리 왕조 팔왕사八王寺를 방문, 종묘 제례를 갖는다. 2009년 리 왕조 999주년 기념 종묘 행사에 나도 초청받아 참석했는데, 베트남 사람들은 매우 성대한 이 행사에 참석한 화산이씨, 정선이씨의 종친 대표들을 환대했다.

조선시대에는 조선의 사자使者와 베트남의 사자가 베이징에서 만나 필담을 나누는 등 드물게나마 접촉이 이루어졌다.[17] 1597년 이수광李晬光이 베트남 사신 풍칵콴(Phung Khac Khoan, 馮克寬)과 주고받은 이야기를 《지봉집芝峰集》에 기록해서 전하고 있다. 1598년 조선 선비 조완벽趙完璧이 정유재란丁酉再亂 때 일본으로 잡혀가 일본 상인 무리에 끼어서 1604년부터 세 차례 베트남에 갔다. 베트남 사람들은 조완벽이 조선 사람임을 알고 후히 대접하고 왜란의 참변을 위로했다고 한다. 1760년에서 1762년 사이에 중국에 사신으로 간 베트남의 대학자 레꿔돈(Le Quy Don, 黎貴惇)이 조선 사신 홍계희와 만나 주고받은 이야기를《박수통록(Bac Su Thong Luc, 北史通錄)》에 적어 전하고 있다. 20세기 초에는《월남망국사越南亡國史》가 1906년 현채, 1907년 주시경과 이상익에 의해 번역되어 조선인 사이에서 널리 읽혔다.《월남망국사》를 읽은 한 지식인은 1907년 대한자강회大韓自強會 월보에 월남의 망국을 '친척의 슬픔'으로 애통해하는 시를 지어 실었다.

> 교지交趾(베트남의 옛날 이름)는 이중의 통역이 필요한 곳이고
> 오랫동안 서로 무관하게 보냈으나
> 오늘날 남은 역사를 보니
> 친척의 슬픔을 애통하게 여기지 않을 수 없다.

뒤에서 소개하겠지만, 1920년대부터 1945년 사이 김구를 비롯한 독립지사들이 독립 운동을 하던 중 호찌민 등 베트남 애국지사들과 중국에서 교류했을 가능성도 있는 것으로 보인다.

그러다가 1960년 중반 우리의 월남전 참전으로 베트남과 인연이 다시 시작되었다. 당시 어쩔 수 없는 선택이었지만 우리의 참전은 베트남 사람들에게 아픈 상처를 남겼다.

한국과 베트남은 1992년 수교를 통해 관계를 회복하였다. 우리

의 월남전 참전이 수교의 걸림돌이 되어 일본, 캐나다, 네덜란드 등보다 20년 늦게 베트남과 관계를 회복했다. 수교를 계기로 한국과 베트남은 과거를 청산하고 미래를 향해 나가기로 합의했다. 내가 만난 베트남 지도자, 지식인들은 한결같이 과거보다는 미래를 보는 것이 베트남인 생활 방식이며, 과거에 매달리면 미래를 볼 시간이 없다면서 화해와 협력을 강조했다. 이러한 화해의 언어는 내 귀에 위대하게 들렸다.

　1992년 우리에게 베트남 수교의 문을 열어준 사람은 당시 판반카이Phan Van Khai 수석 부총리 및 응우옌마인껌Nguyen Manh Cam 부총리 겸 외무장관이다. 우리 정부는 2009년 2월 판반카이 전 총리에게 수교훈장 광화대장을 수여했다. 판반카이 전 총리는 수교훈장 수상 소감에서 한국이 베트남 내 제1위의 투자국이 되는 등 베트남의 중요한 동반자가 되었고, 베트남에서는 한국이 친절하고, 역동적이고, 오랜 전통을 자랑하는 나라로 각인되어 있으며, 의지가 강하고 노력하는 민족으로서 경제 발전의 모범 사례로 인식되고 있다고 말했다. 또한 수교 후 양국 관계가 급속도로 발전하는 것을 보면 수교는 매우 현명한 선택이었다고 회고했다. 판반카이 전 총리는 은퇴 후 호찌민 시에 거주하고 있는데, 나는 호찌민 시에 갈 때마다 그를 방문하였다.

　응우옌마인껌 전 부총리 겸 외무장관은 한국과 베트남 양국 수교 협정에 서명한 순간을 영원히 기억할 것이며, 짧은 수교 역사에도 불구하고 양국 관계가 다방면에서 급속히 발전하고 있음에 만족을 표명했다. 그는 원로로서 베트남의 평생 교육 문제에 대해 자문을 하고 있다. 두 사람 모두 한국과 수교는 양국에 이익을 가져다준,

Phan Van Khai 전 총리에 대한 수교훈장 전수식

LỄ TRAO TẶNG HUÂN CHƯƠNG
VÌ SỰ NGHIỆP NGOẠI GIAO GRAND GWANGHWA

February 21, 2008

2009년 2월 우리 정부는 판반카이 전 총리에게 수교훈장 광화대장을 수여했다.

매우 시기 적절한 조치로 평가하면서 만족해했다.

길지 않은 시간에 쌓은 만리장성

2010년은 수교 18주년이 되는 해이다. 이 기간 동안 양국은 정치, 경제, 문화 및 인적 교류에서 놀랄 만한 진전을 이루었다.

교류의 튼튼한 축 정치

정치적으로는 정상급 교류만 하더라도 15회에 이르며, 장관급은 120여 회를 넘어섰다. 이외에도 실무급 및 고위급 교류는 무수하다. 이런 정치적 교류를 통해 양국 교류의 틀은 아주 튼튼하게 구축되었다.

동남아의 최대 수출 시장

2009년 말 양국 간 교역 규모는 95억 불에 이르렀다. 베트남은 이제 동남아시아에서 싱가포르 다음으로 우리의 최대 수출 시장이다. 베트남은 한국의 10위 수출국이고 4대 투자 진출국이다. 한국은 베트남의 10위 수출국이고 5위의 수입 대상국이다. 반면 한국은 베트남이 무역 수지 적자를 보는 나라 중 4위다. 다시 말해 우리는 베트남에서 무역 흑자를 기록하고 있다. 2004년도에 25억 불, 2005년도 27억 불, 2006년도 30억 불, 2007년도 43억 불, 2008년도 57억 불, 2009년도 47억 불 등 수교 이래 355억 불의 흑자를 기록했다.[18]

우리의 베트남 수출 품목은 자동차, 석유 제품, 편직물, 철강판, 합성수지, 무선 통신기기, 자동차 부품, 화물 자동차, 건설 중장비, 휘발유, 무선 전화기 및 부품, 의약품, 가전제품(TV, 에어컨, 냉장고), 화장품 등이며, 베트남에서 들여오는 품목으로는 원유, 의류, 무연탄, 수산물, 섬유사, 섬유 제품, 농산물 등이다.

지속적이며 적극적인 투자

외국인의 대 베트남 투자 동향을 살펴보면 2008년도에 1,171건에 640억 불이 승인되었고, 2009년도에는 1,054건에 214억 불이 승인되었다. 1988년 이래 누계 기준 투자 승인 액은 1,771억 불에 이른다.[19]

한국 기업의 베트남 투자 현황을 살펴보면, 2010년 6월 말 현재

외국인 투자 현황

연도	2004	2005	2006	2007	2008	2009
건수	811	970	987	1,544	1,171	1,054
금액(백만 불)	4,547	6,839	12,004	21,347	64,011	21,482

누적 기준(1988년 이래) 총 2,553건에 229억 4,000만 불을 신고하여 최대 투자국으로 다시 부상하고 있다.[20] 한국은 2007년도에도 누적 기준 1위의 투자국이었으나, 2008년 및 2009년도에 대만, 말레이시아, 일본의 투자 확대로 순위가 하락한 바 있었다. 우리는 이 투자를 통해 베트남인 40여 만 명에게 일자리를 창출해주고 있다. 이는 외국인 직접 투자가 베트남 국민들에게 마련해준 일자리 중 24퍼센트에 이른다. 우리 기업들은 또한 현지화를 통해 인력 자원을 육성하고 기술을 전수하며, 베트남의 인프라 구축을 돕기도 한다.[21]

금호아시아나, LG, LS 산전, 두산, 현대조선, 대우 등 대기업, 영원무역, 홍진 크라운 등 다수의 중소기업, 신한은행, 기업은행 및 대한생명 등 금융·보험 회사들이 일찌감치 베트남에 진출하여 자리를 잡았다. 나의 재임 기간 중 베트남에서 한국인들이 수행 중이거나 추진했던 대규모 투자 프로젝트는 다음과 같다.

삼성전자 휴대폰(박닌 성), 포스코 냉연(바리아 붕따우), 두산중공업 발전설비(꽝응아이 성 중꿧단지), 금호아시아나 플라자(호찌민), 경남건설 주상복합(하노이), 참빛그룹 하노이 플라자호텔(하노이), 롯데건설 하노이 시티 콤플렉스(하노이), 포스코건설 신도시(하노이 북앙카인), 대우건설 등 컨소시엄 서호 신도시(하노이), GS건설 냐베 신도시(호찌민), 대원건설 다프억 신도시(다낭), 금호건설 장보-메찌 국가

한국 기업 투자 현황

연도	2005	2006	2007	2008	2009
건수	190	207	405	292	247
금액(백만 불)	551.6	2,683	4,463	1,803	1,661

전시장(하노이), 석유공사 11-2 광구(가스전) (붕따우 남부해상 320킬로미터 지점), GS 및 남광토건(하노이-하이퐁 고속도로 106킬로미터 중 일부 구간 공사), 포스코 및 두산건설(노이바이-라오까이 고속도로 244킬로미터 중 일부 구간), 대우 건설(빈호아-붕따우 간 철도건설 85킬로미터)

KOTRA와 중소 기업 연구원이 실시한 2009년 베트남 기업 진출 경영성과 및 전망에 따르면, 우리 기업의 베트남 투자는 업종별로 제조업 67퍼센트, 서비스업 32.6퍼센트로 제조업이 서비스업보다 2배가량 많다.[22]

베트남에 투자 동기는 '저임 노동력'(32.2퍼센트)을 최우선 동기로 꼽았고, 그다음으로 '내수 시장 공략'(25.7퍼센트), '한국 내 기업 경영환경 악화'(13.6퍼센트) 순으로 나타났다. 제조업은 '저임 노동력'(39.3퍼센트), 서비스업은 '내수시장공략'(41.6퍼센트)으로 응답, 업종별 진출 동기가 다름을 보여준다.

베트남에 투자한 우리 기업의 활동 형태는 '하청 생산 후 수출'이 31.8퍼센트로 가장 높게 나타났고, '독립적 수출'이 24.7퍼센트, '내수 판매'가 19.5퍼센트로 나타났다.

투자 규모는 '500만 불 이하'가 72.3퍼센트로 제일 높았고, 종업원 수는 '50명 이하'가 35.6퍼센트로 가장 높았다.

경영 상황은 '흑자'가 44.2퍼센트로 '적자' 11.9퍼센트에 비해 상당히 높았다. 이 수치는 베트남에 진출한 우리 기업들의 43.4퍼센트가 기업의 성장세에 만족하고 있으며 불만족은 9퍼센트 정도로 나타난 것과 근접한다. 응답사의 69.7퍼센트가 내수시장 판매 및 확대 계획이 있는 것으로 나타나고 있다.

베트남 진출 시 애로 사항은 '정보 부족'(35.2퍼센트), '언어 소통'(15.4퍼센트), '투자 지역 선택'(11.6퍼센트), '고급 인력 채용'(11.6퍼센트) 등으로 제시되었다.

베트남 내 경영 활동 상의 애로 사항은 '비용 상승'(25.8퍼센트), '고급 인력 부족'(13.1퍼센트), '열악한 인프라'(10.9퍼센트), '행정 불투명'(9.7퍼센트) 순으로 응답되었다.

향후 베트남 진출 환경에 대해서는 '현재보다 좋아질 것이다'(46.8퍼센트)라는 견해가 '현재보다 나빠질 것이다'(14.2퍼센트)라는 시각보다 높은 것으로 나타났다. 이런 시각 때문인지 앞으로 베트남에 대한 투자 방향을 '확대'(55.4퍼센트), '현상 유지'(41.2퍼센트)가 '축소'(2.6퍼센트)보다 압도적으로 높아 우리 기업들은 공격적인 경영 전략을 세우고 있는 것으로 해석되고 있다.

우리 기업들은 베트남에서 기업 활동을 통해 얻은 수익의 일부를 베트남 사회에 환원하고 있다. 2008년도 대사관이 집계한 숫자에 따르면 장학금, 의료, 봉사 활동 등 약 460만 불 규모의 사회적 책임을 수행했다.

이와 더불어 베트남과 지속적으로 좋은 관계를 유지하고 우리의 후세대들이 베트남 사람들로부터 존경받으며 활동하려면 정도경영을 통해 우리 기업 윤리와 자세 등 긍정적인 측면을 베트남에 널리 확산시켜 나가는 일도 필요하다. 투명하고 올바른 기업 활동의 중요성은 아무리 강조해도 지나치지 않다.

베트남 투자 여건은 앞에서 설명했지만 정치·사회적 안정, 높은 경제성장률, 양질의 저렴한 노동력 등 양호한 편이다. 물론 시장경제체제 경험이 짧아 법과 규정이 취약하고 산업구조 고도화에 따르는 고급 인력이 부족하고 부패와 관료주의라는 커다란 장해 요소가 존재하기도 한다.

성공과 실패를 공유하는 진정한 동반자 관계

1992년 베트남과 수교한 이래 우리는 무상 원조 1억 1,000만 불, 유상 원조 9억 8,000만 불 등 총 11억 불 규모의 개발원조ODA를 제공했다. 3년 전부터는 매년 2억 7,000만 불가량을 서약했다.[23] 우리는 일본 및 프랑스와 함께 베트남의 경제·사회 발전을 돕는 주요 원조국 역할을 하고 있다. 한국국제협력단KOICA이 수행하는 무상 협력은 교육, 산업 인프라, 의료·보건, 지역 개발, 환경, 직훈 등의 분야에 집중하고 있고, 한국수출입은행이 수행하는 경제개발협력기금EDCF의 장기 저리의 유상 협력은 에너지, 상하수도 폐기물 처리, 보건·의료, 정보·통신 등에 집중하고 있다.

우리 정부는 베트남의 경제사회개발 노력을 효과적으로 지원하기 위해 중장기 지원 계획을 마련하였다. 2008년 8월 나는 베트남 투자기획부MPI의 보홍푹Vo Hong Phuc 장관과 2008~2011닌 기간 매년 한국은 2억 5,000만 불의 경제개발협력기금을 베트남에 제공하기로 하는 기본 협정에 서명하였다. 이 기본 협정은 일명 롤링플랜rolling plan이라고도 하는데 베트남 측에 우리의 중장기 유상협력 규모를 미리 알려주어 베트남이 우리와 유상협력을 안정적으로 계획하고 수행하도록 돕는 데 목적이 있다.

베트남과의 무상협력에 대해서 우리는 아직 롤링플랜이 없다. 우리 정부는 2012년에 수원국 지원 전략을 수립하고 이 전략에서 수원국 별로 유상 및 무상 롤링플랜을 마련할 예정이다.

우리가 지원한 몇 개의 사업을 살펴보자.

호찌민의 출신 성인 응에안(Nghe An, 乂安) 성에 한국이 지원하여 설립한 한국-베트남 기술대학교가 대표적인 지원 사례다. 이 대학은 지난 10년간 3,800여 명을 배출하고, 이들 대부분은 취업이 되었다. 일본, 호주 등 외국에도 많이 송출되었으며, 한국에는 현재 600여 명이 와 있다. 우리는 하노이, 다낭, 꽝빈, 꽝응아이, 빈즈엉, 까마우, 박장 등 베트남 각지에 기술학교를 세워 전문기술 인력 양성을 지원할 예정이다. 한편 매년 기술인력 채용박람회를 통해 베트남의 고급 인력 100여 명을 고용하기로 합의한 바 있으며, 이들이 우수 기술을 익히고 귀국하는 경우 자연스럽게 기술이전이 되는 효과도 있다.

하노이 소재 한국-베트남 친선 병원은 기존의 세인트 폴 병원 일부 병동의 재건축, 기자재 제공, 기술이전을 통한 베트남 의료보건 환경개선을 지원한 사업이다. 한국인 의사들이 파견되어 있어 신종 플루 등 긴급 시 도움을 주고 있다.

다낭의 한국-베트남 IT 대학은 우리가 1,000만 불, 베트남 정부가 428만 불을 지원한 사업이다. 소프트웨어 특성화 전문대학을 설립하고, 실습 중심 교육을 통한 실무형 IT 인재를 양성하며, 저개발 중부지역 개발 등 베트남 정부의 국가균형발전과 대국민 IT 교육 실시를 목표로 세웠다. 개교식 때 가보았는데 학생들이 생전 처음 컴퓨터를 보고 그간 책으로만 공부해서 외운 컴퓨터 작동법에 따라 실습하면서 신기해하는 모습을 보고 적절한 지원으로 생각되었다.

꽝남 성에 건설 중인 500병상의 중부지역 종합병원은 우리가 베트남에 대해 지원하는 가장 큰 규모의 사업인 동시에 우리의 해외 무상원조 사업에서도 가장 큰 규모이다. 이 병원은 베트남 중부 지역 거점 병원으로 이 사업을 통해 베트남 중부지역의 의료 수요 충족 및 우리의 의료 기술과 장비 지원을 통해 베트남 의료 수준 향상에 기여하는 것을 목표로 하고 있다. 나는 2010년 1월 20일 기공식에 참석했는데, 이 병원이 준공되면 베트남 중부지역은 훌륭한 의료 시설을 갖추게 되어 외국인 직접투자가 활성화될 것으로 기대하고 있다.

우리가 현재 베트남 북부 박장 성에 건립을 추진 중인 직업 훈련원은 1,000만 불 규모의 사업으로 전문대 수준의 고급 인력 양성을 목표로 하고 있다. 박장 성에는 '터이' 등 소수 민족들이 거주하고 있으며, 베트남 정부는 원조 국가들이 소수 민족을 돕는 것을 환영하고 있다. 이 사업은 베트남 정부의 이런 방침에도 부합한다. 나아가 중국 남부 시장을 겨냥하고 베트남 북부지역에 진출한 우리 기업들에게 기술 인력을 양성하여 공급하는 장점도 있다.

수교 이래 2,100여 명의 베트남 공무원 등 관계자 방한 초청 연수 및 280여 명의 전문가를 베트남에 파견하여 한국의 발전 경험뿐만 아니라 실패의 경험도 공유해왔다. 한편 1994년 이래 327명의 봉사단이 베트남에 파견되어, 교육, 의료 · 보건, 정보 · 통신, 농촌

개발 등에서 베트남 주민들과 자신의 경험과 지식을 공유하면서 지역의 빈곤 감소, 지속 가능한 발전에 기여하고 있다. 이들은 민간 외교관으로 베트남-한국 관계를 증진시키는 밑거름 역할을 하고 있다.

베트남이 저소득 국가 그룹에서 졸업하고 본격적으로 경제 발전의 동력을 얻었기 때문에 이제 베트남에 대해 우리의 ODA 협력의 규모를 줄이거나 아예 중단하자는 이야기도 나오고 있다. 이런 생각들은 한국-베트남 관계를 전체적으로 조망해볼 때 아직은 시기상조다. 베트남은 수교 이래 우리의 협력 진정성을 신뢰하고 미래 지향적인 협력 관계를 위한 계속적인 지원을 기대하고 있다. 우리는 베트남이 2020년 공업화·현대화 목표를 달성할 때까지는 ODA 협력을 계속할 뿐만 아니라 오히려 규모를 확대해나갈 필요가 있다. 이것이 우리가 베트남의 진정한 동반자가 되는 길이며 아픈 과거를 발전적으로 아물게 하는 접근법이라고 생각한다.

영어보다 인기 있는 한국어

한국어 보급도 활발히 이루어지고 있다. 2009년 말 현재 베트남 11개 대학교가 한국학 전공을 개설하여 약 2,200여 명의 학생들이 공부하고 있다. 우리 기업들이 많이 진출해 있는 까닭에 취직이 잘되어 영문학과와 똑같이 인기가 높다. 나의 즐거운 일과 중 하나는 대학교를 방문하여 학생들과 한국-베트남 관계, 한국 문화 등의 주제로 대화를 나누고 우리 기업의 장학금을 전달하는 일이었다. 한번은 중부 지역 후에Hue 시를 방문할 때 후에외국어대학의 요청으로 그 대학을 방문했다. 후에 시의 변두리 외진 곳에 위치한 이 대학은 이제 막 한국어 학과를 만들어놓고 북한에서 공부한 베트남인 선생이 학생 40여 명을 가르치고 있었다. 학생들이 더듬거리는 한국말로 나를 환영하고 지원해달라는 말을 듣고 가슴이 뭉클했다. 이후 국민은행, 한국교류재단, 한국국제협력단의 노력으로 이 대학교의 한국어 학과도 서서히 자리 잡아 가고 있다. 중부 지역에 우리 기업의 진출이 본격화되면 이들에게도 일자리가 생길 것이다. 2008년 10월 9일 한글날 562주년에 조선대학교가 국립 호찌민인문사회과학대학교와 합작으로 세종학당을 개설하여 한국어와 한국 문화를 보급하고 있다.

꺼지지 않는 한류 열풍

문화 교류도 활발하다. 베트남은 한류의 발원지라고 한다. 〈대장금〉이 인기리에 방영된 후 베트남 사람들은 한국 문화에 큰 관심을 갖기 시작했다. 매일 10여 개의 한국 드라마가 방영되고, 한국 영화배우, 탤런트, 가수들의 이름이 잘 알려져 있다. 이들의 팬클럽도 있다. 비공식 통계이기는 하지만 일일 한류 시청률이 15.8퍼센트라고 한다. 이 통계에 따르면, 8,500만 베트남 사람 중 1,200만 명이 한국 드라마를 시청하고 있는 셈이다. 물론 드라마 외에도 그림, 음악, 공연 등 교류도 활발하다. 베트남인들의 한국인들에 대한 호감도는 매우 높다. 베트남 여자들에게 한국 여자처럼 생겼다는 말은 예쁘다는 의미로 받아들여진다고 한다. 이런 한류 영향을 걱정하는 베트남 사람들도 있다. 어떤 지식인은 일본 연속극 〈오싱〉을 예로 들면서 드라마에서 한국의 최근 잘사는 모습만을 보여주기보다는 한국도 겪었던 어렵고 힘든 시기를 보여줄 때 베트남인 가슴속에 깊은 감동을 남길 것이라고 조언했다.

우호 관계의 기둥, 인적 교류

인적 교류 또한 인상적이다. 한국에는 약 9만 여 명의 베트남 사람들이 거주하고 있다. 국제결혼해서 한국으로 이주해온 베트남 여성들이 3만 7천 여 명이고(실제로는 이보다 더 많은 것으로 보인다), 근로자가 약 4만 명, 유학생이 5천 여 명, 기타 등으로 분류된다. 베트남에도 거의 같은 수의 한국인들이 거주하고 있는 것으로 추정된다. "자연은 공백을 싫어한다 Nature abhors a vacuum"라는 말이 사실인 것 같다. 9만 여 명의 베트남인들이 한국으로 와서 베트남에 9만 여 명의 자리가 비게 되니 또 9만 여 명의 한국인들이 베트남으로 가서 그 빈자리를 메우고 있다. 이처럼 다소 길게 거주하는 사람 말고도 단기 관광, 업무차 여행하는 사람도 매년 45만 명 수준에 이르고 있다. 물론 대부분 한국인들이 베트남을 방문하는 경우이지만 베트남인들의 한국 방문도 급격히 늘고 있다. 민간인 교류는 양국 국민 간 이해와 양국 정부 간 우호 관계의 기둥이다. 보는 것이 믿는 것이기 때문이다.

한국의 발전 경험을 배우자

베트남은 외국인 직접투자를 통해 자본을 조달하고 외국 기술을 획득하는 측면에서는 중국과 유사하지만 인구 규모나 산업 발전 단계를 감안하면 한국의 발전 경험을 따르는 것이 더 적합한 것으로 분석되고 있다. 부품산업 육성, 직업공무원 제도, 교육제도 등에서 우리의 경험 공유는 우리의 경험을 배우기를 원하는 베트남에게 큰 도움을 줄 것으로 보인다.

　우리의 협력 의지와 베트남 정부의 적극적 입장에도 불구하고 베트남이 우리의 경험을 수용할 준비가 잘되어 있는지에 대해 유보적인 시각도 있다. 베트남이 1986년 도이머이 후 개혁과 개방을 통해 베트남의 경제발전에 동력을 주었으나 시간이 지남에 따라 개방과 개혁에 불균형이 나타나고 개혁이 부진하다는 견해다. 베트남은 무역과 투자 등 단기간 내 효과가 나타나는 개방은 국민의 지지 획득에 용이했지만, 관료제도 및 국영기업 등의 개혁은 그 과정이 길고 고통스럽기 때문에 국민의 지지를 얻기가 어려워 2005년 후에는 개혁의 속도가 둔화되고 있는 것으로 지적되고 있다. 물론 개혁은 고통스럽다. 호찌민도 "개혁은 각자 내부의 혁명이기 때문에 어렵고 긴 과정이다Reform is a difficult and long process because it is a revolution within each person"라며 개혁의 어려움을 강조했다. 그러나 베트남이 지속 가능한 발전을 이루어내려면 개방의 가시적 성과에 만족하지 말고 고통스럽지만 개혁의 고비를 계속 죄어나가야 할 것이다.

　베트남 정부가 추진해야 할 주요 과제로 외국자본 의존도 감소, SOC 확장, 부품 소재 산업 육성, 인적 자원 육성 및 배분 등이다.

역사와 문화가 한강에서 홍강까지

　베트남은 1900년 초 개혁과 인사들을 중심으로 일본을 배우자는 운동 즉 동주(Dong Du, 東遊)를 추진한 적이 있었는데, 이 동방 정책은 일본이 세1차 세계대진에 침가하면서 제국주의 본색을 드러냄에 따라 탄력을 잃었다.[24] 베트남은 100여 년 만에 두 번째 동방 정책을 택하면서 한국을 배우기로 했다고 하니 우리는 베트남의 노력이 성공을 거두도록 도와주어야 한다. 베트남을 돕는 데 말은 짧게 행동은 길게 보여주어야 한다.

앞에서도 말했지만, 우리가 베트남을 효과적으로 돕는 방안 중 하나는 우리의 개발 경험과 지식을 체계화하여 베트남과 공유하는 것이다. 베트남은 외국인 직접투자를 통해 자본을 조달하고 기술 획득 면에서는 중국의 발전 과정과 유사하지만 인구 규모나 산업 발전 단계를 고려해볼 때 한국의 발전 경험이 더 적합하다고 생각된다.

베트남에서 우리는 다른 나라에 비해 후발주자다. 우리보다 20년 이상 앞서 베트남에 온 캐나다, 네덜란드, 일본 등의 경쟁 국가들은 곳곳에 자기 영역을 표시해놓고 있다. 우리가 필요해서 가보면 이미 일본 사람들이 다녀갔거나 사업이 이미 시작되어 있다. 우리가 베트남에 늦게 오게 된 사유는 베트남과의 참전의 과거사를 가지고 있기 때문이다. 하지만 가장 모범적으로 베트남과 튼튼한 관계를 구축했다. 역사와 문화가 한강에서 홍강까지 다시 이어져 흐르고 있다. 이는 정부의 노력도 있었지만 우리 기업인들을 포함한 동포들과 한류의 덕분이라고 생각한다. 또 베트남 정부와 국민들의 미래 지향적 접근도 크게 주목해야 할 일이다.

30년을 내다본 경제관계

삼성전자는 베트남 박닌 성의 휴대폰 공장에서 2015년까지 1억 대의 휴대폰을 생산할 예정이며, 두산중공업은 중동 등에서 플랜트 수출이 늘어남에 따라 베트남 중부 중꿋 공업단지 내 공장의 생산 능력을 확대해나갈 예정이다. 포스코도 베트남에 대규모 진출을 추진하고 있다. 이런 사업들은 30년 이상 베트남에서 운영을 예상하고 진출하기 때문에 우리의 베트남 의존도가 그만큼 높아질 것으로 보인다. 베트남 경제의 지속 성장이 우리 경제의 발전과 직접 연계되어 있다는 점을 감안하면 이런 점에서도 우리는 베트남이 개방과 개혁에서 성공을 거두도록 적극 도와줄 필요가 있다.

보다 깊고 보다 넓은 관계로

상호의존 관계를 더욱 깊게 하고 넓혀가려면 한국-베트남 양자 자유무역협정을 서둘러 체결해야 한다. 물론 한국-베트남 양국 경제 교류는 한국과 아세안이 체결한 상품, 서비스, 투자 관련한 자유무역협정들을 활용할 수도 있겠으나, 중장기적으로 양국 간 교류의 틀을 별도로 구축할 필요가 있다. 일본과 베트남은 2008년 9월 양자 FTA인 일본-베트남 경제파트너십 협정Japan-Vietnam Economic Partnership Agreement을 체결했다. 베트남의 일본 수출 물품 95퍼센트에 대해 관세 면제, 일본의 대 베트남 수출 물품 88퍼센트에 대해 관세 면제를 규정하고 있다. 일본-베트남 간 EPA는 일본의 베트남 진출의 중장기적 포석으로 보인다.

외교의 최전선에서 만난 베트남

한국과 베트남은 전략적 협력 동반자다

2007년 11월 한국을 방문한 농득마인 베트남 당서기장은 베트남과 한국은 이제 양국 관계를 한 단계 격상시킬 시점에 왔다고 선언했다. 그의 언급은 양국 관계 발전을 정확하게 관찰한 것으로 평가되었다. 이후 양국 정부 관계자들은 관계 격상의 방향과 공식 선언 시점을 놓고 외교 협의를 계속한 결과 양국 관계를 '전략적 협력 동반자 관계'로 격상시키기로 합의했다. 양국 정부는 2009년 베트남의 응우옌떤중 총리의 한국 공식 방문에 관계 격상 합의를 발표하고, 곧이어 있을 이명박 대통령의 베트남 공식 방문을 계기로 정상 회담을 통해 이를 공식 선언하기로 했다.

한국과 베트남은 2009년 10월 21일부터 22일까지 이명박 대통령의 베트남 공식 방문 시 2001년 양국 간 수립된 '21세기 포괄적 동반자 관계'를 통해 정치, 경제, 통상, 사회, 문화, 관광 등 다양한 분야에서 교류와 협력의 폭이 확대된 점을 평가하고 '전략적 협력 동반자 관계'로의 격상을 선언하였다.

한국과 베트남의 관계를 '전략적 협력 동반자'로 격상시킨 농득마인 당서기장.

수교 이후 짧은 기간에도 불구하고 양국 관계가 이처럼 급속도로
발전한 것은 한국에게도 베트남에게도 그 예가 없다. '전략적 동반
자 관계'는 양자 외교에서 최상의 관계인데, 한국이 이런 관계를 맺
고 있는 나라는 미국 및 일본 등 전통 우방국 외에 중국, 러시아, 인
도네시아, 인도, 베트남, EU 등 소수이며, 베트남도 중국, 러시아,
인도, 오스트레일리아, 일본, 한국 등 예닐곱 나라와 이런 관계를
맺고 있다.

한국–베트남의 바람직한 미래상

양국은 정상 선언문을 통해 전략적 협력 동반자 관계를 강화하기
위해 다음 분야에서 교류와 협력을 강화해나가기로 했다.

정치 및 안보 분야에서 고위 인사 상호 방문, 지방자치단체 및 의
회 간 교류를 강화하고, 외교·안보 및 국방 분야에서 협력과 대화
를 증진시키고 관계 부처가 참가하는 연례 외무차관급 대화를 창설
하기로 합의하였다. 정기적으로 고위급 대화를 갖기로 한 것은 매
우 중요한 결정이라고 생각한다.

경제·통상 분야에서 양국은 2015년까지 무역 규모를 200억 불
로 확대시키기로 했다. 한국은 베트남에 시장경제지위Market
Economy Status를 부여했다. 양국은 자유무역협정FTA 추진 가능성과
실효성을 논의하기 위해 빠른 시일 내 공동 작업반 설치를 검토하
기로 했다. 베트남은 한국의 베트남 투자를 높이 평가하면서 광산
자원, 가공 분야, 은행 분야, 호찌민 냐짱 전철 복선 건설, 호찌민–
껀터 고속철도 건설 등에 한국 기업의 참여를 요청하였다. 하노이
홍강 개발 사업을 하노이 시와 서울시 간 상징적 협력 사업으로 인

식하고 한국 기업의 참여를 보장하면서 베트남은 이 사업을 국가적 사업으로 추진하기로 했다.

개발 사업 및 과학 기술 협력 관련, 베트남은 한국의 ODA 협력을 높이 평가하고, 양측은 중기 발전 계획, 금융 재정 정책, 국토 개발 계획, 산업 기술 정책, 과학 기술, 인적 자원 개발, 노동 고용, 환경 정책, 농촌 개발 분야 등 9개 분야에서 개발 경험 공유를 강화해 나가기로 했다. 베트남은 자국의 원자력 법령과 제도 수립 및 인력 양성 등 원자력 기술 발전을 위해 한국의 지원을 높이 평가하고 양측은 이 분야에서의 협력을 지속해나가기로 했다.

사법 · 영사 협력 관련, 수형자 이송 조약의 조기 비준 및 민사 사법 공조 조약 체결 추진 등을 위해 필요한 조치를 취하고, 상대방 국민에 대한 사증 발급 절차 간소화, 상대방 거주자 국민 보호에 관심을 기울이기로 했다.

한국과 베트남 간 전략적 협력 동반자 관계는 사돈 국가인 우리 양국이 나아갈 바람직한 미래상을 제시한 것으로 볼 수 있겠다.

베트남에서는 베트남 사람처럼

우리는 베트남에서 어떻게 보이기를 원하는가? 좋아할 수 있는 한국인, 믿을 수 있는 한국인의 상을 보여줄 때 베트남과 오랜 기간 좋은 관계를 유지할 수 있다. 이를 위해서는 베트남에 거주하거나 베트남을 방문하는 우리 동포들은 베트남의 역사, 문화, 가치, 법, 제도, 관습을 이해하고 존중하는 것이 필요하다. 베트남에서는 베트남인들이 주인이고 우리는 손님이다. 베트남 말에 녑자뚜이뚝 (nhap gia tuy tuc, 入家隨俗)이라는 말이 있다. 베트남에서는 베트남 사람처럼 해주기를 바란다는 뜻이다. 나는 부임하자마자 베트남의 구석구석에서 땀 흘리고 있는 KOICA 봉사단원들에게 메일을 보내 베트남 사람들을 섬기면서 도와줄 것을 당부했고, 새로이 부임해오는 KOICA 봉사 단원들이 하노이에서 교육을 받고 현지로 떠나기기 전에 이들과 대화를 갖고 넙자뚜이뚝을 새기며 봉사해줄 것을 당부했다.

한편, 국내에서는 한국인과 결혼해서 이주해온 베트남 여성들, 일자리를 찾아서 온 베트남인들을 따뜻하게 도와주어야 할 것이다. 이는 베트남인들의 마음을 사는 일이다.

우리는 친구이자 사돈이다

한류, 투자와 무역을 통해 알려진 한국의 좋은 이미지를 더욱 잘 확산하는 것이 필요했다. 그중 하나가 우리 스포츠 선수들의 활약상을 알리는 것이었다. 베트남 사람들도 스포츠를 좋아한다. 2002년 월드컵 때 한국의 4강 진출을 우리 못지않게 좋아했다. 박태환 수영 선수의 우승, 박세리, 신지애, 양용운의 세계적 골프 대회 우승, 김연아의 피겨스케이팅 우승 등 세계 무대에서 우리 선수들의 우승 소식이 있을 때마다 우리 공관은 베트남 언론에 사진이나 보도자료를 제공하면서 우승의 의미를 설명하고 보도를 요청하였다. 한국인들의 세계 무대 활약을 베트남 사람들에게 소개하는 좋은 계기가 되었다. 스포츠는 문화와 함께 베트남 사람들과 소통하는 데 매우 효과적인 채널이다.

장학금 제공, 선천성 심장병 어린이 수술 지원, 구순열(언청이) 어린이에게 웃음 찾아주기, 사랑의 집 지어주기, 베트남 신부 친정 나들이 지원 등도 베트남에 우리의 좋은 이미지를 알리는 데 기여하고 있다. 금호아시아나, 삼성, 포스코, 롯데, LG, 참빛, 정수장학회, 한국-베트남 재단, 국민은행, 외환은행 등이 장학금을 제공하고, 두산, SK, GM 대우, 방림 등이 의료, 베트남 신부 친정 방문, 사랑의 집짓기 등 기업의 사회적 책임을 수행하고 있다.

금호아시아(200만 불), 삼성(100만 불)이 큰 규모의 장학기금을 마련하여 안정적으로 장학금을 제공하고 있고, 참빛그룹이 베트남 공안부의 열사 및 유공자의 자녀들에게 장학금을 제공하는 일도 모두 높이 평가받고 있다. (주)부영은 베트남 전국 초등학교에 칠판과 디지털피아노를 기증했다. 시골 학생들이 물소 등에 글씨를 쓰다가 부영이 기증한 현대식 칠판에 글씨를 쓰는 모습을 보고 참 잘한 일이라 생각했다. 부영은 또 베트남 전국 초등학교에 디지털피아노를 기증하면서 이 피아노에 우리의 졸업가를 소개했는데, 기증식 때 50여 개의 디지털피아노 반주에 맞춰 하노이의 한 초등학교 학생들이 한국어 및 베트남어로 졸업가를 부르자 어릴 적 생각이 나 가슴이 뭉클했다.

2008년도 베트남 내 우리 기업들이 시행한 사회적 책임은 460만 불이었다. 나는 장학금 수여식 축사 때마다 우리 기업들에게는 베트남 학생들에게 희망의 씨를 뿌리며, 베트남 학생들이 근면하고 재능이 있기 때문에 이 희망의 씨가 기름진 밭에 떨어져 70배 100배 결실을 맺을 것이라고 말했다. 또한 베트남 학생들에게는 쟈크 아탈리의 긍정적인 메시지를 전한 후 20년이 지나면 베트남의 일

꾼으로 성장해 있을 학생들이 장학금을 준 우리 기업과 한국을 친구로 기억해달라고 당부하였다.

좋을 때 잘하자

한국은 베트남에서 한류, 원조, 무역 등 문화 및 경제 관계로 프리미엄을 얻고 있으나, 베트남 신부 문제, 기업의 무단 철수 문제 등의 디스카운트 요인도 있다고 분석된다. 갖은 노력을 다해 이루어놓은 한국의 좋은 이미지가 일순간 무너지기도 한다. 한국으로 시집간 베트남 여성들에게 불행한 일이 일어나거나, 한국인의 베트남인 살해 사건, 중부 지방 벽지의 가난한 농부들에게 고추 구매 사기 행위, 우리 기업의 무단철수 등이 그 같은 사례이다. 한번은 베트남 최대 영자 일간지인 〈베트남 뉴스Viet Nam News〉가 "한국인 도주자들 책임을 회피하고 있다Korean deserters off the hook"[25]이란 제목으로 일부 한국인과 한국 기업인들이 경제가 어렵게 되자 임금과 사회 보장세를 내지 않고 무단철수했는데, 이들을 다시 베트남으로 불러와 체불된 임금과 사회 보장세를 내도록 해야 한다는 내용의 꽤 큰 기사를 보도했다. 이런 기사가 나면 우리 이미지에 대한 타격이 매우 크다.

여기에 베트남에 관광 온 한국인들이 곰쓸개즙을 음용하는 행위는 베트남 사람들뿐만 아니라 전 세계적으로 우리 이미지를 손상시키고 있다. 베트남 내 NGO인 'ENV' 및 'Asia Animals'는 2008년 1년간 한국인 관광객 1,500여 명의 베트남 곰 사육장 방문 및 곰쓸개즙 음용, 곰 관련 제품 구입 등의 행태에 깊은 우려를 표명했다. 뿐만 아니라 베트남 국회의원들과 베트남 주재 유럽 국가 대사들도 우리 공관에 우려를 표명했다. 문제로 지적될 때마다 우리 공관은 베트남 정부가 불법 곰 사육을 금지시켜 곰쓸개 공급을 중단시키는 것이 가장 효과적인 대책이라고 지적했다. 한편, 본부 및 관련 부처와 협의하여 관세청 직원들에게 "멸종 위기에 처한 야생동식물 종의 국제 거래에 관한 협약CITES"을 교육시켜 곰 관련 제품의 휴대 반입을 금지시키도록 했고, 관광협회에게도 관광업자들이 CITES 규정을 준수하도록 지도했다. 그리고 2007년 및 2009년 하노이 거주 한국인 여행사 대표를 초청하여 불법 행위의 근절을 당부하였다.

한국의 90여 개 NGO가 베트남에서 활동 중에 있다. 베트남 관련 기관은 재향군인회 관련 단체, 화산이씨 종친회, 한국-베트남 재단, 지구촌나눔운동, 굿네이버스 등 한국 NGO들이 베트남 내 지방과 도시에서 활동을 활발히 전개하고 있다고 좋게 평가하고, 20여 개 단체가 베트남의 정식 허가를 받았으며, 허가 없이 활동하는 단체도 60~70여 개에 이른다고 전했다. 베트남 측은 외국 NGO들이 비정치·비종교·비영리 원칙을 존중하면서 베트남의 법과 규정을 지켜주기를 원하면서, 일부 한국 NGO들이 베트남의 법과 규정을 위반하면서 지나치게 의욕적으로 활동을 하는 데 우려를 표명하고 있다.

베트남에서는 중국의 경험을 되풀이해서는 안 된다고 생각한다. 1992년 수교 이후 처음에는 중국인들이 우리 한국인들을 환영했지만 그간 일부 한국인들이 중국인들을 실망시킨 나머지 이제는 혐한 감정까지 일고 있다. 이에 반해 일본인들은 시종일관 중국의 법, 제도, 관행을 존중하면서 노력해온 결과 지금은 좋은 관계를 유지하게 되었다.

백년이 지나도 변치 않을 동반자 관계

베트남과의 전략적 동반자 관계를 우리 후세대까지 유지해나가기 위해서 인맥 구축과 베트남 전문가를 양성하는 노력을 적극 펴나가야 한다.

외교는 인맥이다

베트남의 중요성, 우리와의 교류, 월남전 참전, 다른 나라에 비해 늦은 진출 등을 감안해보면 어떤 나라보다도 베트남 당, 중앙 정부, 지방 정부, 문화, 학계, 언론 등 각계와 인맥 구축에 훨씬 더 노력해야 한다. 미래 지도자들이 될 청소년 간 교류는 향후 양국 관계 발전에 귀중한 자산이 될 것이다. 그들이 서로에 대해 건전한 인식을 갖는 것은 매우 중요한 일이다. 이런 점들을 고려해볼 때 현재 우리가 시행하고 있는 베트남 인사 초청 프로그램들은 대상, 규모와 빈도수 면에서 대폭 확대할 필요성이 있다.

그리고 한국-베트남 교류 포럼을 구성하여 정치, 경제, 문화, 관광 등 모든 분야에서 양국의 지도급 인사들이 정기적으로 만나 의견을 교환할 기회를 제공하는 것도 필요하다.

상대를 아는 것이 외교의 시작이다

인맥 구축 노력과 함께 민간인 전문가 양성도 시급하다. 내가 베트남 잡지에서 본 기사인데 한 일본의 베트남 전문가는 중부 지역의 꼰뚬Kon Tum 성의 소수 민족 연구차 17년 동안 한 해도 빠지지 않고 이 성을 방문한다고 한다. 이 기사는 하나의 예이다. 분명 일본은 베트남 구석구석을 연구하고 있을 것이다. 우리도 많은 기업들이 진출해 있고 동포들도 많이 거주하지만 아직은 일본처럼 베트남 전문가가 많지 않다. 일본 등 경쟁국들에 비해 늦었지만 지금이라도 행동으로 옮겨야 한다. 내가 1980년 후반 태국에서 근무할 때인데, 한국 기업인 한 사람이 태국 북쪽 지방에서 장사 좀 해볼까 하고 갔다가 정글 부족에게 붙잡혀서 재판을 받았다. 이때 부족장 통역관으로 나온 사람은 놀랍게도 일본 정부가 이미 20년 전부터 이 지역 연구차 보낸 일본인이었는데, 그는 그 지역을 잘 알고 있었으며, 부족들이 쓰는 말도 능통하게 구사했다. 일본의 태국 등 동남아 경제 진출 성공은 이런 노력 덕분이 아닐까.

코리아 팀으로

팀워크는 힘이다. 단결은 팀워크의 핵심이다. "뭉치면 서고 분열하면 넘어진다(United we stand, divided we fall)"라는 말이 있다. 호찌민도 독립과 투쟁 과정에서 단결을 매우 중시했다. 호찌민이 1940년 초 비엣민군을 창설했을 때부터 강조해온 슬로건인 "단결, 단결, 대단결, 성공, 성공, 대성공(unity, unity, great unity, success, success, great success)"[26]은 미국과의 전쟁 기간은 물론 오늘날도 인용되고 있다.

나는 이라크와 이란에서도 그랬지만 베트남에서도 우리 기업인과 동포들에게 코리아 팀(Korea Team)으로 힘을 합치자고 강조했다. 팀으로 일할 때 주재국과 효과적인 외교를 할 수 있기 때문이다. 떠오르는 베트남 시장에서 우위를 차지하기 위해 각국이 치열한 경쟁을 벌이고 있고, 우리보다 유리한 위치에 있는 일본 등 나라들과 경쟁하기 위해서는 베트남 주재 우리 기업과 동포들이 힘을 합쳐 단단한 협조체제를 구축하는 것은 어느 때보다도 중요한 일로 판단했다. 우리 공관은 한인회 및 한인상공인협의회 등 기존의 조직에 더해서 에너지자원외교를 위해 베트남 주재 우리 기업 중 에너지 관련 기업을 중심으로 에너지협의회를 구성했고, 공기업을 중심으로 공기업협의회를 구성해서 정보교환 등 팀워크를 조성하기 위해 노력했다. 코리아 팀으로 일하는 데는 현지의 지식과 정보를 축적하고 서로 공유하는 것이 긴요하다고 판단하고 우리 기업들이 모일 때마다 다양한 분야의 베트남 전문가들을 초청해서 지식을 공유했다. 이처럼 정보와 지식 공유도 중요하며 나아가 우리 기업들이 베트남을 돕는 일도 공관과 서로 협조하면 베트남이 필요로 하는 분야를 적시에 효과적으로 도울 수 있으며 외교 수행에도 도움을 줄 수 있을 것이다. 그런데 종종 안타까운 사례가 있었다. 일본의 종합상사들이 축적한 정보는 CIA 및 여타 주요 정보기관들과 경쟁할 수 있을 정도이며 이 풍부한 정보들은 통상 및 경제 분야의 일본 협상가들에게 많은 편익을 제공한다고 한다.[27]

베트남을 넘어서

베트남과의 외교 관계는 우리에게 매우 중요하다. 지정학적으로도 매우 중요하지만, 베트남의 자체 시장이 매우 크며 그들이 가지는 영향력 또한 중요하다. 베트남이 우리의 발전 모델을 택한다면 캄보디아와 라오스에도 쉽게 전파될 수 있을 것이다.

베트남을 넘어서까지 본다면 메콩강 개발에 적극 참여도 좋은 사업이 될 수 있다. 메콩강 유역 국가들은 동서회랑東西回廊 남북회랑南北回廊 개발 등 대규모 사업들을 진행하고 있다. 이 지역은 아시아의 마지막 황금 투자 지역으로 불린다. 우리의 적극 참여 방안의 하나로 캄보디아 · 라오스 · 미얀마 · 베트남과 한국 간 외무장관 회의 또는 개발장관 회의 개최도 검토해볼 일로 생각된다. 강대국들은 메콩 지역 개발을 두고 경쟁하고 있다. 중국은 메콩 지역 정상회의를 주도하고 있고, 일본은 메콩 지역 외무장관 회의를 주도하고 있다. 2009년엔 미국이 태국에서 열린 아세안지역포럼ARF 회의에서 CLMV 외무장관과 회담을 가졌다.

베트남 신부를 사랑하지 않으면 베트남을 사랑할 수 없다

2010년 7월의 일이다. 부푼 꿈을 품고 한국으로 시집온 베트남 여성이 정신질환의 남편에게 살해됐다는 보도를 보고 마음이 매우 아팠다. 정부는 국제결혼 중개에 관한 법을 더 엄격하게 적용하고, 중개업자들은 국제결혼해서 한국으로 시집오는 여성들의 인권을 보호하는 데 우선적 가치를 두어야 할 것이다. 우리 정부는 대통령부터 나서서 희생 신부의 가족을 위로하고 유사한 일이 재발되지 않도록 다짐하면서 여러 가지 대책을 강구하고 있다. 국제결혼은 단순히 개인의 문제로 볼 수 없는 너무나 중요한 사안이다.

2007년 9월 중순 나는 주베트남 대사로 부임했다. 내가 주베트남 대사로 부임하기 전에 몇 달간 국제결혼해서 우리나라에 와서 살던 베트남 여성들 중 구타로 인해 사망하거나, 투신자살, 농약 음독을 하는 등 불행한 일이 연이어 있었다. 베트남에 부임 후 파악해 보니 베트남 지도층, 언론의 분위기는 한국인들에 대해 매우 걱정하고 있었다. 이런 분위기는 양국 간 외교 관계는 물론 베트남 거주 우리 동포, 우리 기업의 활동에도 부정적 영향을 미칠 것으로 우려되었다. 나는 국제결혼 한국 이주 베트남 여성 문제는 당사자 간의 문제일 뿐만 아니라 외교 문제로 인식하였다. 상대국 국민의 감정과 관련된 일이기 때문이다. 나아가 세계 12위 경제 강국이라는 우리나라 이미지를 심히 손상시키는 일로 여겨졌다. 대사가 아무리 열심히 외교 활동을 한다 하더라도 국제결혼해서 한국으로 이주해 간 베트남 여성들이 한국에서 불행한 일을 겪는다면 베트남 국민 누구도 한국에 대해 좋은 감정을 갖지 않을 것이다.

국력은 세계 12위의 나라인데 외국인 신부 인권 보호에서는 문제가 있는 나라로 보여지는 것은 우선 부끄러울 뿐만 아니라 국가 브랜드에도 심각한 문제다. 캄보디아가 자국 여성들이 한국인과 결혼하는 것을 한때 금지시켰는데 이 조치는 매우 부끄러운 사실이다.

나는 국제결혼 한국 이주 베트남 여성들을 돕는 일을 대사관 업무의 우선순위로 추진했다.

베트남 신부 문제 해결을 위한 첫 걸음

제일 먼저 베트남 여성 연맹 주석을 방문하여 국제결혼 이주 문제를 협의하였다. 우선 나는 베트남 국가 주석에게 신임장을 제출

위) 2009년 1월 하노이에서 열린 베트남 여성 고향방문 행사 때 베트남 여성 가족들과 기념 촬영을 하고 있다.

아래) 베트남 신부 이야기를 다룬 2007년 방영되었던 SBS 드라마 〈황금신부〉의 여주인공 이영아와 함께. 드라마 방영 이후 베트남 신부들의 이야기가 국민들에게 알려지게 되었다.

하기도 전에 베트남 여성 연맹 주석을 방문, 국제결혼해서 한국으로 이주해간 몇몇 베트남 여성들에게 있었던 불행한 일에 대해 가슴 아픈 일이라며 미안한 마음을 전하고, 우리 한국 정부는 한 건이라도 불행한 일이 일어나지 않도록 노력하고 있다고 설명했다. 그리고 우리 정부가 시행하고 있는 국제결혼 이주 여성 지원책을 상세히 설명했다. 이후 우리 대사관은 베트남 여성 연맹과 긴밀한 관계를 유지하였고 베트남 여성 연맹은 우리에게 많은 도움말을 주었으며, 우리 정부의 노력을 베트남 국민들에게 적극적으로 소개했다.

내 가족처럼 사랑으로

2007년 10월 31일 나는 응우엔민찌엣Nguyen Minh Triet 베트남 주석에게 우리 대통령의 신임장을 제정한 후 면담했는데, 이 면담에서 베트남 주석은 한국 거주 베트남 사람들에 대해 각별히 배려해줄 것을 당부하였고, 나는 베트남 주석의 당부 메시지를 우리 사회에 전하면서 베트남 여성을 우리 며느리, 우리 딸로 대해줄 것을 당부했다. 우리 언론들도 베트남 주석의 당부를 적극적 자세로 보도했다. 베트남 주석의 한국 거주 베트남 여성들에 대한 각별한 당부에서 국민을 소중히 여기는 지도자의 모습을 엿볼 수 있었다.

법의 규제로 보호하다

그다음으로 국제결혼 중개에 관한 법률 입법을 촉구했다. 국제결혼에서 불행한 일이 벌어지는 이유는 여러 가지가 있으나 그중 불법 · 탈법 중개가 가장 큰 이유로 판단되었다. 파악해보니 우리나라에는 이런 불법·탈법 중개를 규제할 국제결혼 중개에 관한 법이 없었고, 마침 우리 국회에 67명의 의원이 발의한 관련 법안이 하나 상정되어 있었다. 나는 2007년 10월, 국제결혼 중개에 관한 법률안을 의원 입법으로 발의한 67명 국회의원들에게 서한을 발송해서 국제결혼 중개의 규제 및 관리 필요성을 강조하고, 대통령 선거로 바쁜 의정 시기이겠지만 이 법안만큼은 꼭 통과시켜달라고 부탁했다. 이런 호소 때문이었는지는 몰라도 우리 국회는 2007년 말 대선의 분주한 정치 일정에도 불구하고 이 법을 통과시켰고, 2008년 6월 발효하였다. 법 발효 후 빈번하게 베트남 언론에 보도되던 불법·탈법 중개 보도는 크게 줄었다. 그러나 불법·탈법 중개가 완전히 근절된 것은 아니다.

베트남 여성은 우리의 며느리요, 딸이다

한편, 나는 248명의 우리나라 지방 자치 단체장들에게 두 차례 서한을 발송(2007년 10월, 2009년 11월)하여 국제결혼해서 한국으로 이주해온 베트남 여성들을 우리 며느리, 우리 딸처럼 여겨 그들의 한국 사회 정착을 도와달라고 당부하고, 듣기에도 민망한 베트남 여성들을 폄하하는 현수막 등을 제거해줄 것을 요청했다. 베트남 언론에 보도된 자극적인 내용의 현수막은 베트남 사람들을 크게 자극했다. 베트남 사람들이 우리가 베트남 여성들을 그렇게 보고 있다고 생각하는 한 베트남에 대한 우리의 외교 노력은 물거품이 될 것이다. 이런 현수막을 본 베트남 여성들과 그 가정의 아이들이 우리 한국 사회에 대해 어떻게 생각할까? 대사관의 당부 편지에 대해 다수의 지자체 단체장들은 답신에서 일제 단속을 통해 게첨물을 제거했으며, 지자제가 시행하고 있는 베트남 여성들의 정착 지원 프로그램도 소개했다.

균형 있는 보도로 오해를 풀자

나는 10월 31일 베트남 국가주석에게 우리 대통령의 신임장을 제출한 날 바로 호찌민으로 내려갔다. 호찌민 시 거주 우리 동포 지도자들과 상견례를 마친 다음 날 시 소재 유력 언론사의 편집국장들을 만났다. 12시에 시내의 한 한국음식점에서 열린 그 대담에 쩐 탄하이Tran Thanh Hai 〈노동신문〉 편집국장, 휜선푸억Huynh Son Phuoc 〈투오이체〉 지 편집 부국장, 응우엔티레Nguyen Thi Le 〈사이공 지아 이퐁〉 지 국제국장, 도홍Do Hong 〈탄니엔〉 지 국제국장 등 호찌민 시 소재 유력 언론사의 편집국장이 참석했다. 나는 이들 신문들이 한국-베트남 간 국제결혼에 대해 균형 있게 보도해준 데 대해 사의를 표명하고, 한국으로 시집온 베트남 여성들에 대한 우리 정부의 지원 조치 내용을 상세히 설명한 후, 국제결혼 중개업에 대한 입법 추진, 67명의 국회의원들에게 입법의 조속 추진 당부, 248명의 지방 자치 단체장에게 베트남 여성들에 대해 내 며느리, 내 딸로 대접하고, 베트남 여성의 인격을 폄하하는 현수막 제거 당부 등을 했다고 소개했다.

한국인과 결혼해서 오는 많은 베트남 여성들은 상당수가 호찌민 시의 남쪽 메콩 델타 지역 출신들이다. 호찌민 시 소재 언론들이 베트남 여성의 한국인과의 결혼 문제를 크게 그리고 자주 보도했기 때문에 이 언론들에게도 우리 정부의 노력을 정확하게 알려주는 일이 매우 중요했다.

양국간 문화적 차이 간격 좁히기

나는 양국 간 국제결혼에서 문화적 차이, 제도, 관련 법 등 무슨 문제가 있는지를 파악하기 위해 양국의 국제결혼 정책 관련 공무원 및 전문가가 참가하는 국제결혼 정책 포럼을 개최하였다(2007년 11월. 하노이). 이 포럼은 베트남이 국제결혼을 허용하지 않고 있는 점을 지적하고, 불법·탈법 중개와 양국 간 문화 차이를 중요한 문제점으로 제기하였다. 베트남 법으로는 불법인데도 베트남 여성들이 외국인과 국제결혼하는 것은 자기 가족의 가난을 덜어주려는 효심 때문이고, 베트남에서는 남편이 아내의 집으로 들어가는 처거제妻居制이며, 베트남 가정에서 여자의 위치와 재산권은 남자와 평등하고, 아직도 모계 사회의 전통이 남아 있어 여자가 결혼 후에도 친정과의 관계, 특히 자녀 없이 사망하는 경우 여자의 재산은 남편이 아니라 친정에 귀속되며, 남편이 5개월 동안 아내를 돌보지 않으면 이혼 사유가 된다는 점 등이 소개되었다. 현재 베트남 정부는 국제결혼을 허용하는 입법을 검토하고 있다.

허위 정보, 과장 광고 근절

이런 노력을 하면서 한편 국제결혼해서 한국으로 이주한 베트남 여성들이 어떻게 사는지 직접 보고 싶었다. 그래서 2008년 5월 초 마침 공관장 회의에 참석차 서울에 온 계기에 팜띠엔번 주한 베트남 대사의 주선으로 충북 옥천을 방문하였다. 옥천 다문화 지원 센터의 주선으로 국제결혼 한국 이주 베트남 여성 20명과 만나 애로사항도 듣고 우리 정부의 정책을 소개하기도 했다. 당시 옥천군에 143명의 베트남 여성들이 국제결혼해서 살고 있었는데 간담회 참석자들은 국제결혼 이주자들이 대체로 만족스럽게 살고 있으며, 다만 세 명의 경우 허위 정보를 믿고 결혼해 큰 충격에 빠져 있다고 말했다. 이 세 명의 베트남 여성들은 남편이 대기업 과장으로 근무하고 있는 것으로 알고 시집왔는데 막상 와서 보니 농촌에 거주하고 있어서 충격을 받았다고 했다. 참석자들은 허위 정보, 과장 정보로 중개하는 행위를 금지해달라고 말했다. 이 방문은 MBN 텔레비전도 동행 취재했다.

음력설 친정 방문

대사관은 기회가 있을 때마다 베트남 기자들을 한국으로 보내 베트남 여성들의 결혼생활을 언론에 소개토록 하였다. 언론에 소개되는 사례는 한국 생활에 잘 적응해서 사는 모습을 보여주었다. 이런 프로그램의 일환으로 2009년 2월 베트남 최대 명절인 음력설(뗏) 때 GM 대우의 현지 법인인 비담코(VIDAMCO, 사장 김정인)의 지원으로 열 가족이 친정 방문 행사를 가졌다. 이들의 가족 사랑을 보면서 마음이 훈훈해졌다. 베트남 언론은 음력설 연휴인데도 큰 관심을 갖고 이 행사를 보도하였다. 비담코는 2010년 7월에 강원도 거주 베트남 여성들의 친정 방문도 지원했다.

신랑 나라 소개 프로그램 개설

한편 우리 대사관은 2009년 9월 한국유엔인권센터가 국제결혼 후 한국 이주를 기다리는 베트남 여성들에게 제공하는 한국 소개 교육프로그램을 하노이에 개설하도록 지원하였다. 결혼 후 비자를 기다리는 베트남 여성들에게 한국 생활을 소개하는 이 프로그램은 한국유엔인권센터가 호찌민 시에서 운영하고 있다. 호찌민에 가서 이 프로그램을 직접 참관해보니 메콩 델타에서 온 베트남 예비 신부들은 한국 생활, 문화 등 교육 내용에 열중하였고, 생전 처음 먹어보는 남편 나라의 음식에 신기해 하면서 매우 흡족해했다. 그래서 나는 한국유엔인권센터가 이 교육프로그램을 베트남 북쪽 지방 사람들에게도 제공하는 것이 필요하다고 권고하였고, 이 프로그램을 2009년 9월부터 하노이 소재 한국 문화원에 개설했다. 처음에는 일주일에 한 번 정도 교육 프로그램을 운영할 계획으로 시작했는데, 2009년 말 벌써 주 3회에 걸쳐 운영하고 있다.

작은 일들이었지만 이런 조치들을 통해 국제결혼 한국 이주 베트남 여성들에 대한 우리 사회의 관심을 불러일으키고 나아가 국내에서 베트남 여성들의 불행한 사례가 줄고, 이에 따라 베트남 언론의 한국에 대한 부정적 보도도 눈에 띄게 줄었다. 베트남의 한 최고 지도자는 나의 이임 인사를 받는 자리에서 국제결혼 한국 이주 베트남 여성들에 대한 우리 정부와 대사관의 조치 내용을 들었다면서 매우 좋게 평가했다. 아직도 국제결혼 한국 이주 베트남 여성들의 극단적인 불행한 사례가 완전히 없어진 것은 아니지만 우리 사회의 전체적인 인식은 바른 방향으로 나가고 있다고 생각된다. 그러나 이 문제는 앞으로도 우리 사회의 지속적인 관심과 노력이 필요한 일로 여겨진다. 베트남 신부들이야말로 우리 두 나라를 연결해주고 우리 사회를 문화적으로 더욱 풍요롭게 해주는 고마운 사람들이다.

사돈의 나라 베트남을 예의로 대하자

한국과 베트남은 이제 사돈의 나라다. 이 말은 2007년 11월 중순 한국을 공식 방문한 농득마인 당 서기장의 말로, 한국-베트남 양국 관계가 더 할 나위 없이 가깝게 되었다는 의미이다. 나는 이렇게 가까울수록 더 예의를 갖추어야 한다고 생각한다. 베트남 신부를 따뜻하게 돌보아야 한다는 말이다.

베트남 신부들은 유구한 역사와 찬란한 문화를 가진 베트남의 딸들이다. 대부분이 가난을 극복하기 위해 국제결혼을 선택한 이들을 돕는 것은 결국 우리를 돕는 것이며, 베트남 정부와 국민의 마음을 사는 일이라고 생각한다. 이런 일은 우리 국민이 직접 할 수 있다. 다문화 시대에는 국민 모두가 민간 외교관이다. 해외에서 우리의 브랜드 확산은 현지에서 일회성 이벤트를 하는 것보다 국내에서 우리 옆에 사는 외국인 약자를 관심을 갖고 지속적으로 도와주는 것이 그 외국인의 본국은 물론 전 세계적으로 더 효과적이고 오래 가는 접근이라고 생각한다.

앞으로도 국제결혼 한국 이주는 계속될 것으로 보인다.

제2의 오바마를 기르자

국제결혼 한국 이주 외국 여성의 모국 역사와 문화를 우리 국민들에게 소개하여 시부모와 남편들이 자기 며느리와 부인이 자랑스러운 역사와 문화의 배경을 가진 사람이라는 것을 알면 가족 간의 이해와 사랑은 더 깊어질 것이다. 외국인 여성에게만 우리의 말과 문화를 배우라고 강요하지 말고 시부모와 남편이 시집온 여성 나라의 말 한마디리도 배우는 것도 중요하다.

또 다문화 가정 어린이들을 가르치게 될 교사들에게도 그 어린이들의 외할아버지 나라의 역사와 문화를 교육시켜 교사들이 자기가 가르치는 어린이가 역사와 문화의 뿌리를 가진 국민의 후손임을 알게 하는 것도 중요하다.

베트남만 한정시켜놓고 보면, 앞으로 한국과 베트남의 인적 교류는 더 확대될 것으로 보인다. 20년 정도 지나면 호찌민 시가 우리에게 아시아의 LA가 될 수도 있다. 이렇게 되면 우리는 베트남 전문가가 더 필요할 것이고, 다문화 가정 아이들은 양국 관계를 다리 놓아줄 동량이 될 것이다.

국제결혼 한국 이주 외국 여성 중 이미 시골 마을의 이장이나 지자체의 지도자로 나오고 있다. 다문화 가정 어린이들을 잘 교육시키면 미국의 바락 오바마 같은 대통령도 나오겠지만, 소홀히 관리하면 사회적으로 큰 부담이 될 수도 있다.

베트남 역사 · 문화 전도

나는 2010년 3월 베트남 대사직을 마치고 귀국하였다. 4월부터 6월까지 전주, 광주, 목포, 대구, 창원, 춘천을 방문, 젊은 대학생들과 다문화 지원 센터에 종사하는 전문가들을 대상으로 베트남의 역사와 문화를 알리는 강연을 하면서 베트남 신부들에 대해 올바른 이해를 갖도록 당부하였다. 최일선에서 일하는 다문화 지원 센터 종사자들은 아름다운 손길의 민간 외교관이다.

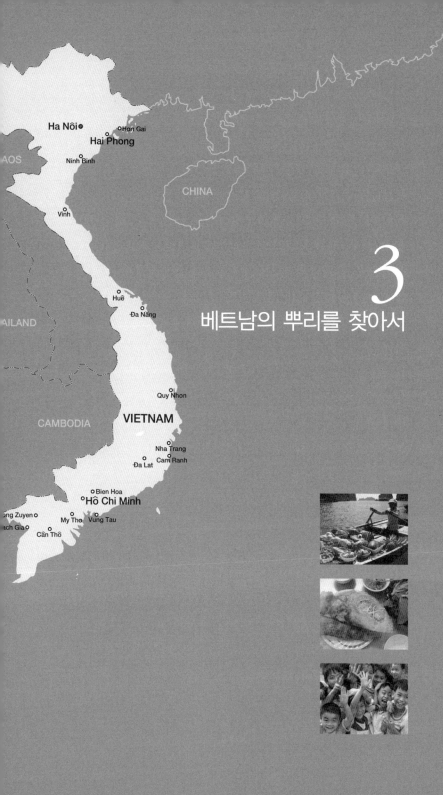

3

베트남의 뿌리를 찾아서

용을 숭배하는 나라[28]

베트남을 이해하는 데 가장 중요한 두 개의 말이 있다면 그것은
용龍과 월越이다. 용은 베트남 민족의 발원과 관계가 있다. 앞에서
도 언급했지만, 전설에 의하면 바다의 용과 산의 요정이 결혼해서
100명의 아들을 낳았는데 이들이 산과 들로 나가서 비엣越족의 선
조가 되었다. 베트남인들에게 용은 조상이고 황제, 권력의 상징이
다. 베트남 황제들은 13세기 말까지 자기 몸에 용의 문신을 새겨
넣었다. 11세기 베트남의 리 왕조를 창건한 리꽁우언(Ly Cong Uan,
李公蘊)은 오늘의 하노이를 수도로 정하면서 이곳에서 용이 하늘로
올라가는 상서로운 일이 일어났다면서 탕롱(Thang Long, 昇龍)이라
고 명명하였다. 옛날 궁중, 사찰 등의 지붕은 용의 모습으로 장식

하였다. 지금도 가구, 지붕, 절의 벽에 용의 모습을 그려놓고, 각종 문화 행사, 기공식, 준공식 때 식전 행사에서 용춤이 등장한다.

살아 숨쉬는 역사를 가진 나라

헨리 키신저는 역사를 모르면 미래를 조망할 수 있는 능력을 갖지 못한다고 말했다. 외교관은 자기 나라 역사도 잘 알아야 하고 주재국의 역사도 알아야 한다. 주재국의 문화, 가치관, 인식은 역사에 뿌리를 두고 있기 때문이다. 역사와 문화를 가진 민족은 여기에서 미래 발전의 영감을 얻는다. 한국, 일본, 중국이 그랬듯 베트남도 역사와 문화에서 발전의 힘과 방향을 인도받고 있는 것으로 보인다.

베트남에서 역사는 살아 있고 또 느껴진다고 한다.

베트남 사람들은 자기들의 역사 과정을 아래와 같이 표현한다.

$$1000 + 1000 + 900 + 80 + 30 + 40$$

청동기 시대 1,000년, 중국 지배 1,000년, 베트남 민족 독립 왕조 시대 900년, 프랑스 식민 통치 80년, 독립 통일 전쟁 30년, 개방과 국제화, 지역화 40년을 뜻한다.

5천 년의 유구한 역사

인류학자들은 50만 년 전부터 베트남에 인간이 거주해온 것으로 추정하고 있다. 그러나 베트남 역사에 대해 대개는 BC 1,000년 전부터 이야기한다.

BC 1,000년은 베트남 민족의 요람인 홍강을 중심으로 베트남의 정체성이 생성되는 기간이다. 이 강은 낀박Kinh Bac 지역을 가로지르는데, 낀박은 고대의 인종과 문화가 뒤섞이는 지역으로 고대 베트남의 정치, 경제, 종교 및 지성의 중심지였다. 신석기 시대, 청동기 시대의 많은 유물이 이를 입증하고 있다. 낀박 지역에서 고대 베트남 왕조들이 발흥하기 시작했다는 것은 자연스러운 일이었다. 하노이에서 80킬로미터 떨어진 오늘날의 푸토Phu Tho 성에 최초의 왕조인 반랑(Van Lang, 文郎) 왕조가 세워졌다. 푸토 성은 베트남 민족의 발흥지다. 반랑 왕조는 18명의 왕이 450년간 통치한 후 BC 3세기경 기울기 시작하여 BC 258년 망하고, 어우락(Au Lac, 甌駱) 국가가 들어서 하노이에서 북쪽으로 15킬로미터 떨어진 곳 꼬로아(Co Loa, 古螺)에 수도를 정했다. 이 시기는 베트남의 청동기 문명 시대이며 벼 경작 문화가 정착되었다.

부와 권력의 상징, 청동 북

동썬Dong Son에서 발견된 베트남 청동기 시대 유물로 동선 북으로 불리기도 하는 이 북은 당시 부족장의 부와 권력의 상징이었다. 북에 동심원同心圓이 조각되어 있는데, 여기에 사슴 무리, 물새, 음악을 연주하거나 춤을 추는 사람, 벼 타작하는 사람, 북을 두드리는 사람, 지주 가옥의 거소, 전함 등 여러 가지 모양이 그려져 있다. 전함으로 변형된 용과 왜가리, 홍학, 해오라기 등 물새는 불멸을 상징한다. 이 북은 전투, 예식, 축제, 장례식 때 사용되었다.

소수의 중국인이 다수의 베트남인을 지배

BC 111년에서부터 AD 938년까지 1,000년은 중국의 지배 기간이었다. BC 207년부터 홍강 델타 지역을 중심으로 지배하던 어우락이 중국의 남월국南越國에 의해 멸망되고 이곳에 쟈오찌交趾와 끄우쩐九眞의 두 개 군郡이 설립된다. 그러나 남월국도 BC 111년 한나라에 의해 멸망된다. 한나라는 남월이 지배했던 두 개의 군에 녓남日南 군을 추가해서 지배했다. 소수의 중국인 지배층이 다수의 베트남 기층민을 지배하는 형태였다. 중국 지배 기간 중 토착민들의 저항도 계속되었다. 그 첫 번째가 AD 40년 쯤 자매(Trung Sisters, 徵姊妹)의 저항이고, 그 두 번째가 AD 258년 쭈엔 끼에우(Trieu Kieu, 趙嬌)의 저항이다. 이들은 베트남의 잔 다르크로 불린다.

중국 지배 기간 중 중국의 표의문자 및 문화가 베트남에 유입되어 전파되었는데 3세기 씨브엉士王의 역할이 컸다. 그는 중국 조정에서 파견된 한족 관리였는데 베트남에 토착화했다. 그는 학교를 세우고 인재를 양성하여 유교 교육의 개척자라고 불린다. 당시 베트남은 국제 교역이 크게 발전하여 인도, 아라비아 무역선을 통해 불교가 전래되었다.

최초의 베트남 민족의 독립 왕조

베트남은 679년 안남이라는 이름으로 하노이 근처 똥빈(Tong Binh, 宋平)에 수도를 둔 가운데 중국 당나라의 속국이 되었다. 당이 쇠퇴하고 혼란기에 중국의 남한이라는 나라가 베트남에 대한 지배권을 주장하고 공격해왔으나 베트남의 응오꾸옌(Ngo Quyen, 吳權)이 군사를 일으켜 베트남의 바익당강Bach Dang River에서 중국 함대를

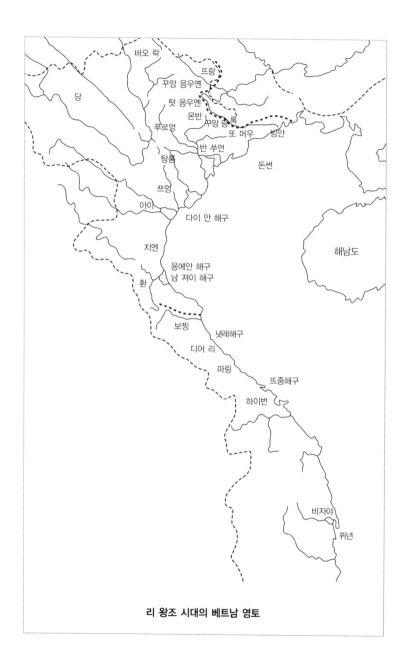

리 왕조 시대의 베트남 영토

격퇴시키고 1,000년간 지속된 중국 지배를 종식시켰다. 그는 응오 왕조(Ngo Dynasty, 吳王朝)을 세워 호아르(Hoa Lu, 華閭)에 수도를 정하고 자신을 황제라 칭했다. AD 938년의 사건이다. 응오꾸옌은 명실상부 베트남 최초의 독립 왕조의 왕이었다. 응오꾸옌이 죽은 후 12명의 군웅이 할거했으나 가장 세력이 큰 딘보린(Dinh Bo Linh, 丁部領)이 다른 제후를 제압하고 딘Dinh 왕조를 세웠다.

900년간 지속된 베트남의 왕조들

938년부터 1858년까지 900년간 베트남 민족의 왕조들이 계속되었다. 15세기 중국이 잠시 베트남을 점령한 적은 있지만, 베트남은 응오 왕조(938~968), 딘 왕조(968~980), 레 왕조(Le Dynasty, 黎王朝, 980~1009), 리 왕조(Ly Dynasty, 李王朝, 1009~1225), 쩐 왕조(Tran Dynasty, 陳王朝, 1225~1400), 후기 레왕조(Le Dynasty, 黎王朝, 1428~1788), 응우옌 왕조(Nguyen Dynasty, 阮王朝, 1802~1945) 등을 거치면서 900년간 독립을 누렸다.

유교적 이념이 뿌리 내린 리 왕조

리 왕조는 레 왕조의 장군이었던 리꽁우언이 창시했는데, 그는 유복자로 태어나 세 살 때 양자로 입적되어 한 승려로부터 교육을 받고 자랐다. 후에 그는 군사 전략가 겸 군 사령관이 되었는데, 승려 집단의 추천으로 왕위에 올랐다. 리 왕조는 숭불정책을 택했으며, 창건 5년 만에 탕롱에 1천 여 개의 사찰이 들어섰고 황제들도 나이가 들면 황제 자리를 내주고 불교 수행에 전념했다. 한편, 유교적 이념을 중시하는 제도를 중국으로부터 도입했다. 과거제를 실시하고 국자감을 설치했으며 공자 등 성현을 모시는 문묘도 건립했다. 베트남인들의 학문 중시 사상이 깊게 뿌리내린 기간이었다.

몽골의 침략을 물리친 나라 쩐 왕조

쩐 왕조는 호족 출신 쩐씨陳氏가 혼인을 통해 조정으로 진입하고 세력을 확대한 후 리 왕조를 멸망시키고 창시되었다. 세 번의 몽골족 침략을 받았으며, 남진을 통해 중부의 후에까지 짬국의 영토를 흡수하였다. 쩐 왕조 인물 중 쩐흥다오(Tran Hung Dao, 陳興道) 장군은 베트남인들로부터 신으로 존경을 받고 있다. 그는 1257년, 1285년, 1288년 세 차례에 걸친 몽골족의 베트남 침입을 물리친 장군이었는데, 당시 왕이 항전할 것인가 항복할 것인가를 놓고 우물거리고 있을 때 "항복하려거든 신의 목부터 베고 하시라"며 항전을 호소하였다. 그는 유격전으로 원 군을 격파시켰다. 그는 응오꾸옌의 바익당 강 전략을 택하여 강바닥에 끝이 뾰족한 말뚝 용치를 박고 적 함대를 강기슭 깊숙이 유인한 뒤 썰물 때 꼼짝 못하게 된 적 함대를 공격, 몽골군을 격파시켰다.

명군을 몰아낸 후기 레 왕조

쩐 왕조가 망하고 베트남이 혼란한 틈을 타 중국의 명나라가 다시 베트남 정치에 개입하기 시작하자 베트남에서 격렬한 저항 운동이 일어났다. 타인호아Thanh Hoa 지방의 호족이었던 레러이(Le Loi, 黎利)가 당시 유교 대가인 응우옌짜이(Nguyen Trai, 阮薦)와 힘을 합쳐 명군을 몰아내고 레 왕조를 창시했다. 전설에 의하면 레러이가 탕롱의 한 호수에서 장군들과 뱃놀이를 하며 전쟁의 승리를 다짐할

91

때 거북이가 검을 입에 물고왔는데 그 검으로 명나라 군을 물리쳐 레 왕조를 창건했으며, 그후 왕이 이 호수에서 다시 뱃놀이를 하자 커다란 거북이가 다시 나타나 이 칼을 되받아갔다고 한다. 이 호수가 바로 하노이 중심에 있는 호안끼엠(Hoan Kiem, 還劍)이다. 레 왕조는 불교를 배척하고 유교를 국가 원칙으로 삼고 많은 개혁을 단행했다. 중앙 집권적 체제를 정비하고 역사서를 편찬하여 베트남 역사를 정리하였다. 귀족과 호족을 일소하고 소농을 중심으로 토지 분배도 실시하였다. 이 기간 남쪽으로 영토 확장이 이루어졌다. 북쪽에 중국, 서쪽에 고산준령, 동쪽은 바다의 환경을 가진 베트남은 인구 증가에 따라 자연히 남쪽으로 행진해나가게 되었다. 이것은 남진으로 표현된다.

남북 분열

그러나 레 왕조는 1558년부터 시작된 북쪽의 찐끼엠(Trinh Kiem, 鄭檢)과 남쪽의 응우옌호앙(Nguyen Hoang, 阮潢)을 중심으로 베트남이 남북으로 분열하게 되었다. 북부, 남부 모두 레 왕실의 연호를 썼고 모두 자신을 쭈어(chua, 王)라고 불렀다. 북쪽은 흥옌(Hung Yen, 興安)을 중심으로, 남쪽은 호이안(Hoi An, 會安)을 중심으로 번성하였다. 남쪽은 포르투갈, 영국 등 서양으로부터 신무기를 도입하여 막강한 북쪽에 대항하였다. 남쪽의 교역 도시 호이안에는 17세기에 이미 서양 및 일본, 중국 상인들이 상관商館을 둘 정도로 상인들이 북적거렸다.

중국의 개입을 격퇴한 떠이선 왕조

1771년 남부의 떠이선(Tay San, 西山)에서 응우옌 삼형제가 상인과 농민의 지지를 업고 반란을 일으켜 남부의 응우옌 제후, 북쪽의 찐 제후를 제압하고, 형제 중 막내가 꽝쭝(Quang Trung, 光中) 황제로 떠이선 왕조가 들어섰다. 꽝쭝은 중국의 개입을 격퇴하고 많은 개혁을 단행했다. 불행히도 그는 1792년 취약한 왕조를 남겨놓은 채 39세의 나이에 요절하고 말았다. 꽝쭝은 농민 혁명을 일으켰고 남북 베트남을 통일시켰고 중국에 저항했으며 개혁을 추진했다는 점에서 베트남 사람들로부터 높이 평가받고 있다.

최초로 북진 통일을 완성한 응우옌 왕조

떠이선 왕조가 이전 왕조의 왕족을 대살육하는 데서 가까스로 목숨을 구한 후 시암 왕국으로 도망했던 응우옌푹아인(Nguyen Phuc Anh, 阮福映)이 1788년 정권을 세우고 농민, 서양인 선교사, 용병의 도움을 받아 떠이선 왕조와 14년간 싸운 끝에 1802년 탕롱을 점령하고 응우옌 왕조를 수립하였다. 베트남 역사상 처음으로 북진 통일을 달성한 응우옌 왕조는 수도를 탕롱에서 중부의 후에로 옮겼다. 그리고 탕롱에게는 하노이라는 이름을 붙여주었다. 응우옌 왕조는 중국에게 새 왕국의 호칭을 남월南越로 청했으나 중국은 과거 베트남이 중국 남부를 포함하던 시절의 이름이 남월이었고 남월이 베트남인들에게는 중국에 대한 저항의 상징을 지니고 있어 남월을 거부하고 베트남越南을 제시하였다. 응우옌 왕조는 안남 대신 베트남을 택하고, 중앙 집권적 체제 정비, 과거 제도 정착 등 유교에 바탕을 둔 국가 면모를 갖추어갔다. 캄보디아를 병합하고 유럽으로부터 군수 물자를 사들여 국방을 강화하였다. 소수 민족 동화, 토지 개혁 등 혁신 조치를 취하고 문학을 꽃피웠다. 쯔놈(Chu Nom, 字 喃, 한자로 베트남어 표기) 문학이 왕성하여 쭈옌 끼에우Truyen Kieu 대 작이 출간되었다.

중국에 대한 거부와 매료

베트남이 중국으로부터 독립을 유지했던 900년 동안 중국의 문 화적 영향은 계속되었다. 정치적으로는 중국으로부터 독립을 유지 하면서도 물질적, 도덕적, 정신적 측면에서는 중국을 모방하고 답 습하였다. 베트남의 왕과 식자 계층은 유교를 사회 통합의 수단으 로 삼게 되어 유교가 배척되기보다는 오히려 강화되었다. 중국을 정치와 철학의 모델로 삼았다. 이 기간 베트남의 중국에 대한 정서 는 정치적으로는 거부감을 가지면서도 문화적으로는 매료되는 현 상을 보인다. 이는 자기 보존의 본능인데, 이런 현상은 19세기까지 계속된다.

프랑스 식민 시대

16세기 말 포르투갈, 스페인 선교사들이 전파하기 시작한 가톨 릭교는 베트남 왕조 제도권으로부터 고립된 자들, 벽지 및 오지의 빈곤한 자들을 중심으로 신분 평등, 천국 약속 등을 통해 급속히 확 산되었다. 나아가 가톨릭 선교사들은 베트남 봉건 영주들의 정치, 군사 자문권 역할도 하였다. 이중 파리 소재 해외 선교단에서 파견 된 피뇨 드 비헨느(Pigneau de Behaine, 1741~1799) 신부는 당시 베 트남의 남부 봉건 영주였던 응우엔푹아인이 권력을 쟁취하도록 지원했고, 그의 아들 카잉(Khanh, 景)이 루이 16세를 알현하도록 주선했다. 응우옌푹아인은 1802년 자롱(Gia Long, 嘉隆)이라는 이름의 왕으로 등극하면서 응우옌 왕조를 세웠다. 그러나 시간이 지나면서 응우옌 왕조는 가톨릭을 베트남 문화를 위협하는 이단으로 간주, 선교를 금지시키고 박해를 가했다. 제2대 황제 민망(Minh Mang, 明命), 제3대 황제 티에우찌(Thieu Tri, 紹治), 제4대 황제 뜨득(Tu Duc, 嗣德)은 프랑스에 적대적인 정책을 취하면서 가톨릭 포교를 금하는 칙령을 발표하였다. 이에 프랑스는 나폴레옹 3세 때인 1858년 베트남 내 가톨릭 보호라는 명목으로 베트남에 무력 개입하였는데, 프랑스군은 프랑스, 스페인에서 파송된 선교사들의 도움으로 베트남에 진군하였다. 1858년 다낭을 점령하고 1865년 사이공을 점령하였다. 이때 벌써 40만 명에 이르는 가톨릭 신도와 민란, 왕위 계승으로 인한 왕가 내분 등으로 응우옌 왕조는 1884년 프랑스와 보호령 조약에 서명하게 되었다. 베트남을 보호령으로 한 프랑스는 1887년 북부의 똥낀, 중부의 안남, 남부의 코친차이나Cochinchina를 합쳐서 인도차이나 연방을 구성하였다.

1862년부터 1945년까지 약 80년간 계속된 프랑스의 베트남 식민지 정책은 베트남을 착취하는 것이었지 알제리에서처럼 프랑스인들의 정착을 도모하는 것은 아니었다. 프랑스는 1930년경까지는 베트남 왕조의 권위를 약화시켰으나, 1920년대 말부터 베트남에서 일기 시작한 민족주의, 공산주의 부상을 막기 위해 베트남 왕조의 미화를 시도했다.

프랑스 식민 당국은 베트남 어린이들에게 베트남 역사를 교육시키는 데 관대했다. 베트남 어린이들은 베트남의 잔 다르크인 쯩 자매, 1,000년의 중국 지배를 종식시킨 응오꾸옌 장군, 몽골의 세 차례 침략을 격퇴시킨 쩐흥다오 장군, 중국 명나라를 격퇴시킨 레러이 장군 등 중국과 싸운 베트남 영웅들에 대해 배웠다. 프랑스 식민 당국은 베트남인들에게 중국에 대한 반감을 세뇌시켜 프랑스는 베트남을 중국의 압제로부터 보호하는 역할을 하고 있음을 은연중 교육시켰다. 그러나 중국에 저항한 전쟁을 치른 영웅들에 대한 베트남인들의 존경심은 베트남인들 마음에 애국심을 불러일으켰다. 한편 1789년 프랑스 혁명 사상도 베트남의 민족주의를 부채질했다.

프랑스 식민 시대 판보이쩌우(Phan Boi Chau, 潘珮珠, 1867~1940), 판쭈찐(Phan Chu Trinh, 潘周楨, 1872~1926) 등 개혁 성향의 유교학자들을 중심으로 반봉건, 민주주의를 표방한 개혁 운동이 일어났다. 판쭈찐은 교육 확산을 통해 민주주의를 실현하자는 당시로서는 과격한 접근을 제시하기도 했다. 나아가, 1927년에 초등학교 교사인 응우옌타이혹(Nguyen Thai Hoc, 阮太學)이 베트남 국민당을 창당했고, 1930년 응우옌아이꿕(Nguyen Ai Quoc, 阮愛國, 호찌민 주석의 이름 중 하나)의 지도 아래 베트남 공산당이 창당되었다. 호찌민은 판보이쩌우, 판쭈찐의 사상을 계승 발전시키는 한편 반식민, 반봉건과 무력투쟁, 사회 및 지식층 개혁을 내세우면서 베트남 국민 해방을 세계 혁명과 연계하여 국제적 지지도 얻어냈다. 호찌민의 공산당은 1945년 8월 혁명을 주도하여 독립을 선언하였다.

베트남 주요 연대기
다음은 베트남 역사에서 기억될 중요한 연대기이다.

연도	사건
938	응오꾸옌이 중국을 몰아내고 최초로 독립국을 세움. 응오꾸옌은 황제를 칭하여 중국과 대등한 입장을 취함
1010	10월 10일 리꽁우언이 리 왕조를 창시. 현재의 하노이를 탕롱이라 칭하고, 수도로 천도. 2010년은 하노이 천도 1,000주년이 되는 해
1945	9월 2일 베트남 독립 선포, 베트남민주공화국 수립
1954	5월 7일 베트남이 디엔비엔푸에서 프랑스군을 격파
1954	10월 10일 수도 하노이 탈환
1969	9월 2일 호찌민 주석 서거
1975	4월 30일 베트남민주공화국이 사이공을 함락시킴
1986	대외 개방과 개혁 위한 도이머이 정책 선포

앞에서 개관해보았듯 베트남의 역사는 고통, 도전, 생존, 승리의 역사이고, 유대인의 역사처럼 인고와 순교의 역사이다.

베트남의 혼

이란을 떠나기 전 주이란 베트남 대사관은 나에게 《베트남 문화 산책Wandering through Vietnamese Culture》이라는 영어로 된 베트남 문화에 관한 책을 선물했다. 이 책은 무려 1,100페이지로 방대한 분량에 그만 질려 읽을 생각조차 하지 못한 채 이삿짐으로 붙이고는 까맣게 잊고 살았다. 그러다가 베트남 근무를 마치고 떠나기 직전에 베트남 외무부 장관이 감사의 표시로 장관 명의의 표창장과 기념 메달을 주면서 《베트남 문화 산책》을 선물로 주었다. 베트남에서 근무하면서 이런저런 계기를 통해 베트남 전통과 문화에 대해 다

베트남의 국보급 저자 흐우응옥. 그의 저서 《베트남 문화 산책》은 베트남인들이 자신있게 추천하는 책이다.

양한 이야기를 들었지만 이중 일부는 문서나 책으로 확인할 기회가 없었던 나에게 외무장관의 선물은 눈을 번쩍 뜨이게 하는 계기가 되었다.

베트남 최고의 작가 흐우응옥

나는 베트남을 떠나기 전 《베트남 문화 산책》의 저자를 만나 보고 싶었다. 어렵게 만난 저자를 보고 깜짝 놀랐다. 흐우응옥Huu Ngoc. 93세의 저자는 매우 건장했고 영어 구사가 완벽했다. 그는 프랑스 식민 시대 프랑스 학교를 다녔으며, 호찌민의 항불 전쟁 기간에는 기자로서 선전대 요원으로 일했다. 나는 1시간의 짧은 면담을 끝내고 나오면서 그의 모습을 다시 한 번 보았다. 학문과 지식으로 가득한 그의 정신은 그의 몸만큼이나 건강했다.

내가 이 글에서 다루는 베트남의 전통과 문화는 사실 그의 책 《베트남 문화 산책》에서 확인한 것이다.[29]

외부 문화의 선별적 수용

베트남은 중국, 인도 문화의 영향을 많이 받았다. 물론 중국 문화가 압도적으로 큰 영향을 미쳤다. 베트남은 정치에서는 중국을 배척했지만 문화면에서는 중국에 매료되고 답습하기를 원했다. 그러나 베트남은 외부의 문화를 받아들일 때 베트남의 관습, 전통, 신앙에 맞는 것만 선별적으로 수용하였다. 프랑스의 식민지 문화는 건축과 음식에 많이 자취를 남겼다. 종교 면에서는 유교, 불교, 도교의 영향을 많이 받았다. 여기에 조상 숭배, 힌두 전통 및 가톨릭의 영향이 더해졌다. 유교의 영향으로 장유유서長幼有序의 위계 질서가 확실하고 가부장제家父長制의 사회이다. 가족과 형제애가 최고의 가치이며, 교육을 매우 중시한다.

자연을 정복하기보다는 순응하며

베트남은 전통적으로 쌀을 주식으로 삼아왔다. 그러나 베트남의 자연 환경은 온화하기도 하고 때로는 거칠기도 했다. 이런 환경 속에서 자연과 조화를 이루어가는 과정이 베트남의 독특한 문화적 전통을 형성했다. 자연을 정복하기보다는 순응하며 살았다. 이렇게 수천 년의 시간이 지나면서 공동체 의식, 적응, 탄력성 등이 전통으로 발전했다. 벼 경작은 관개, 댐 및 운하 건설 등 집단적 대처를 필요로 했고, 이에 따라 공동체 인식이 발전하여 촌락이 생기고, 상부

상조, 조상 숭배 및 영웅 숭배 사상이 전통으로 자리 잡았다.

원리는 밖에서 오고 정서는 안에서 온다

베트남에서 촌락은 고도의 자치를 누렸으며, 베트남이 역사의 시련을 극복하고 정체성을 보존하고 풍요롭게 하는 데 있어서 버팀목 역할을 했다. 이런 촌락 문화에서 베트남 사람들은 서로를 정情으로 대하였다. "백 개의 설명보다도 약간의 정서가 더 가치 있다", "원리는 밖에서 오고 정서는 안에서 온다"는 등의 베트남 속담은 베트남인들에게 정이 얼마나 중요한지 보여준다. 띤깜(tinh cam, 情感)은 베트남의 가치 중 하나다.

부드럽고 탄력성 있는 물이 바위를 부식시킨다

베트남인들의 강한 의지와 신속한 적응력은 거친 자연 여건에서 생성된 것이다. "강한 바람은 강한 의지로만 막을 수 있다", "조롱박에서 살 때는 둥글게 되고 긴 관管에서 살 때는 길게 되어라" 등의 속담은 이를 말해준다. 베트남인들의 전통 특히 공동체 의식은 자연 환경의 공동 대응 여건에서 생성되고 발전해왔다. 베트남의 전통에서 촌락은 아주 중요한 역할을 수행했다. 촌락을 다스리는 정부도 거대하고 강압적이기보다는 극단을 피하면서 균형과 조화를 추구했다. 베트남인들의 특성은 가끔 물에 비유되는데, 물은 부드럽고 탄력성이 있으면서도 바위를 부식시키기도 하고 거대한 힘이 있어서 뚝을 무너뜨리기도 한다. 베트남 사람들의 행동은 단호하면서도 매우 탄력적 측면을 띠고 있다.

안팎으로 평화를 유지하라

베트남의 전통에서 또 하나 현상은 안팎으로 평화를 유지하는 데 중요성을 부여해왔다는 것이다. 베트남은 54개 민족으로 구성되었으며, 해안선이 3,200여 킬로미터에 이르고 서쪽으로는 산악 지대, 동쪽으로는 바다를 접하고 있다. 이처럼 취약한 지정학적 여건 때문에 조직화되고 통합된 대응이 필요했으며, 나라 사랑, 조상 숭배, 외부 침략 거부, 생사 초월 투쟁 등의 특성이 형성되었다.

정신적, 예술적 전통의 보고 촌락

베트남 촌락은 대나무 울타리로 둘러싸여 밖에서 집 안을 볼 수 없다. 집들은 대부분 초가지붕의 오두막이다. 집마다 생울타리를 치고, 정원과 우물이 있다. 정원에는 채소, 고구마, 과실수를 기른다. 촌락 길은 비가 오면 진흙길이 되어 걷기에 매우 불편하다.

베트남에서는 이 촌락들이 정치, 사회, 경제의 집합체가 되어 자연재해 및 외국인 침략 시 투쟁에서 국민들을 단합시켰다. 강력한 공동체 의식이 가족과 촌락과 국가를 묶어주었다. 촌락은 국가 내에서 고도의 자치를 향유했다. 그래서 "왕의 명령보다도 촌락의 관습이 우선한다Royal decrees yield to village customs" 또는 "왕의 칙령도 촌락 문 입구에서 멈춘다The king's edict stops at the village gate"라는 말이 있을 정도이다. 중국의 지배도 성, 군까지만 미치고, 촌락까지는 미치지 못하였다. 나라를 잃어도 촌락은 잃지 않는다고 한다.

촌락은 대나무 생울타리로 경계가 지어져 있다. '죽의 장막'으로 촌락의 울타리를 이루고 보호해준다. 이를 '대나무 울타리 심리 bamboo hedge mentality'라고 부른다. 모든 것이 촌락에서 이루어지며 촌락 구성원의 동의가 있을 때 합의가 가능하다. 이런 컨센서스 의사 결정의 관행은 평등을 내세우는 사회주의를 통해 더욱 강화된다.

촌락은 수천 년 동안 조상들의 전통을 보존해왔다. 즉 정신적 · 예술적 전통의 보고이다. 촌락의 사원은 봄가을 축제의 장소를 제공하며 건축과 조각 작품을 보관하고 있다. 촌락 주민들은 수 세대에 걸쳐 명주 직조, 자개 세공, 목각 등 전통 수공예 기술을 유지하고 있다.

베트남에서 촌락은 사회의 세포이고 행정, 경제, 영혼의 단위이다. 그리고 오래된 문화 가치의 저장소이다. 촌락에는 보호신을 모시는 공동 회당, 영혼, 성인, 영웅을 경배하는 사원, 부처를 숭배하는 파고다, 유교 숭배의 제단이 있다. 베트남 전통 촌락에서는 유교, 불교, 도교가 조화롭게 공존한다. 유교는 사회적 요소로 이성을 강조하며, 불교는 개인적인 감성을 다룬다. 유교는 사회 윤리의 철학이며, 불교는 합리적 유교 규범의 엄격성에 마음의 위로를 가져다준다.

촌락에는 공동체 협약이 있는데, 이 협약은 보호신 경배, 결혼, 애도, 재산, 관할권, 관습 준수 관련 상벌 등을 다루고 있다. 이 협약의 이행은 촌락의 원로 지도부가 승인한다.

촌락의 공동체 규범은 유교 윤리와 왕의 칙령에 근거해서 만들어졌다. 레 왕조의 타인똥(Thanh Tong, 聖宗, 1460~1497)의 칙령은 24개 조로 구성되어 있는데, 이것은 부모는 자녀를 잘 교육시킬 것, 가장은 가족 구성원의 잘못에 책임질 것, 남편은 일곱 경우에만 자기 부인을 버릴 수 있으며, 부인은 자기 잘못 때문에 벌을 받은 후에는 자기 가정을 버릴 수 없으며, 과부는 납득할 만한 이유 없이 자기 집에 젊은 사람을 들일 수 없으며, 학식 있는 사람은 사악한 목적을 위해 권력층에 아부해서는 안 되며, 유학자는 성격에서 모범을 보여야 하며, 상인은 정직해야 하며, 남녀가 강 같은 곳에서 함께 목욕해서는 안 되며, 나이 들고 경험이 있는 사람은 공회당에서 도덕적 조언을 해주어야 하며, 악당은 규탄되어야 한다 등의 내용을 담고 있다.

공동체 회당인 딘dinh은 촌락 회관으로, 문화의 집으로 모든 베트남인들의 마음에 자리 잡고 있다. 이 공동체 회당은 유교 사원, 불교 파고다, 소규모 사당과 함께 공동체의 영적 생활을 지배한다. 이 회당은 대중 회합에 편리한 장소에 위치하고 있다. 이 회당에 원로들이 모여 세금 배분, 군 징집, 노역 배당, 이웃 간 분쟁, 촌락 관습 위반자 처벌 등의 문제를 다룬다. "조정에서는 직위를 소중히 하고 마을에서는 치아를 소중히 한다"는 베트남 속담은 촌락에서 잇몸만 남은 노인이 존경받는다는 것을 뜻한다.

이 공동체 회당은 15세기 레 왕조 때부터 베트남의 가정과 사회에 깊이 자리 잡은 유교의 수호자였다. 17, 18세기 전성기를 갖고 나서 19세기 봉건 체제 붕괴, 서양 세력의 침입으로 쇠퇴하기 시작했다.

베트남의 공동체 회당은 매우 귀중한 문화적 재산이며 건축과 목조각의 박물관이다. 지금 남아 있는 대표적 회당은 로한Lo Hanh 회당, 토하Tho Ha 회당(이상 박장 성 소재), 떠이당Tay Dang 회당(하노이 시로 편입되기 전의 하터이 성 소재), 딘방Dinh Bang 회당(박닌 성 소재) 등이다.

빈랑 나무 씹기

빈랑 나무 잎과 열매를 씹으면 혈액 순환이 활발해지고 눈이 빛나며 혈색이 좋아지며 입술이 더 붉어진다. 전통 의학에서는 빈랑 나무가 살균 기능이 있고 악취를 제거해주고, 충치와 류머티즘을 예방하며 위통을 완화시켜주며, 고약으로도 쓰이고 여드름을 없앤다.

빈랑 나무는 마리화나나 대마초와 유사하며, 제단에 올려놓는 제물 중 하나이다.

베트남에서는 손님이 오면 빈랑 나무와 차를 대접한다. 빈랑 나무를 씹는 것은 대화의 시작을 뜻한다. 빈랑 나무는 윗사람에게 줄 때는 존경을 뜻하고 결혼식이나 장례식 참석자에게 줄 때는 감사를 뜻한다. 빈랑 나무 씹기를 받아들이는 것은 보이지 않는 끈으로 묶이는 것을 뜻한다. 부모는 딸아이에게 낯선 사람이 주는 빈랑 나무를 절대 받아서 씹으면 안 된다고 조언한다. 빈랑 나무는 약혼식이나 결혼식의 아주 중요한 부분이기 때문이다. 과거에는 신랑은 신부 가족에게 200~300개 빈랑 나무 잎과 열매를 주어야 하는 때도 있었다. 요즘 빈랑 나무를 씹는 사람은 줄었지만 이 관습은 베트남의 문화 예식으로 남아 있다.

순정과 고귀의 상징 연꽃

연꽃은 베트남의 국화는 아니다. 베트남은 공식 국화 선정을 논의하고 있는데, 연꽃이 유력한 후보다. 연꽃은 그러나 베트남 사람들의 영혼과 생활에 순결과 고귀의 상징으로 깊이 각인되어 있다. 연꽃은 불교에서 매우 귀중한 존재이다. 부처상들은 연꽃 모양의 자리에 정좌하고 있다. 사원, 파고다, 집의 장식은 연꽃을 주제로 한다. 연꽃은 부처나 제단에 제물로 올려놓기도 한다. 베트남의 영화상 등 각종 상에서 '골드 로터스Gold Lotus'는 최고의 상을 뜻한다. 연꽃 수술은 염색, 혈액 강장제, 신경쇠약 강장제 등으로 쓰이기도 한다.

베트남의 역동성을 상징하는 대나무

베트남에 존재하는 많은 식물 중 대나무만큼 널리 분포되어 있고, 베트남인들의 생활에 가까운 식물은 없다. 대나무는 40미터까지 높이 자라고 100년까지 산다. 대나무는 베트남의 역동성을 상징한다.

대나무는 농부가 태어날 때부터 농부를 따라 다닌다. 대나무 요람에서 태어나 죽은 후에는 대나무 장대로 시체를 나른다. 대나무는 가옥 건축, 가구, 바구니, 농기구 등을 만드는 데 사용된다. 죽순은 식품으로 쓰이고 잎은 동물의 먹이로 쓰인다. 대나무는 마차를 만들거나, 피리, 그네, 연, 팽이 등을 만드는 데도 사용된다.

대나무 울타리는 '죽의 장막'으로 베트남 촌락을 둘러쌓고 보호해준다.

저항 운동을 할 때도 대나무는 유용했는데, 죽순은 군인들의 식량으로, 대나무 숯은 소금 대체물로, 대나무 덫과 대못은 침략군을 격퇴시키는 데 사용되었다. 13세기 몽골족 침략 시 베트남은 바익 당강 전투에서 대나무로 만든 정크선과 보트를 이용해서 몽골군과 싸워 이겼다. 디엔비엔푸 전투에서도 대나무로 만든 운송 도구로 식량, 탄약, 포 등을 수송했으며, 대나무 들것으로 부상병을 운반했다.

하노이 바딘 광장에도 울창한 대나무 숲을 조성해놓았다. 베트남의 역사와 전통을 보여주는 상징이다.

귀신과 영혼이 사는 보리수나무

보리수는 나무라기보다는 건물이라 할 수 있다. 나무통은 어린이 10명이 손잡고 둘러싸도 닿지 못한다. 하늘 높이 치솟아 그 잎에 큰 새가 앉아도 보이지 않을 정도이다. 밖으로 드러난 큰 뿌리는 성난 뱀처럼 휘감고 있다. 베트남 사람들은 보리수나무에 귀신과 영혼들이 터를 잡고 살고 있다고 믿는다. 이 귀신과 영혼에게 바치는 봉헌물에는 빈랑 나무를 맛내기 위해 쓰이는 소석회消石灰를 담은 자기 항아리가 포함된다. 베트남 연전人民 지 뜰의 보리수는 정말 대단하다.

피는 물보다 진하다

베트남 속담에 "붉은 피 한 방울이 연못을 가득 채운 물보다 더 가치가 있다"는 말이 있다. 이는 혈족의 중요성을 강조한 말인데, 베트남에서는 지금도 서너 세대가 함께 살고 있는 집들이 있다.

가족들은 농업 종사자들로 기쁨과 고통을 함께 나누며, 유교의 윤리 가치(연장자의 권위, 여자에 대한 남자의 우위, 가정에서 아버지의 우위 등)를 공유한다.

베트남은 공동체 의식이 깊이 자리 잡은 집단주의 문화 사회이다. 명예, 수치, 의무 등 체면의 문화가 베트남 집단주의 문화에 깊이 스며들어 있다. 체면을 매우 중시한다. 베트남 사람들은 때로는 상대가 체면을 잃지 않도록 거짓말을 하기도 하여 예의와 도덕적 정직 간 혼란을 주기도 한다. 베트남 사람들은 가족, 촌락, 국가순으로 우선순위를 둔다. 가족 중시는 결혼과 집을 지을 때도 고려되는데, 이를테면 결혼은 촌락 내에서 이루어지고 집을 지을 때도 부모 집 곁에 짓는다.

베트남 사람들은 족보를 매우 중요시한다. 족보 기록은 1028년 리 왕조 때 처음 시작되었다. 베트남 해외 교포는 400만 명에 이르는데 이들도 족보 기록을 간직하고 있다. 베트남 족보 중 가장 오래된 족보는 응우옌씨阮氏 족보이다. 응우옌박이 창씨創氏한 이래 40세대에 걸쳐 계속되고 있다. 베트남 표의 문자를 만든 응우옌투원, 레러이를 도와 중국군을 물리친 전략가 응우옌짜이, 응우옌 왕조를 세운 응우옌호앙, 쭈옌 끼에우 이야기를 쓴 위내한 시인 응우옌주 등이 그 예이다.

베트남에는 성씨가 약 300여 개 있는데, 이중 200여 개는 홍강 델타 지역에 거주하고 있다. 한국에는 274개, 중국에는 1000여 개, 일찍부터 여러 민족의 피가 섞인 영국에는 10,000여 개 성씨가 있다.[30] 다문화 사회에 접어든 우리도 성씨가 늘어날 것으로 보인다.

전통의 근간 조상 숭배

1986년 도이머이 정책으로 변화를 추구하면서 베트남에 사회적으로 경제적으로 커다란 변혁이 일었고 전통적 가족 제도에도 변화가 있지만 가족은 베트남의 가장 기본적인 문화 가치이다. 가족은 가족-촌락-국가라는 베트남인들 사고의 기본이다. 조상 숭배가 베트남 전통의 근간인데 베트남 사람 거의가 부, 사회적 계급, 정치 또는 종교적 신조에 관계없이 조상 숭배를 중시한다.

조상 숭배는 종교의 위상을 차지하고 있다. 베트남 사람들은 조상과 사별하더라도 그 조상의 영혼은 살아서 후손의 생사고락을 관여한다고 믿고 있다. 베트남 사람들은 자기도 죽으면 조상에게로 돌아간다고 믿는다. 각 가정은 집 안의 가장 좋은 곳에 제단을 두고, 매일 분향하면서 소원을 조상에게 알린다. 조상 숭배를 중시하는 유교나 불교는 베트남에 깊이 뿌리내렸지만 유일신을 내세우는 기독교는 베트남에 뿌리내리는 데 어려움을 겪고 있다. 한 번은 우리 농산물의 맛을 베트남에 소개하고자 배를 베트남 사람들에게 선물하였다. 그들은 우리가 준 맛있는 배를 제일 먼저 제단의 조상신에게 바치고 난 후 가족, 이웃들과 나누어 먹었다고 말해주었다. 조상 숭배 사상 때문에 그런지 베트남 사람들의 효심은 참 지극하다. 한국과 베트남 간 경험 교류 프로그램에 참여한 베트남 사람들이 프로그램이 끝나면 꼭 방문하는 곳이 광동제약인데, 가격이 다소 비싼 편이어도 자기 부모들을 위해 우황청심환을 꼭 사간다고 한다.

태어나서 죽을 때까지 열 개의 이름을 갖다

베트남 사람들의 성명은 우리처럼 대개 세 자로 구성된다. 평상시 상대를 부를 때 성은 부르지 않고 이름만 부르며 그것도 마지막 글자를 이름으로 부른다. 이를테면 응우옌쑤언푹Nguyen Xuan Phuc 장관을 부를 때 응우옌 장관이라고 부르지 않고 푹 장관이라고 부른다. 공식 행사 때 호명이 필요한 경우에는 이름 석 자를 모두 언급한다. 대개 아버지나 할아버지가 지어주는데 식물, 꽃, 과일, 동물, 도덕적 가치 등으로 짓는다. 부모, 조상, 왕족, 공동체가 섬기는 성현 등의 이름은 이를 본따거나 입으로 말하는 것조차도 금기 사항이다. 옛날 과거 시험 보러간 사람이 무심결에 자기 답안지에 왕족의 이름을 쓰면 불합격 처리됐다고 한다. 그래서 과거 시험장 입구에 왕실에서 금기시하는 이름을 미리 걸어놓으며 시험 응시자는 이를 다 외어야 했다. 베트남 사람들은 태어나서 죽을 때까지 열 개가 넘는 이름을 가진다. 갓 태어난 아이에게는 이름을 지어주지 않고 별명으로 부른다. 두세 살이 되면 집에서 부르는 이름을 지어주고, 이 이름을 죽은 후 장례식 때 다시 사용하는데, 제삿상의 제물을 받아들이도록 혼을 부르기 위해서이다. 시험이나 결혼 등 상황에 따라 공식 이름을 지어주는데 집에서 부르는 이름과 같은 경우도 있다. 죽은 후 사후명이 주어지는데 물론 후손들이 이 사후명을 사용하면 안 된다. 서양에서는 할아버지 할머니 이름을 따서 아이 이름을 지어주지만 베트남에서는 신성 모독이 된다.

나이가 많이 든 남자를 부를 때는 옹(ong, 翁)이라고 하고 나이가 많이 든 여자를 부를 때는 바 (ba, 婆)라고 부른다. 나이가 자기보다 위이면 찌chi, 아래이면 엠em이라고 부른다.

성스러운 동물 거북 숭배

장수의 상징이다. 호안끼엠 호수의 전설에서 보듯 거북은 베트남인들이 항쟁할 때 결정적으로 도와준 성스러운 동물이다. 리 왕조 때 세운 반미에우(Van Mieu, 文廟)에 있는 과거 시험 합격자 명단도

돌로 된 거북의 등위에 세운 비석에 새겨놓았다. 요즈음 대학교 입학 시험 때 베트남의 수험생들은 반미에우에 있는 거북이의 머리를 만지며 합격을 기원한다. 많은 사람들이 와서 만져서 거북이 머리가 반질반질하다.

7명의 첩과 5명의 부인

1986년 시장 경제 도입 이래 생활 수준이 향상되었지만, 빈부의 격차도 심해지고 있다. 그래서 낭비 관행도 줄고 아직도 옛날 규칙에 따라 결혼이 진행되고 있지만 이런 구시대 관행도 크게 줄고 있다. 지금도 중매, 신랑 신부의 생년월일 생시의 일치 여부 계산, 정식 청혼, 신부 가족 선물 등 관습이 남아 있다. 과거에는 참석자들에게 과자와 담배를 주던 '결혼식 차파티'가 이제 부유한 사람들은 1,000여 명의 손님을 접대하는 연회로 변했다. 연회 시작 전에 신랑 신부, 양가 부모가 식장 입구에서 손님을 맞으며 연회 시간이 되면 신랑 신부와 양가 부모가 식장 앞에 마련된 단상으로 나가 케이크를 자르고 건배를 하여 자축한다. 그다음 신랑 신부와 양가 부모들은 각 테이블을 돌며 인사한다.

결혼식에 참석하는 사람들은 묵시적 규칙을 따르는데, 결혼 축의금으로 봉급의 3분의 1 내지 4분의 1 정도의 금액을 넣어주는데 한 달에 서너 번 결혼식에 참석하면 가계 생활에 매우 큰 부담을 주게 된다.

베트남도 이혼율이 20퍼센트 정도로 급상승하고 있다. 성격 차이, 불륜, 부인 학대 등이 주원인이다. 옛날 베트남 남자들은 7명의 첩과 5명의 부인을 둘 수 있었지만, 이제 불륜은 더 이상 허용되지 않는다. 두보는 "인생칠십고래희人生七十古來稀"라고 했는데, 베트남도 옛날에 왕이 40세가 되면 장수 축하연을 가졌다. 그리고 60이 되면 '옌라오Yen Lao'라는 환갑잔치를 갖는다. 베트남 사람들은 이제 장수하는 사람들이 많아졌다. 90을 넘긴 사람을 많이 보았다.

삶과 죽음을 가르는 장례

장례는 우리처럼 대개는 3일 장으로 치른다. 나는 몇 번 베트남 전직 고위 인사들을 조문한 적이 있다. 우선 조화와 한국 대사를 표기한 배너를 먼저 기사 편으로 보내 이름을 등록해놓는다. 그리고 장례식장에 도착하여 행사 진행자의 호명을 받아 고인의 관 앞에 가서 향을 피우고 조의를 표한다. 그런 다음 고인 시신과 사진에 묵념하고 가족들에게 위로 인사를 한 후 출구 쪽에 있는 방명록에 조의를 기록으로 남긴다.

장례식이 끝나면 죽은 사람을 나무 관에 넣어 임시로 묻고 묘를 풀로 덮는다. 3~4년 지나 육탈이 이루어진 후 시체를 발굴하여 향수에 씻은 후 최종 보관 장소로 옮긴다. 이 최종 보관 장소는 후세대의 번영을 위해 토점(土占, geomancy) 규정에 따라 이루어진다(토점은 옛적에 한 줌의 흙을 땅에 뿌려 그 꼴로 치던 점). 시체 발굴은 관이 열리면 가족들은 흰 옷을 입고 곡哭을 하면서 뼈를 추슬러 향수에 씻은 다음 붉은 장식용 종이에 감싼다. 이렇게 추슬러진 뼈는 흙 또는 벽돌 관에 담아 들판에 무덤을 만든다. 베트남 들판을 보면 무덤이 많이 보인다. 삶과 죽음이 함께 있음을 실감나게 보여준다.

옥황상제의 사제 부엌 신

뗏(음력설) 일주일 전인 음력 12월 23일은 집의 부엌 신들인 따오꿘(Tao Quan, Kitchen Gods)이 하늘의 옥황상제에게 가서 그 집의 지난 1년간의 선행, 악행을 보고하는 날이다.

옛날 베트남에 쫑까오Trong Cao와 티니Thi Nhi라고 하는 부부가 살았다. 이들은 결혼 후 아이가 없고 결혼 생활이 순탄치가 않았다. 부부 싸움 끝에 부인이 집을 나가서 새 남편 팜랑Pham Lang과 결혼했다. 쫑까오는 고독하게 홀로 지내다가 부인 티니를 찾아 나섰다. 그는 가진 것 다 쓰고 마침내 거지 생활을 하게 되었다. 그러던 중 우연히 티니 집에 가서 동냥을 하게 되었다. 부인 티니는 즉시 전 남편을 알아보았으나, 쫑까오는 그간의 허기와 병으로 눈이 멀어 티니를 알아보지 못했다. 티니는 쫑까오에게 음식과 술을 주고, 그것을 먹은 쫑까오는 잠에 곯아떨어졌다. 티니는 남편 팜랑이 이 모습을 볼까 봐 전 남편 쫑까오를 마당 짚더미 속에 숨겨놓았다. 들에서 일하고 돌아온 팜랑은 들에 뿌릴 재를 만들려고 짚더미에 불을 질렀다. 이 불로 전 남편 쫑까오가 타 죽자 슬픔에 젖은 티니도 불속에 뛰어들어 죽었다. 낙담한 팜랑도 맹렬히 타는 불속에 뛰어들었다. 이들의 순수한 마음에 감복한 옥황상제는 이 세 사람을 부엌 신으로 만들었다.

또 하나의 전설은 남편에게 폭행을 당하던 여자가 집을 나왔다. 그 여자가 먹을 것이 없어서 고생했을 때 도움을 준 선한 남자와 마음이 맞아 함께 살게 되었다. 몇 년 후, 이 여자가 길거리에서 거지를 발견하는데, 자기의 전 남편이었음을 알고 도움을 준다. 이 사실을 안 마을 사람들이 현 남편에게 알리자, 자신의 순결을 증명하기 위해 여자가 불에 뛰어들었다. 이를 안 전 남편 역시 미안하고 부끄러운 마음에 불에 뛰어들었고, 현 남편도 자신이 부인을 믿지 못했던 것을 반성하며 불에 뛰어들었다. 이 사연을 들은 옥황상제는 이들을 부엌 신으로 지명하였다.

베트남 사람들은 옥황상제를 뵈러 가는 이 부엌 신들에게 가장 맛있는 음식, 돈, 옷 등을 바치면서 풍부한 음식과 건강을 달라고 빈다.

최대의 명절 음력설 뗏

베트남 말의 뗏은 원래 우리의 절節을 뜻한다. 베트남은 여섯 개의 절을 지키는데, 새해 절Tet Ca, 3월 3일, 5월 5일, 7월 15일, 8월 15일, 12월 23일 등이다. 뗏은 음력설을 뜻하지만 축제의 뜻도 가지고 있다. '뗏독랍(Tet doc lap, 독립절)', '뗏라오동(Tet lao dong, 노동절)' 등이 그 예다.

음력설 뗏은 분명히 베트남에서 최대의 가장 중요한 명절이다. 이때는 농부가 1년의 고된 일을 마치고 휴식을 취하면서 새봄을 맞고, 부처와 각종 촌락 신들에게 소원을 빌고, 조상에게 제사를 지내고, 가족 및 촌락 내 단합을 도모하는 시기이다. 뗏은 베트남 문화 정체성을 요약해서 보여준다.

베트남 사람들은 전통 음력설을 쇠는데 마음과 혼을 가지고 준비한다. 준비 과정은 모두 청결해야 한다. 오는 열두 달의 복이 걸려 있기 때문이다. 다른 사람에게 화를 내서도 안 되고 거칠게 대해서도 안 된다. 잔소리 많은 시어머니는 며느리와 화해하고 불화 중에 있는 부부는 새해에는 좀 잘해보자며 서로 미소를 짓는다. 거지에게 적선을 거부해서는 안 된다.

베트남 사람들도 음력설 때 온 가족이 모여 한 지붕 밑에서 먹고 보낸다. 그래서 "뗏을 쉰다"고 하기보다는 "뗏을 먹는다eat Tet"라고 말한다. 요즘에는 뗏을 즐긴다고 말한다. 외지에 가서 사는 베트남 사람들은 뗏 때 귀향한다. 설날 아침 자녀들은 어른들에게 엎드려 절을 하고, 어른들은 아이들에게 덕담이 쓰여 있는 붉은 봉투에 돈을 넣어서 선물로 준다. 친구, 친척끼리 반쯩Banh Chung을 먹으며, 큰 소리로 덕담을 나누고, 카드놀이, 닭싸움, 연날리기 등의 놀이를 즐긴다. 나도 매년 음력설 때마다 200여 개의 붉은 봉투를 마련해서 가지고 다니며 어린이들, 경비원, 청소원, 식당 여급, 이발사, 노점상들에게 주었다. 봉투를 받은 사람들은 복을 받았다며 매우 행복해했다.

베트남 사람들은 음력설에 붉은 꽃망울을 가진 매화나무와 황금빛 귤나무로 집을 장식하고 제사상을 차리고 음식, 신선한 물, 꽃, 빈랑 나무 열매를 올려놓고 돌아가신 부모들에게 제사를 지내고 복을 기원한다.

뗏 10여 일 전부터 거의 매일 정부 부처의 축하 리셉션이 열린다. 베트남에서는 관계 부처가 리셉션을 열고 관련된 사람들을 초청해서 지난 1년간 협력에 대해 감사도 표하고 노고도 치하한다. 이 리셉션에는 외교단이 꼭 초청을 받는다. 이 리셉션에 가면 단상이 마련되어 있고, 단상 뒤 벽에는 "쭉뭉남머이(Chuc Mung Nam Moi, 신년 축하)"라는 현수막이 걸려 있다. 단상의 좌우에는 매화나무, 감귤나무를 갖다놓고, 중앙에 간단한 뷔페 음식을 차려놓고 축하 행사를 가진다. 뗏 때 하노이 시내는 매화나무, 감귤나무를 실어 나르는 오토바이로 더욱 교통 체증이 심해진다.

베트남 뗏은 평화, 조화, 사랑을 나누는 축전이다.

음력설 아침 온 가족들은 서서 부, 명예, 장수, 다손多孫의 복을 가져다줄 첫 손님을 기다린다. 이 방문은 사전에 주선된다. 누가 자기 집을 방문하는가는 매우 중요하다. 우리 부부도 2010년 뗏 때 베트남 기획 투자부 보홍푹 장관의 초청을 받아 방문하였다. 온 가족들에게 복을 기원하고 반쫑 떡을 먹으며 덕담을 나누었다.

설 행사를 다 마치면 처가, 아이들 선생, 친척, 주치의 등을 방문하며 덕담을 나눈다. 이를테면 신혼부부에게 "연초에 아들 낳고, 연말에 딸 낳아라" 등 정 넘치는 덕담을 한다.

베트남 사람들도 우리처럼 매년 동물 띠가 있다. 2010년은 호랑이 해이다.

베트남 사람들은 음력설 때 절에 가서 복을 빌고 점도 본다. 그리고 부적도 받아온다. 나와 절친하게 지냈던 베트남 총리실의 응우옌쑤언푹 장관은 2010년 음력설에 거의 열 시간 넘게 차를 타고 700년 된 절에 가서 복을 빌고 나를 위해서 부적을 받아왔다. 나는 그의 우정에 감동하였다.

월병을 나눠 먹는 추석

베트남 사람들은 추석을 쫑투Trung Thu라고 부르는데 우리처럼 민족의 명절은 아니고 어린이날 행사 정도로 여긴다. 베트남 사람들은 추석 때 월병을 선물한다. 케이크는 달고 맛이 있다.

비싸고 귀한 인삼

베트남어로 인삼은 넌섬Nhan Sam이다. 일찍이 호찌민은 그의 옥중 일기 26편에서 노름하다 잡혀온 부잣집 자식이 옥중에서 감히 인삼 먹을 생각을 한다며 인삼이 매우 비싸고 귀한 것으로 언급하였다.

부잣집 자식이나 가정교육은 형편없어.
바탕은 작은데 하늘같이 큰 담력이라.
허풍떠는 재주는 정말 대단해.
옥중에서도 인삼 먹을 생각을 하다니!

베트남 사람들에게도 인삼이 정력에 좋다고 알려져 있다.[31] 베트남 마지막 왕조의 민망제는 50세까지 살면서 아들이 78명, 딸이 64명이었다고 한다. 이 왕의 정력 비결은 고려 인삼에 있었다는 것이 베트남 사람들의 정설이다. 고려 인삼을 재료로 만든 '민망탕' 술은 매우 인기가 높다. 인삼이 베트남에 전래되는 과정은 베이징에서 조선 사자使者와 베트남 사자 간 접촉을 통해서 전해졌거나 아니면 양국 상인 간 북경에서 거래로 전해졌을 것으로 보고 있다.

견우와 직녀

베트남에도 견우와 직녀가 있다. 하늘의 공주 직녀가 땅의 목동 견우와 사랑에 빠졌다. 신들은 매우 화가 나서 이들을 떼어놓고, 1년에 한 번 음력 7월 7일에 은하수 다리에서 만나도록 허용했다. 그들이 흘린 눈물은 비로 변해서 떨어졌다. 서로 멀리 떨어져 사는 부부를 기러기 부부라고 하는데 베트남에서는 견우 직녀 커플이라고 부른다.

짝지어 부르는 노래 꽌호

하노이에 바로 인접해 있는 박닌 성의 민요로 우리의 경기 민요로 비유된다. 이 민요는 결혼식, 봄 축제, 우정의 모임 등에서 불린다. 10명의 남녀가 가장 좋은 옷을 입고, 들판, 도로, 연못, 노로 젖는 배 등에서 부른다. 주제는 인생의 기쁨, 땅에 대한 사랑, 향수 등이다. 남자는 검은색 실크 우산을 들고, 여자는 바퀴 모양의 종려나무 잎 모자를 쓴다. 여자들이 남자에게 다가가 빈랑 나무 잎을 선물하면서 인사한다. 노래로서 서로 화답하는데, 남자가 먼저 시작한다. 이때 정중함과 겸손이 매우 중요하다. 남자들은 여자들을 누이라고 부르고 여자들은 남자들을 오빠라고 부른다. 남자들이 여자들에게 먼저 노래하라고 초대하면 여자들은 "어찌 감히 우리가 먼저 노래할 수가 있습니까? 오빠들은 하늘에서 비추는 별이고 우리는 오두막집을 밝히는 작은 램프에 지나지 않습니다"라며 사양한다. 남녀가 그룹을 지어 노래를 주고받으며 대화를 계속한다. 반주 악기는 없다. 노래를 주고받기 위해 남녀가 짝을 지을 때는 형제 또는 예술적 성향만을 감안한다. 여자는 남자의 친한 친구일 수는 있어도 남자의 연인이 될 수는 없다. 대여섯 그룹으로 짝 지어 밤새 노래를 주고받는데, 간식 먹을 때만 잠시 멈춘다.

꽌호 노래에서 사용되는 관습, 언어 등은 어렸을 적부터 남녀 간 접촉을 엄격히 금하는 유교의 전통을 가진 나라에서는 다소 비정상적으로 보일 수도 있으나, 이런 관행은 다산숭배에서 기인하는 것으로 보인다.

사상과 감정이 표현된 라커 페인팅

라커 페인팅lacquer painting은 베트남의 전통 수공예와 서양 화법을 결합한 형태이다. 라커는 베트남 청동 문화가 활짝 꽃핀 동썬 문화의 요람인 푸토 성 등 북부 고지대에서 자라는 슈막 나무의 수액에서 채취한다. 슈막 나무의 칼로 벤 곳에서 나오는 이 액체는 매우 투명하다. 가공하면 흑색 또는 갈색으로 변한다. 청동기 시대부터 라커 칠하기 기술이 있었으며, 11세기부터 14세기 리 왕조 및 전 왕조 때의 문서, 숭배 대상, 장례 물품 등에 라커 흔적이 남아 있다. 17세기부터 19세기까지 건축 장식, 동상, 가마, 목판 벽널, 기둥 등 종교적 목적에서 라커 작품이 만개하였다. 1925년에 세워진 프랑스의 '인도차이나 미술 학교' 예술가들 덕분에 라커 칠하기는 하나의 장식 기술에서 사상과 감정의 미묘한 차이까지도 표현하는 현대 예술로 발전하였다.

향 개수가 가진 의미

베트남에서 파고다나 사당에 가서 선향 (incense stick, 線香)을 피울 때 몇 개를 피울까? 권하기로는 홀수로 선향을 피우는 게 바람직하다. 보통은 한 개만 피우는데 이는 단합을 뜻한다.

세 개는 안정과 균형을 뜻한다. 어려움에 봉착했거나 불쾌한 일이 있으면 세 개를 피운다. 구정이나 장례식 때도 세 개를 피운다.

다섯 개는 산림모신山林母神에게 보호를 기원하면서 피운다.

일곱 개는 7월 15일 방황하는 영혼을 사면하는 날에 피운다.

좋아하는 숫자, 피하는 숫자

3 : 혼, 논리, 행동의 숫자다. 너무 크지도 작지도 않은 균형의 숫자이며, 시작, 중간, 종결의 단계를 의미하기도 한다. 불교, 유교, 도교 등 삼종교三宗敎, 명예, 부, 장수 등 삼다三多, 자고, 먹고, 자식 많이 낳기를 바라는 삼욕三欲, 화재, 홍수, 악당 등 삼재앙三災殃 등 셋으로 표현하는 경우가 많다.

5 : 다량, 다수를 의미한다. 다섯 부인과 일곱 첩, 다섯 개의 책략과 일곱 개의 모략 등 다수를 뜻하는 표현으로 다섯을 말한다. "한 번 이상more than once"을 "다섯 번이나five times"로, "사공이 많으면 배가 산으로 간다"를 "다섯 아버지, 세 어머니five fathers, three mothers의 간섭"으로 표현한다. "소문이 무성하다"를 "다섯 아씨, 세 개 이야기five ladies, three stories"로 말한다. 탄생, 늙음, 죽음, 병, 이별 등 다섯 가지 고통이 인간의 고통이라고 한다. 다섯이라는 숫자는 위험을 뜻하기도 하여 5, 15, 25는 기피한다.

9 : 베트남인들에게 가장 으뜸이 되는 숫자다. 상서로움, 고귀, 근엄, 풍부, 용서, 화해를 뜻한다. "아홉 곡창 지대, 열 마리 물소 nine granaries, ten buffaloes", "도처에everywhere"를 "하느님의 아홉 개 방향, 부처님의 열 개 방향nine directions of Heaven, ten directions of Buddha"으로 표현하다. 메콩강을 끄우롱(Cuu Long, 九龍)으로 부르기도 한다

금기 사항

베트남의 일상생활에서는 지금도 금기 사항이 많다.

- 음력 매월 7일에 길을 나서지 말고, 3일에 돌아오지 마라.
- 음력 매월 5일, 18일, 23일에 여행가지 마라. 사업 여행은 물론 산보라도 하면 근심거리를 가져다준다.
- 불운 피하기를 원하면 음력 매월 첫날 개고기, 오리고기, 까메(생선의 일종) 고기를 먹지 마라.
- 장례식이 끝날 때까지는 절대 사자死者의 이름을 부르지 마라.

금기시하는 글자도 있는데, 이 경우에는 빈칸으로 놓아두거나 다른 글자로 대체하거나 글자를 변형시킨다. 마치 우리가 '4' 자는 죽음을 뜻한다고 해서 기피하는 것과 비슷하다.

베트남 문화의 세 측면

베트남 문화는 중국 문화로부터 큰 영향을 받은 건 사실이지만 중국 유교 문화의 한 분파로만 보는 견해는 잘못이다.

토착 문화적 측면
베트남 문화는 토착민인 베트남 족 문화이다. BC 1,000년 전 홍강을 중심으로 형성되기 시작한 청동기 문화가 근간을 이루고 있다. 수도 경작의 공동체 문화이다. 벼 경작 기술, 청동 북과 징, 다산 숭배, 장례 의식, 모계 가족 제도, 금기 사항, 빈랑 나무 씹기, 검게 라커 칠하기黑齒, 지주가옥支柱家屋 등이 특징이다. 중국, 인도, 프랑스 등 외부 문화의 기여를 베트남 문화로 바꾸어 풍요롭게 해왔다.

동아시아 측면

1,000년간 중국의 지배로 중국 문화가 강제되었고, 그후에는 매료되어 중국 문화를 모방하는 등 약 2,000년간 베트남은 중국 문화의 영향을 받게 되었다. 이 시대 베트남의 문화 수용을 '거부와 매료'로 표현한다. 베트남은 일본, 한국과 함께 중국 문화의 영향을 크게 받은 동북 아시아 문화권에 통합되었다.

서양 문화의 수용

17, 18세기 무역과 선교, 19세기 식민지화를 통해 프랑스 등 서양 문화를 수용했다. 빵, 커피, 채소, 당근 등의 식생활과 그외 일상생활은 물론 과학, 기술, 예술, 종교 등 관련한 베트남의 전통 문화를 크게 변화시켰다.

Ha Nôi
Hon Gai
Hai Phong
LAOS
Ninh Binh
CHINA
Vinh
Huê
Đa Nẵng
HAILAND
Quy Nhon
CAMBODIA
VIETNAM
Nha Trang
Cam Ranh
Đa Lat
Bien Hoa
Hô Chi Minh
Long Zuyen
My Tho   Vung Tau
Rach Gia
Cân Thô

4
베트남을 움직이는
두 가지 힘

박 호, 그는 누구인가?[32]

내가 베트남에 부임하여 제일 먼저 한 일은 국부로 추앙받는 호찌민 주석에 대해 아는 일이었다.

"독립과 자유보다 귀한 것은 없다"라는 기치 아래 항불 전쟁, 항미 전쟁을 통해 베트남을 독립시키고 통일의 기반을 마련한 호찌민 주석은 가장 존경받는 영웅이다.

베트남 사람들의 호찌민 주석에 대한 사랑은 깊고 끝이 없다. 사실 베트남 사람들은 호찌민 주석을 주석이나 국부라고 부르지 않고 "박호(Bac Ho, 호찌민 큰아버지)"라고 부른다. 호찌민 주석을 권위나 권력의 상징이 아니라 가까이서 친절하게 대해주는 큰아버지 또는 아저씨 같은 사람으로 사랑하고 있다.

나는 베트남, 베트남 사람, 베트남 외교의 이해는 호찌민을 아는 데서부터 시작된다고 생각했다. 그래서 베트남에 부임한 지 3일 만에 호찌민 영묘와 기념관을 방문하였다. 호찌민이 1958년부터 1969년 사망할 때까지 거주했던 집은 매우 검소했다. 그곳에서 참다운 지도자의 모습을 보았다. 방문 후 호찌민이 1942년 중국에서 체포되어 13개월 동안 18개 감옥을 옮겨 다니며 쓴 옥중 일기를 읽었다. 이 일기를 읽고 난 후 부임 한 달 만에 하노이에서 남쪽으로 7시간을 달려가 응에안 성에 있는 호찌민 생가를 방문하였다. 베트남을 독립시키고 세계 역사를 바꾼 지도자의 생가는 매우 초라했다. 사실 베트남 주석에게 우리 대통령의 신임장을 제출하기 전에 베트남 내에서 이런 공적 외교 활동을 하는 것은 결례였다. 그러나 베트남을 하루라도 빨리 이해하기 위해 결례를 범했다. 베트남 외무부도 빠른 시일 내에 베트남을 알려고 하는 나의 노력을 좋게 보아주었다.

지식과 식견을 갖춘 어린 시절

호찌민은 베트남이 프랑스 식민 통치하에 있던 시절인 1890년 5월 19일 베트남 응에안 성의 남단Nam Dan 구, 낌리엔Kiem Lien 현 호앙쭈Hoang Tru 촌락에서 출생하였다. 그의 출생 당시 이름은 응우옌신꿍(Nguyen Sinh Cung, 阮生恭)이었고 어린 시절 이름은 응우옌탓타인(Nguyen Tat Thanh, 阮必成)이었다. 호찌민의 부친 응우옌신삭Nguyen Sinh Sac은 고아였는데, 그의 성실함을 본 촌락의 한학자인 호앙즈엉Hoang Duong이 자기 딸과 결혼시켰다. 부친은 1894년 과거 시험에 합격하였으나 프랑스 식민 행정 당국에 협조하지 않는다는 이유로 파면당했다. 부친은 가족을 떠나 세상을 등지고 살았다. 여섯 살 위 누이,

두 살 위 형 모두 프랑스에 반감을 갖고 반불 행동을 벌였다. 호찌민은 어렸을 적부터 많은 책을 읽어 지식과 식견을 갖추었다.

베트남을 독립시키고 세계 역사를 바꾼 지도자, 호찌민.

독립심과 저항의식을 기르다

호찌민이 태어나서 의식을 형성해가던 시기의 국제 정세를 개관해보면 중국은 서구 열강의 침략으로 나라가 찢기고 있었고, 일본은 1854년 개항, 1868년 명치유신을 통해 서구 문물을 수용하였다. 태국의 라마 4세는 유연한 외교를 통해 영국과 프랑스 간 완충 지대로 서구의 식민지가 되는 위기를 면했다. 베트남의 응우옌 왕조는 시대의 조류를 이해하지 못하고 국민을 억압하면서 식민 침략 세력과 타협하는 실책을 범하여 결국 1884년 프랑스와 협정을 통해 주권을 포기하면서 프랑스의 보호령이 되었다. 이때부터 10여 년간 프랑스에 대한 저항 운동과 함께 판보이쩌우가 주도한 "일본을 배우자", 판쭈찐이 주도한 일본 대신 "프랑스에 의존하자" 등 개혁 운동이 일어났으나 모두 실패로 끝났다. 판보이쩌우는 "일본을 배우자" 프로그램에 베트남 학생 200명을 보낼 계획으로 호찌민도 여기에 참여할 것을 권했지만 호찌민은 이를 거절하였다. 당시 일본은 프랑스와 협력하고 있었으며 베트남 애국자들을 추방했기 때문이었다. 판보이쩌우와 판쭈찐은 학문과 정치적 수완을 통해 프랑스 식민 통치에 저항을 시도했다.

호찌민은 어렸을 때 아버지를 따라 후에, 꿰년 등지에서 살면서 프랑스 베트남 학교, 프랑스 학교에서 공부했다. 15세 때부터 베트남 지하 운동의 심부름 역할을 해온 호찌민은 올바른 노선이 없는 베트남의 지하 운동은 실패할 수밖에 없으며, 개혁 운동은 개혁만 주장했지 베트남을 억압하는 식민 세력의 전복은 주장하지 않았기 때문에 실패했다고 보았다. 이런 생각을 가진 호찌민에게 1911년 중국에서 신해혁명이 일어나 봉건 군주제가 폐지되고 민주주의가 실현되게 되었다는 소식은 커다란 힘이 되었다.

세계를 유람하다

1911년 호찌민은 사이공으로 내려가 프랑스 상선 '라미랄 라투시-트레빌'Amiral Latouche-Treville'호의 보조 요리사로 취직하여 해외로 나갔다. 그는 스페인, 포르투갈, 알제리, 튀니지, 콩고, 다호메이, 세네갈, 영국, 미국 등을 여행하면서 요리사, 정원사, 청소부, 가축 사육사, 호텔 웨이터 등 여러 직업을 전전하였다. 1913년 미국에서 살았는데, 뉴욕의 브루클린에서 흑인 근로자들과 살기도 했고, 보스턴에서는 보스턴 파커 하우스Boston Parker House 호텔에서 일하면서 크림파이와 롤을 만들었다. 그는 이 여행을 통해 서구의 자유사상, 자본주의의 폐해, 노동자 농민 계급의 억압을 보았다. 1917년 영국에서 프랑스로 건너온 호찌민은 파리의 가장 가난한 지역의 하나인 17구에서 거주하며 사진관 점원, 중국 고가구 거래상을 위해 그림을 그리며 베트남 국민 운동을 시작하였다. 이렇게 어렵게 살면서도 호찌민은 낙관과 금욕 생활을 신조로 삼았다.

베트남의 독립과 자유는 베트남인의 힘으로

이런 호찌민에게 1917년 러시아 혁명은 또 다른 커다란 전환점이 되었다. 그는 레닌의 〈민족과 식민지에 관한 논문〉을 읽고 크게 감명받았다. 1919년 프랑스 사회당에 가입, 프랑스 식민당국의 잔혹성을 폭로하기도 했고, 1918년 제1차 세계대전의 종료를 논의하는 베르사유 회의에 18개항의 청원서도 보냈지만 아무런 성과 없이 끝났다. 그는 베트남의 독립과 자유는 베트남인의 힘으로 이루어내야 한다고 다짐하였다. 1920년 그는 프랑스 공산당에 가입하며 사상에 있어서 결정적 계기를 맞았다. 공산주의만이 억압받는 국민, 노동자를 해방시킬 수 있다고 믿게 되었다. 애국이 베트남 독립의 추진력이 되어야 한다고 믿고 이름도 아예 '아이꿕(愛國. Ai Quoc)'으로 바꾸었다.

그는 〈매니패스토Manifesto〉, 〈르 파리아Le Paria〉, 〈비엣남혼Viet Nam Hon〉, 〈휴머니티L'Humanité〉, 〈탄니엔Thanh Nien〉 등에 기고 및 국제농민대회와 국제공산당대회 참석을 통해 마르크스-레닌주의를 베트남 등 식민 지역에 전파하면서 민족 해방은 오로지 자신의 힘으로만 할 수 있다는 메시지를 보냈다. 또한 노동자, 농민의 조직화, 지도자 필요성 등을 지적하였다. 1924년 1월 레닌이 죽자 교사, 동료, 은사, 길잡이로 여겼던 그를 생전에 만나지 못한 것을 매우 후회했다.

혁명 이론 없이 혁명 없다

1924년부터 1930년은 호찌민의 베트남 공산당 창당 준비 기간이었다. 호찌민은 베트남의 항불 저항이 혁명의 노선, 방법, 전략

부재로 실패했다고 보았으며, 프랑스에 정치 학교를 세워 쩐푸Tran Phu, 레홍퐁Le Hong Phong, 응오자뜨Ngo Gia Tu 등을 훈련시켜 베트남으로 잠입시켰다. 호찌민은 이들에게 "혁명 이론 없이 혁명 없다"는 말을 교육시키고 노동자, 농민이 혁명의 주 세력이 될 수 있으며, 대중의 힘을 이용할 때 성공할 수 있다고 강조하고 근검, 절약, 공평, 희생과 인내를 당부했다. 그는 레닌주의를 혁명의 나침반으로 택했다. 1925년 6월 호찌민은 중국 광동에서 베트남 청소년혁명동지회Viet Nam Association of Young Revolutionary Comrades를 조직했는데 그가 만든 최초의 공식 혁명 조직이었다.

1927년 중국 국민당의 극우파 장개석 군부가 공산주의자 투옥 및 처형 등 공산주의자들에 대해 공격을 강화하자 호찌민은 1927~1928년 두 해 동안 중국, 소련, 벨기에, 독일, 스위스, 프랑스, 태국을 여행하였다. 1929년 프랑스 식민 당국은 궐석 재판을 통해 불법 정치 활동을 이유로 호찌민에게 사형을 선고하였다.

베트남 역사의 커다란 전환점

호찌민은 1930년 2월 3일부터 7일까지 홍콩에서 '인도차이나 공산당' 창립 대회를 열고 당의 전략, 규정, 프로그램을 채택하고 사회주의로 가는 민주 혁명, 프랑스의 제국주의자 및 베트남 봉건 영주 전복, 독립 쟁취, 농민에게 토지 분배, 노동자 농민의 정부 수립 등을 표방하면서 공산당을 창당했다. 호찌민의 공산당 창당은 베트남 역사에서 커다란 전환점이 되었다.

홍콩에서 모스크바로

1931년 홍콩에서 활동하다가 홍콩 정청에 의해 체포되었다. 호찌민은 홍콩 법정에서 자신은 성만조Sung Man Cho라는 이름의 중국인이라고 주장했으나 홍콩 법정은 그의 주장을 받아들이지 않고 프랑스의 요구대로 프랑스 선박으로 프랑스령 인도차이나로 추방을 언도했다. 호찌민 변호인단은 프랑스 식민 당국으로부터 이미 사형을 언도받았음을 들어 홍콩 정청 추밀원에 호소하였으며, 홍콩 정청은 프랑스의 인도 요청에도 불구하고 1933년 그를 석방하였다. 이때 호찌민을 변호했던 프란시스 루스비Francis Loseby는 훗날 호찌민의 초청으로 베트남을 방문하여 거국적 환대를 받았다.

홍콩에서 석방된 호찌민은 마카오, 상해, 블라디보스토크를 거쳐 모스크바로 갔고, 거기에 머물며 레닌 대학교에 입학, 공부하면서 1935년 7월에 열린 제7차 코민테른(Comintern, 국제공산주의 인터내셔널, 1919~1949) 총회에 동양 대표로 참석하기도 했다.

호찌민 시대가 열리다

호찌민은 1938년 말 베트남으로 돌아갈 길을 모색하기 위해 중국으로 가서 보응우옌지압, 팜반동 등 동지들을 재규합했다. 그리고 "중국에서 쓰는 편지"를 통해 투쟁하는 베트남 국민들에게 지지를 보내고, 1941년 1월 28일 베트남 북부 까오방Cao Bang으로 잠입, 30년 만에 고국으로 돌아와 베트남 공산당 제8차 전당 대회를 열고 비엣민(Viet Minh, 베트남 독립 동맹)을 조직하였다.

옥중일기[33]

1942년 8월 중국 거주 반일 베트남 세력과 접촉하기 위해 중국으로 넘어가자마자 장개석 군이 그를 체포하였다. 호찌민은 1년 여 동안 13개 지역 18개 감옥을 옮겨 다니며 수감 생활을 했다. 호찌민은 수감 생활을 하면서 담배 종이를 밥풀로 붙여 종이를 만들고 태운 쌀을 갈아서 시금치 국물에 풀어 잉크를 만들고 젓가락을 붓으로 사용하여 133편의 《옥중일기》를 썼다. 이 《옥중일기》를 당시 唐詩 형태로 썼는데 호찌민이 배고픔과 비참한 생활을 하면서도 베트남의 자유와 독립을 그리는 마음, 그의 강철 같은 의지를 보여준다. 이 일기는 애국자 호찌민의 정신, 인격, 도덕성을 보여주는 훌륭한 문학 작품으로 평가받고 있다. 기록에 따르면 호찌민을 체포한 장개석 정부도 그가 누군지 잘 몰랐으며, 나중에 조사와 면담을 통해 일반범은 아니라는 것을 알고 엄히 감시는 하되 나중에 중국군의 베트남 진입 시 도움을 줄 수도 있다고 생각하면서 족쇄와 수갑을 풀어주고 감옥 생활 대우도 개선해주었다. 감옥 당국은 그에게 신문을 넣어주고 장개석 군부의 문서를 베트남어로 번역도 시켰다. 추운 겨울에도 새벽 4시에 일어나 냉수로 목욕했는데, 이를 본 중국인 간수들은 호찌민이 러시아에서 온 것으로 생각했다.

정치투쟁이 군사투쟁보다 중요하다

1943년 9월 10일 석방된 호찌민은 베트남의 북부 까오방으로 돌아와 공신당 활동 상황을 보고받고, 민중 봉기를 연기하기로 결정했다. 호찌민은 정치 투쟁이 군사 투쟁보다 더 중요하며, 정치 투쟁은 인민의 지지가 핵심인데 당시 베트남의 많은 지역이 아직은 정

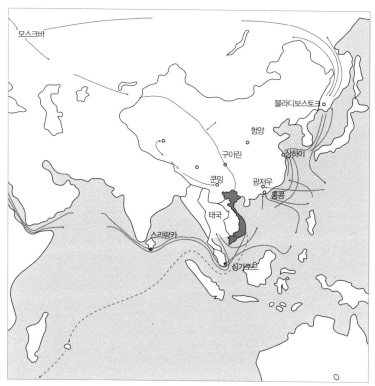

호찌민 여행지. 호찌민은 베트남 국내에만 머물지 않고 세계 곳곳을 여행하며 견문을 넓혔다.

치 봉기를 하기에 시기적으로 무르익지 않았다고 판단하였다. 호찌민은 1944년 12월 보응우옌지압 장군 지휘하에 베트남 해방 선전대를 창설하였다. 이 해방 군단은 까오방에서 프랑스 군을 상대로 전투를 벌여 첫 승리를 거두었다.

1944~1945년 일본의 쌀 공출로 베트남인들은 기아에 허덕였다. 이때 죽은 베트남 사람이 100만을 훨씬 넘었다고 한다. 1945년 3월 9일 일본은 베트남 내 프랑스 정부 인사들을 체포, 투옥시켰

다. 일본은 베트남의 프랑스, 미국, 영국 등 연합국과의 관계를 단절시켰다.

햄릿과 루시어스

호찌민은 연합국과의 관계를 원하여 위험을 무릅쓰고 중국 운난雲南으로 가서 미국의 OSS(CIA 전신)의 찰스 펜Charles Fenn 대령과 체놀트Chennault 장군을 만나 현대식 무기를 얻었다. 호찌민은 펜 대령과 향후 접촉을 위해 셰익스피어 작품에 나오는 이름을 암호명으로 교환하였다. 펜 대령은 햄릿Hamlet이고 자신은 루시어스Lucius였다. OSS 의사들은 호찌민의 말라리아 및 이질을 치료해주었다.

승리는 전 국민에게 의존할 때 가능

1945년 5월 호찌민은 떤짜오(Tan Trao, 지금의 뚜옌꽝)로 가서 혁명 운동을 직접 지휘하였다. 그는 해방 지역을 설정하고 10개 항 정책을 발표하였다. 일본군 및 반역자 제거, 이들의 재산 몰수 및 빈곤층에 배분, 보통 선거권, 게릴라 및 해방군 참여, 지대 및 채무 이자 감소, 문맹 퇴치, 국민의 군사 훈련, 남녀 및 소수 민족 간 평등 등이 주요 내용이다. 그는 올바른 정치 노선, 대중 기반, 비밀 조직, 투쟁 방법 등 '게릴라 전술'을 제시하였다. 승리는 전 국민에게 의존할 때만 가능하다고 말하고 '또안전(toan dan, all the people)'을 강조하였다.

8월 혁명

1945년 8월 호찌민은 공산당 전당 대회에서 침략 반대, 완전한 독립, 인민의 권력 장악을 내걸고 총 봉기를 결정했다. 그는 봉기의 원칙으로 집중, 연합 행동, 시기 포착을 강조하고 정치 투쟁과 군사 투쟁 간 연계, 공격 전 적의 사기 저하, 선전과 조직 이용, 다수 적 동시대적 회피 등을 전략으로 제시하였다. 일본의 무조건 항복 직후인 16일에서 17일까지 베트남 전역에서 온 정당, 인민 조직, 종교 단체 대표자 회의인 '국민회의'를 주재하고 총 봉기를 실행에 옮기기로 했다. 이 국민회의는 연합군이 인도차이나에 진입하기 전에 베트남의 독립을 쟁취하기로 결의를 천명했다. 국민회의는 호찌민을 주석으로 하는 '베트남민주공화국'의 임시 정부를 지명하고 국기와 국가를 채택했다. 8월 19일 일본은 권력을 베트남 국민에게 양도한다고 발표했고, 23일에는 베트남의 응우옌 왕조의 마지막 황제 바오다이(Bao Dai, 保大)가 퇴위를 발표했다.

독립 선언문의 기초를 마련하다

8월 25일 호찌민은 하노이 근교 뜨리엠Tu Liem에 도착하여 민가에서 하루 쉬고 26일 하노이에 들어갔다. 그는 즉시 공산당 중앙 위원회를 소집, 장개석 중국군이 일본군을 무장 해제하기 위해 베트남에 진입하기 전에 독립 선언을 하기로 결정하고 독립 선언문 문안 작성에 들어갔다. 이 독립 선언문을 작성할 때 호찌민은 암호명으로 펜 대령과 연락하여 미국 독립 선언서 내용을 얻었다. 이런 일을 하면서 호찌민은 게릴라전을 할 때 입었던 옷, 샌들을 신고 야영용 이동 식당에서 식사하고 사무실 의자에서 휴식을 취하는 등 매우 검소한 생활을 했다.

베트남민주공화국 독립 선언

1945년 9월 2일 호찌민은 하노이 바딘Ba Dinh 광장에서 베트남민주공화국 수립을 선언하는 독립 선언문을 낭독하였다. 고산 지대 소수 민족 대표 한 명, 평야의 낀족 대표 한 명 등 두 명의 여자가 베트남 국기를 게양하였다. 호찌민이 공산당을 창당한 지 15년 만의 역사였다. 독립 선언서를 발표한 직후 호찌민은 베트남민주공화국 임시 정부에게 기아 탈피(10일에 한 끼 굶기), 문맹 퇴치, 헌법 기초 위원회 구성, 알코올과 마약 금지, 불합리한 세금 제도 폐지, 종교 자유 보장 등을 지시하였다.

호찌민은 1945년 말부터 1954년 5월까지 항불 전쟁을 전개하고, 디엔비엔푸에서 프랑스군을 격파하여 독립의 기회를 마련했다. 이 과정은 후에 설명할 예정이다.

호찌민은 1969년 9월 2일 오전 9시 79세의 나이로 서거하였다. 9월 9일 20만 명의 시민이 참석한 가운데 그의 장례식이 거행되었다. 121개국으로부터 그의 서거를 애도하는 22,000여 개의 서한 및 메시지가 답지하였다.

호찌민 주석은 일생을 베트남의 독립과 자유를 위해 살았으며, 자신을 위해서는 아무것도 한 것이 없는 사람이었다. 호찌민 주석은 평생 사리사욕 없이 민족을 위해 희생했다. 그는 공산주의자이기 전에 민족주의자였다. 청빈한 삶을 통해 한 나라의 지도자가 어떻게 살아야 하는지 모범을 보여주었다. 베트남 사람들은 호찌민이 항시 국민과 가까운 지도자였으며, 국민의 목소리를 경청하고 국민들로부터 자발적 사고와 내면의 힘을 이끌어내게 하는 진정한 리더였다고 평가하고 있다.

174개 가명과 호찌민[34]

호찌민은 생전에 174개의 가명과 필명을 사용했다고 한다. 그의 출생 당시 이름은 응우옌신꿍이었다. 그후 4대륙 28개국을 옮겨 다니며 활동하면서 신변 안전을 위해 사용했던 가명으로 이 책을 쓰면서 참조했던 책들에 나오는 가명은 바Ba, 아이꿕Ai Quoc, 찐Chin, 빅터Victor, 통반소Tong Van So, 리눕Linop, 린Lin, 호꽝Ho Quang, 호찌민 등이다. 그가 쓴 이름 중 호찌민이 그의 정식 이름으로 쓰이게 되었는데 이 이름은 장개석 정부에 의해 체포될 당시에 여권에 기재되었던 이름이라고 한다. 그가 왜 중국에 갈 때 여권에 이 이름을 사용했는지는 알려지지 않고 있다. 다만 옥중 일기의 마지막 부분에서 그의 석방을 위해 애써준 중국인 후지명候志明에 대해 각별한 감사를 표명하고 있는데, 후지명은 그가 중국에 들어갈 때부터 알았던 사람이 아닌지 추측해본다. 그래서 중국 내에서 안전을 위해 여권에 그의 이름을 사용했을 수도 있었을 것이며, 아니면 나중에 호찌민이 그를 석방하기 위해 백방으로 노력해준 데 대한 감사의 뜻으로 사용했을 수도 있었을 것으로 추측해본다. 그러나 이를 입증할 자료나 근거는 없다.

시대를 내다본 호찌민

20세기 초 국난에 처한 베트남은 호찌민이라는 위대한 사람을 탄생시켰다. 위대한 사람과 시대 간에는 긴밀한 연관이 존재한다. 호찌민에 앞서 판보이쩌우, 판쭈찐 등 지도자가 있었지만 이들의 개혁 운동은 실패했다. 호찌민은 이들이 새로운 시대, 새로운 여건, 새로운 문제에 대해 종합적이고 과학적인 분석과 미래에 대한 비전이 없었기 때문에 실패한 것으로 판단하였다. 30년 만에 고국으로 돌아온 호찌민은 베트남 역사의 새로운 장을 열었다. 호찌민은 새로운 시대의 여건, 즉 국민 해방을 위한 혁명의 필수불가결을 이해하고 대중을 조직하고 보편적 법에 따라 행동했기 때문이다. 그는 30년간 4대륙 28개국을 다니면서 강대국의 국민성과 정치를 이해하고, 외국 생활에서 얻은 지식과 교훈을 통해 세계관, 철학, 문화를 형성했다. 그는 이를 통해 급변하는 시대의 특징과 동향을 간파할 수 있는 능력을 길렀고 투쟁에서 승리하는 전략을 준비했다. 호찌민은 소련의 등장, 프랑스의 패전, 1945년 8월 베트남 혁명 시점, 대불 항전, 대미 항전 등을 미리 예측하였는데, 이는 그가 베트남의 현실과 국제 상황을 정확하게 관측할 수 있었기 때문에 가능했다. 그는 1960년대 미국의 베트남 전쟁 개입 시 전 세계적으로 좌파사상의 등장, 평화주의 확산, 핵 전쟁 공포 확산 등을 간파하고, 미국이 이런 여론의 압력을 받고 있는 한 아무리 돈과 무기를 가지고 있더라도, 50만 대군을 보내도, 베트남이 이길 수 있다고 판단하였다.

적기를 포착하라

적기適期를 포착하는 것은 호찌민 군사전략의 핵심이다. 그의 《옥중일기》(안경환 역, 2008년, 지만지) 18편 〈장기를 배우며learning to play chess〉는 호찌민의 예측과 군사 전략을 보여준다.

마땅히 시야는 넓게, 생각은 치밀하게,
때때로 공격은 단호해야 한다.

길 잘못 들면 쌍차雙車도 무용지물이나,

때를 만나면 졸卒 하나로도 성공한다.

호찌민이 1945년 3월 베트남 북부 지역에 잠입해서 봉기시기를 점검한 결과 적기가 아니라고 판단하고 봉기시기를 미룬 후 8월 일본이 항복한 직후 총 봉기를 단행한 것은 적기를 포착하여 작은 힘으로 독립을 선언할 수 있었다. 호찌민의 적기전략은 1975년 3월 월맹군의 월남 총 공격에서도 나타났다. 중부고원의 본마뚜옷이 월맹군 수중에 떨어지자 티에우 월남 대통령은 중부지역 주둔 월남군의 철수를 명령했는데 월맹군은 이를 적기로 보고 퇴각하는 월남군에 총공세를 취해 한 달 반 만에 사이공을 함락시켰다.

호찌민은 공산주의자인가, 민족주의자인가

베트남 사람들은 호찌민을 공산주의자이기 전에 애국자이며 민족주의자라고 말한다. 그는 거대 프랑스로부터 베트남의 해방, 독립과 자유를 쟁취하기 위해 공산주의를 수단으로 수용했을 뿐이다. 그는 이름을 '애국'으로 하기도 했고, 공산주의의 종교 배척에도 불구하고 유교를 옹호하였다. 1954년 5월 디엔비엔푸 전투에서 승리한 후 베트남 민족의 발원지인 푸토 성에 있는 홍왕사를 방문, 홍왕의 조상이 세운 조국을 지키자고 맹세하였다. 호찌민은 그의 민족주의 성향으로 한때 소련의 스탈린으로부터 경원시되기도 했다. 호찌민은 베트남 독립을 위해서 중국의 장개석 정부와도 협력했고,

미국과 손잡기를 원하기도 했다. 그는 사태가 극히 불리할 때는 투쟁의 상대인 프랑스와 타협하기도 했다. 베트남 민족의 해방과 독립의 목표는 확고하게 견지하면서도 목표 달성을 위한 정책과 전략에서는 탄력성을 발휘하였다.

호찌민은 평시 자기가 두 개의 실수를 범했다고 말했는데, 하나는 가정을 꾸리지 못한 점, 또 하나는 담배를 많이 피운 점이라고 말했다. 그의 말년 생활 동영상은 호찌민이 줄담배를 피우면서 거소 옆 연못에 사는 잉어에게 먹이를 주면서 외롭게 사는 모습도 보여준다. 호찌민은 그의 생 전체를 베트남 민족의 독립을 위해 헌신했다고 말할 수 있다.

소박한 건물을 짓고 방문객들도 쉬게 하라

호찌민 주석은 서거 4년 전인 1965년 5월 15일 유언을 남겼다. 물론 이 유언은 절대 비밀을 유지하면서 쓰였다.[35] 호찌민의 유언은 그의 탄생 100주년이었던 1990년 공개되었다. 아래 그의 유언 번역은 베트남어 원본을 영어로 옮긴 것을 다시 우리말로 옮겼다.

금년에 내 나이 일흔여덟이 되어 '평균 연령'의 사람 대열에 끼게 되었다. 내 지적 능력은 아직도 명료하지만, 나의 건강은 이전에 비해 크게 약해졌다. 사람들이 연로하게 되면 건강은 노쇠해지는 법이다. 이것은 정상이다.

그래서 나도 킬 마르크스, 레닌 그리고 여러 혁명 인사들을 만날 날을 기대하면서 몇 자 쓰고 남겨놓고자 한다. 그리고 내가 이렇게 편지를 쓰는 것은 전국의 애국자들과 당의 동료들이 갑작스러운 예기치

못한 감정을 극복할 수 있도록 하기 위해서다. (중략)

개인 문제에 대해 말하면, 나는 전 인생을 통해 나의 마음과 힘을 국가, 혁명, 국민에게 봉사하는데 바쳤다. 이제 내가 이 세상을 떠나야 하지만 더 오랫동안 더 많이 봉사할 수 없게 된 것을 제외하고는 유감은 없다. 내가 죽거든 국민의 시간과 돈을 낭비하지 않도록 대규모의 장례식은 삼가기를 바란다. 내 시신은 화장하기를 바란다. 나는 화장이 아직 살아 있는 사람들의 위생도 보호하고 귀중한 농토를 묶어놓는 일도 없게 하기 때문에 일상의 관행이 되기를 바란다. 충분한 전기를 갖게 되면 전기 화장이 더 나은 방법이 될 것이다.

나의 유골 재는 베트남의 북부, 중부, 남부를 위해 세 개의 점토 질그릇 장례용 항아리에 나누어 넣어라. 각 지역의 동료들이 항아리를 묻을 매립 장소로 언덕을 골라라. 무덤 위에 표지석은 세우지 마라. 대신 방문객들이 앉아 쉴 수 있도록 넓고 견고하고 시원한 소박한 건물을 하나 지어라. 그 언덕 위와 주변에 나무를 심을 계획을 마련해라. 방문하는 사람은 누구든지 기념으로 몇 그루의 나무를 심을 수 있다. 긴 시간이 지난 후에 많은 나무들은 숲을 이루어 아름다운 경관도 제공하지만 농업을 위해 이익도 줄 것이다. 묘를 돌보는 일은 연장자들에게 맡겨라.

호찌민이 미국 전쟁이 한창이던 때 사망했기 때문에 당 지도자들은 그의 유언 전문을 공개하지 않았다. 대신 평화가 돌아오면 남부 사람들이 그를 볼 수 있도록 하기 위해 영묘를 지어 시신을 보관해오고 있다.

한국-베트남 간 잃어버린 고리

호찌민 주석과 김구 주석은 민족 해방과 독립을 위해 생애를 바친 점에서 공통점을 가지고 있다. 호찌민에게 애국, 독립, 자유가 사상이었고 행동의 기본이었다. 그는 독립과 자유보다 귀한 것은 없다고 말했다. 김구도 첫째 소원도 독립이요, 둘째 소원도 독립이요, 셋째 소원도 독립이라고 말하였다. 김구는 자신의 정치 소신은 한마디로 말하면 자유라고 말했다. 두 지도자의 사상은 정확히 일치한다. 두 지도자들은 또한 독립 운동을 하는 과정에서 중국에서 많은 시간을 보냈다.

이런 점에서 호찌민 주석과 김구 주석이 중국에서 서로 교류했을 가능성이 제기되고 있다.

호찌민-김구 간 교류가 있었다면 1940~1945년 8월 기간 중 충

호찌민 주석의 중국 체류[36]

- 충칭重慶 1939년 봄과 11월, 1940년 6~7월, 1945년 3월 17일, 20일, 23일 충칭에서 미 OSS의 찰스 펜 접촉
- 꾸이양貴陽 1940년 10~11월
- 후이양惠陽 1939년 2월, 6월
- 꾸이린桂林 1938년 말, 1939년 10월, 1940년 4월, 1940년 11월
- 광저우廣州 1924년 11월
- 난닝南寧 1939년 11월
- 쿤밍昆明 1940년 2월, 4월
- 상하이上海 1933년 7월 귀양, 1940년 6~7월, 1940년 10~11월
- 1942년~1943년 13개월 중국 광서성 소재 18개 감옥 수감 생활
- 1945년 8월 25일 전 국민 봉기, 정치권력 장악
- 1945년 9월~1946년 3월 장 세인트니와 독립 협상

칭에서 있었을 가능성이 제일 높은 것으로 추정된다. 호찌민은 1925~1926년 기간 중 가끔 중국 황포군관학교黃埔軍官學校에서 강연했다. 다수의 우리 애국지사들이 황포군관학교에서 군사 훈련을 받았다. 황포군관학교도 호찌민과 우리 애국지사 간 교류와 접촉의 계기가 되었지 않았을까 추측해본다. 국가 보훈처 자료에 따르면 애국지사 권준(權晙, 1895~1959년)이 1926년 한구(Hangu, 漢口)에서 열린 한국, 중국, 인도, 몽골, 안남, 대만인 등으로 조직된 '동방피압박민족연합회東方被壓迫民族聯合會'에 한국 대표로 참석하고 집행위원에 선출되었는데, 이 조직을 통해서도 호찌민과 우리 애국지사 간 만남이 있었지 않을까 추측해본다.

김구를 위한 호찌민의 만찬[38]

1979년 간행된 조경한의 《백강회고록白岡回顧錄》에 따르면 충칭에 머물던 백범 김구 선생이 1945년 말 고국으로 귀국하기 위해 상해로 와 있을 때 매일 저녁 방문과 초대로 눈코 뜰 새 없었는데, 그중 가장 큰 초대연은 상해의 전 교포들이 베푼 것, 호치명(호지명 뒷날 월남 베트콩의 영수)의 일당이 베푼 것, 전구 사령관 탕은백湯殷伯이 베푼 것, 전중국 유맹 본부 거두全中國流氓本部 巨頭 황금룡黃수龍

두월생杜月笙이 베푼 것 등이라고 회고했는데, 김구를 위해 "호치명 일당"의 환송 초대연이 있었다는 언급은 매우 중요한 사실이다.

김신 장군의 회고[39]

김구 주석의 아들 김신 장군(백범기념관장)도 본인이 어렸을 때 호찌민이 충칭의 우리 임시 정부를 가끔 방문한 적이 있었으며 호찌민과 김구 두 지도자 간 통역과 안내를 한 적이 있다고 회고했다. 김신 장군은 그 당시 호찌민은 키가 왜소하고 마른 모습이었으며 중국 광동 지방 의복을 입고 광동 지방어를 구사하여 영락없는 중국인이었다고 술회했다. 호찌민은 우리 임시정부 방문 시 한국은 일본만 패망하면 독립하게 되지만 베트남은 일본이 베트남에서 물러간 후에는 프랑스가 다시 베트남에 돌아올 것이 뻔하기 때문에 베트남의 독립에 어려움이 많다고 걱정했다고 한다. 그 당시에는 한국인도 베트남인도 모두가 신변의 위협 때문에 가명을 썼으며 호찌민도 다른 이름으로 활동하여 그를 호찌민으로 기억하지는 못했다. 기록에 의하면 호찌민은 중국에서 쩐(Tran, 陳), 리투이(Ly Thuy, 李班)라는 가명도 썼다. 그러나 아직까지 베트남 기록에서도 호찌민의 김구 접촉 기록은 전혀 밝혀지지 않고 있는데, 그런 접촉이 있었다 하더라도 독립 후 공산주의의 월맹은 북한과 긴밀한 관계를 유지지고 있었으며 특히 1957년 호찌민의 북한 방문, 1958년 김일성의 월맹 방문, 월남 전쟁 기간 북한의 월맹 지원 등으로 이를 공개하는 깃은 적절치 않았을 것이다.

호찌민과 김구 간 교류 가능성은 현재 조재현 한국외국어대학교 교수가 연구하고 있으며, 그의 연구 결과를 기대한다.

지압 장군과 디엔비엔푸 전투

프랑스와 베트남의 역사적 랑데부

디엔비엔푸는 프랑스와 베트남의 역사적 랑데부 장소다.

독립을 선언한 베트남민주공화국은 1946년 1월 총선을 실시하고 3월 국회를 개원하여 호찌민을 주석으로 선출하였다. 호찌민은 정부는 국민을 위해 일해야지 국민 위에 군림해서는 안 된다고 강조하고 프랑스 식민 당국이 제정한 조세제도 철폐, 지대 25퍼센트 감축, 프랑스 식민 당국 및 베트남 반역자 재산 몰수 등을 선포하였다.

일본, 영국, 중국의 베트남 진주

1940년 독일에게 항복한 프랑스는 베트남 영토에 대한 일본의 주권을 인정하였다. 일본은 쌀, 철 등 전략 물자를 징발하여 베트남에서 기아 상태를 유발시켰다. 일본의 패망이 짙어지자 베트남의 8월 혁명 직전 미국, 중국, 영국은 포츠담 선언을 통해 프랑스령 인도차이나에서 일본군을 무장 해제하기로 하고 베트남의 16도선 이북은 중국국민당 정부가, 이남은 영국이 책임 지기로 했다. 호찌민이 베트남 독립 선언서를 읽고 있는 바로 그 순간 3만 명의 프랑스군이, 7만 명의 일본군이 베트남 내에 주둔하고 있었고, 20만 명의 중국군이 하노이에 밀려 들어오고 있었으며, 영국군도 사이공에 진입하였다.

프랑스와 예비 협정[40]

이런 복잡한 상황에 처한 호찌민은 1945년 말 미국 해리 트루먼 대통령, 제임스 번스 국무장관에게 편지를 보내 중국군을 철수시키는 데 지지를 요청했으나 아무런 회신을 받지 못했다. 한편 냐짱에서 항불 전투를 지휘하던 보응우옌지압 장군이 하노이로 돌아와 호찌민에게 남부에서 항불 투쟁이 실패로 돌아갔다고 보고했다. 이제 남은 전략은 외국군이 베트남에 쳐들어왔을 때 전통적으로 써왔던 방어 전략을 택하는 것이었다. 즉 후퇴하면서 적을 깊숙이 유인하고 적이 항복할 때까지 괴롭히는 것이다. 그리고 두 적을 직면하게 된 상황에서 프랑스 연맹 내에 베트남의 잔류를 수락하여 베트남에서 우선 중국군을 내보내는 것이다. 이와 같은 상황에서 호찌민은 1946년 3월 16일 프랑스와 '예비협정Preliminary Agreement'에 서명하였다. 호찌민은 프랑스가 베트남의 독립, 자유, 통일을 인정해줄 것을 요구했고, 프랑스는 호찌민의 베트남민주공화국이 정부, 의회, 군대, 재정을 보유하는 '자유 국가'를 수락하고 5년 내 철군을 약속하였다. 그러나 프랑스는 베트남의 독립과 외교 권리를 인정하는 것은 거부하였다. 호찌민은 프랑스 정부와 직접 교섭하고 또 프랑스 여론의 지지를 얻고자 이 협상이 파리에서 열리기를 주장했으나, 프랑스는 이 협상의 중요성이 프랑스 국민 등 대외적으로 선전되지 않도록 하기 위해 이 협상을 베트남에서 열기를 희망했다. 결국 이 협상은 베트남 남부의 다랏에서 열렸다. 호찌민이 이 협정에 서명한 것은 프랑스와 직접 협상을 통해 베트남의 국제적 지위를 향상시키고, 중국군을 철수시켜 베트남의 혁명 운동에 유리한 여건을 조성하기 위해서였다. 이 협정으로 20만 명의 장개석 군이 철수하였다. 이제 2천만의 베트남은 10만 명의 프랑스 군을 상대로 투쟁에 전념할 수 있게 되었다.

프랑스와 잠정 협정

1946년 3월 31일 호찌민은 5만 여 명의 환송을 받으며 프랑스 정부 초청으로 프랑스 방문길에 나섰다. 프랑스 방문 기간 중 프랑스 공산당, 지식인, 민주 인사, 베트남 교민 등을 접촉하여 베트남 신정부에 대한 지지를 호소하였으나 프랑스 식민주의자들의 비협조로 별 성과를 거두지 못했다. 호찌민은 9월 14일 프랑스 정부와 '잠정 협정Modus Vivendi'에 서명하고 9월 18일 귀국하였다. 이 잠정 협정을 통해 베트남은 프랑스 연맹 참여를 약속하고, 프랑스 문화, 경제적 이익, 관세 등 프랑스의 관심을 충족시켜주었고, 프랑스는 휴전, 정치범 석방을 밝히고, 베트남의 독립적 지위, 외교권 행사 등 정치 이슈들을 1947년부터 협상하겠다고 약속했다. 프랑스 식민주의자들의 방해 공작으로 호찌민은 프랑스 정부와 직접 협상은 갖지 못했다. 그럼에도 불구하고 호찌민이 이 협정에 서명한 것은 피할 수 없는 장기 항전에 필요한 시간을 벌고 프랑스와 협상이 붕괴되는 것을 막기 위해서였다.

대불 항전

프랑스에서 돌아온 호찌민은 10월 20일 열린 귀국 환영 대회에서 신정부 조각을 발표하였고, 11월 9일 열린 베트남 국회는 헌법을 채택하였다. 이에 프랑스의 베트남 독립 방해 공작이 치열해지기 시작했다. 12월에 들어서자 프랑스는 베트남의 재무부, 통신부를 접수하고 최후 통첩을 통해 비엣민군의 무장 해제를 요구하였다. 이에 호찌민은 12월 19일 대불 항전을 결의하고 게릴라전을 전개하기 위해 비엣박Viet Bac 지역으로 피신하였다. 프랑스는 2만의 정예군을 동원하여 호찌민을 공격하였으나, 호찌민은 대불 항전을 "베트남 인민의 전쟁"으로 선언하고 정규군, 지역군, 게릴라군 모두를 동원하여 대항하였다. 호찌민은 "의지만 있으면 산도 헐고 바다도 메울 수 있다"면서 투쟁 의지를 독려하고 강력한 무기를 지닌 프랑스군에 대항하기 위해 속전보다는 지구전으로 대응하였다.

비엣박으로 피신

1946년 12월부터 비엣박으로 피신해서 항불 투쟁을 전개하던 호찌민은 공산당 세력과 항불 세력을 비엣민Viet Minh으로 규합하고 비엣민은 정규 부대, 게릴라 부대를 동원하여 프랑스군을 계속 공격했다. 프랑스군은 267개 군단 44만 5,000명의 군대와 베트남의 육해공을 완전히 장악하고 현대화된 탱크, 전투기, 고사포, 구축함 등 강력한 힘을 유지하고 있었다. 여기에 한반도 전쟁을 휴전한 미국이 냉전의 분쟁 지대로 등장하고 있는 인도차이나에 관심을 갖기 시작했다. 127개 군단 25만 2,000명의 호찌민 비엣민 군은 군대 수와 무기 면에서 프랑스의 대적이 되지 못했다. 골리앗과 다윗 간 힘의 비대칭이었다.

소련 및 중국 지원

호찌민은 1950년 2월 모스크바를 방문하여 스탈린, 마오쩌둥과 회담을 갖고 베트남의 해방을 위한 전쟁에서 소련과 중국의 지원 문제를 협의하였다. 소련은 군사 장비를 중국에 제공하고 중국은 이 군사 장비를 비엣민군에 전해주기로 했다. 1950년 6월 중국의 군사 자문단이 비엣민의 전투를 지원하기 위해 베트남에 도착하였다.

프랑스의 불나비 유인 작전 나바르 계획[41]

우세한 힘에도 불구하고 비엣민군의 공격으로 탈진 상태에 있던 프랑스는 우세한 전력을 이용하여 비엣민군을 제압한 후 명예로운 철군을 통해 전쟁을 끝내기를 기대했다. 이런 생각을 가진 프랑스는 인도차이나 총사령관으로 앙리 나바르Henri Navarre 장군을 임명하였다. 1953년 5월 19일 사이공에 도착한 나바르 장군은 2년 내 승리를 거두고 프랑스 연맹French Union 내 국가들에게 군대를 조직해서 주권과 독립을 이양하겠다는 나바르 계획Navarre Plan을 마련하였다. 프랑스는 결정적인 군사 승리를 필요로 했다. 나바르 계획은 1953~1954년 건기 기간 북부의 전략 방어기지는 유지하면서 남쪽에서 전략 공세를 수행하여 남쪽에서 승리한 후 북쪽에서 공세를 취하여 군사 승리를 거두고 프랑스가 원하는 조건으로 협상하는 것을 목표로 했다. 나바르 장군은 군사 승리를 위해 군사 공세를 취해 프랑스가 압도적으로 우세한 기동군을 이용하는 전략을 세웠다. 이런 나바르 계획에 대해 호찌민의 비엣민군 총사령관인 보응우옌지압 장군은 비엣민군도 총공세를 취하고 일거에 타격하는 "신속 타격, 신속 진군Fast Strike, Fast Advancement" 작전으로 프랑스 군사력의 분산 유도, 프랑스군의 심장부를 공격하는 전략으로 맞섰다.

프랑스의 디엔비엔푸 군 투입

1953년 10~11월 베트남 전황을 보면 프랑스군은 호찌민이 피신해서 항전하는 베트남 북부 해방 지역을 집중 공격하고 있었고, 산악전에 유리한 비엣민군은 비엣박 해방 지역 인근인 북서 지역을 집중 공격하였다. 이에 프랑스는 1953년 11월 20일 4,500명의 6개 낙하산 군단을 디엔비엔푸에 투입하였다. 산악전에서 유리한 비엣민군은 프랑스가 산악 지대인 디엔비엔푸에 군사력을 강화하는 것을 자기들의 기회로 간주하였다. 프랑스군이 베트남의 북부 델타, 북서부, 중부 라오스 등으로 군이 분산되는 것은 적의 분산을 전략의 하나로 삼고 있는 호찌민의 전략에 부합하는 것이었다. 나아가 디엔비엔푸는 호찌민의 비엣민군에게는 베트남의 북쪽 지역의 전략적 요충지일 뿐만 아니라 라오스, 태국, 미얀마 등과 도로로 연결되는 인도차이나 전체 지역의 요충지이기 때문에 이 지역을 수중에 넣는 것은 매우 중요하였다.

디엔비엔푸는 1888년 베트남이 프랑스의 식민지일 때부터 프랑스가 점령하여 군을 주둔시켰으며, 1939년에 군사용 공항을 개항하였다. 디엔비엔푸가 위치한 '라이쩌우 성'은 프랑스의 인도차이나 지역 내 4대 군사 요지 중 하나였다. 1945년 8월 혁명 후에도 디엔비엔푸는 프랑스의 통치하에 있었다.

1953년 11월 초 나바르 장군은 자기의 계획에 따라 호찌민과 일대 전투를 결심하면서 북부의 디엔비엔푸에서 전투하기로 결심했다. 비엣민군의 주력 부대를 디엔비엔푸에 유인해서 섬멸한 후 게릴라를 소탕하면 2년 내 승리가 가능하다고 판단하였다. 나바르 장군은 이런 계획을 북부 지역 총사령관 르네 코니René Cogny 장군에게 지시했다. 코니 장군 등 다수의 프랑스군 장군들은 이 디엔비엔푸 전투를 반대하였으나 나바르 장군은 이 전투를 결행하기로 정하고 6개의 낙하산 부대를 투하하였다.

비엣민도 전투 준비 돌입

1953년 12월 3일 나바르 장군은 디엔비엔푸 전투를 공표하고 12월 7일 '크리스티앙 드 카스트리 대령Colonel Christian de Castries'을 이 전투 책임자로 임명하였다. 프랑스군은 거점을 구축하고 이 거점에 모두 프랑스 여자들의 이름을 붙였다. 프랑스군의 전투 준비 움직임을 간파한 비엣민군도 1953년 12월 6일 군사위원회를 열어 다음해 1월말까지 디엔비엔푸가 위치한 라이쩌우 성을 평정하고, 45일 내에 디엔비엔푸를 점령한다는 계획하에 49,000명의 군을 편성하기로 하고 이 전투를 수행하는 데 4,200톤의 쌀, 100톤의 채소, 100톤의 고기, 80톤의 소금, 12톤의 설탕 등 군대 보급을 책정한 후 전투 계획을 공산당 정치국에 보고하였다. 그러나 비엣민군은 군대, 군수품을 최소 300킬로미터의 장거리를 도보로 수송해야 하며 도로 사정이 나빠 75미리 포는 운송이 불가능한 정도였다. 군사위원회의 건의를 검토한 정치국도 여러 가지 불리한 여건이지만 1953~1954년 추계-동계 건기에 결정적 전투를 하기로 하고 전투장으로 산악 정글 지대인 디엔비엔푸를 택하고 보응우옌지압 장군을 비엣민군의 총사령관으로 임명하면서 최정예 비엣민군을 배치하였다.

12월 15일 프랑스군은 11개 군단의 병력을 디엔비엔푸로 이동시키고, 12월 24일 나바르 장군 자신이 디엔비엔푸를 방문하여 가장 유리한 조건에서 전투를 하게 되었다고 격려하고 장병들과 크리스마스 휴가를 함께 보냈다.

승리를 확신할 때만 전투할 것

1954년 1월 1일 보응우옌지압 장군은 호찌민 주석을 면담하고 디엔비엔푸 전투 관련 훈령을 요청하였다. 호찌민은 "전투 현장을 지휘하는 장군이 절대적 결정권을 가진다. 이번 디엔비엔푸 전투는 매우 중요하므로 싸워서 반드시 이겨야 한다. 승리를 확신할 때만 싸우고 승리를 확신하지 못하면 싸우지 마라"고 지시했다. 보응우옌지압 장군은 1월 5일 디엔비엔푸가 위치한 북서쪽으로 출발하였다.

카르타고의 한니발 장군이 알프스 산을 넘듯이

1월 중순 지압 장군은 프랑스군이 참호를 파서 진지를 구축한 디엔비엔푸의 무엉타인 평지를 내려다보는 무엉타인 산Muong Thanh Mountain에 자리 잡고 있는 비엣민군 진지에 도착하였다. 지압 장군은 처음엔 당 정치국이 정한 대로 "신속 타격, 신속 진군"의 원칙을 견지하였다. 이 작전은 프랑스군이 계속 증원군을 보내 장기전으로 갈 경우 비엣민군에게 막대한 인명 피해를 줄 것이며, 군 보급이 극히 어려운 상황에서 식량과 탄약을 장기간 공급해야 하기 때문이었다. 그러나 비엣민군의 전쟁 준비는 계획대로 이루어지지 않았다. 특히 대포를 1,000미터가 넘는 높은 산꼭대기까지 끌어올리는 것은 매우 어려워 보였다. 그리고 비엣민군은 항공기, 탱크도 없고 훈련미숙의 보병, 포병만 있고, 비엣민군은 밤에만 싸울 줄 알지 낮전투에는 경험이 없었다. 여기에 비해 프랑스군은 항공기, 탱크, 포

등 무기에서 압도적으로 우세하였다. 지압 장군은 이런 상황에서 "신속 타격, 신속 진군"의 전략을 견지하는 것은 불가능하다고 판단하였다. 또 건기 기간 중 전투는 기동력 면에서 우세한 프랑스군에게 유리하므로 비엣민군에게 유리한 우기까지 전투를 지연시킬 필요도 있다고 생각했다.

지압 장군에게 가장 긴 날

1954년 1월 25일은 지압 장군에게는 가장 어려운 결정을 하는 날이었다. 지압 장군은 적군과 무기, 보급, 전투력 등을 비교한 후 "신속 타격, 신속 진군"의 전략이 어렵다고 판단하고 "점진 타격, 점진 진군Steady Strike, Steady Advancement"의 장기전으로 전략을 변경하는 것이 필요하다고 생각하였다. 나중에 지압 장군은 이날이 자기 생애에서 가장 어려운 결정을 한 날이었다고 술회했다. 다음 날 전장의 당 군사위원회를 개최하여 전략 변경 안을 제시하였다. 다수의 전방 지휘관들은 이미 전투 준비가 완료된 상항에서 공격을 연기하고 장기전으로 들어갈 경우 비엣민군이 겪게 될 어려움을 들어 지압 장군의 전략 변경에 격렬하게 반대하였다. 지압 장군은 승리가 확실할 때만 싸우라는 호찌민 주석의 지시 사항을 상기시키고 이번 전투에서 승리를 100퍼센트 확신할 수 있느냐 물었다. 지압 장군의 말에 지휘관들은 결국 전략 수정에 동의하였다. 비엣민군은 이날 오후 5시에 시작하려던 공격을 포기하고 전원 전투 위치에서 철수하였다. 당중앙위원회 및 호찌민 주석도 "전투 방법을 변경시킨 것은 전적으로 옳았다"며 지압 장군의 결정을 승인했다.

1954년 1월 1일 호찌민은 지압 장군에게 "승리가 확실할 때만 싸우라"고 명했다.

점진 타격, 점진 진군의 장기전으로

"점진 타격, 점진 진군"으로 전략을 변경한 지압 장군은 프랑스 군의 약점은 심화시키고, 힘은 극소화시키는 데 집중하였다. 프랑스의 디엔비엔푸 참호 진지는 중부, 북부, 남부의 세 개 진영이 상호 지원해줄 수 있는 형태로 구축되어 있어 프랑스와 미국은 디엔비엔푸를 "난공불락의 요새"라고 자랑했지만 지압 장군이 볼 때는 프랑스군의 진지는 몇 개의 중대한 약점을 지니고 있었다. 첫째는 방어 거섬이 서로 격리되어 있어서 공격을 받을 경우 원거리에 있는 화력 지원에 의존해야 하고, 둘째는 디엔비엔푸가 산악 지대에 고립되어 있어 군과 보급품 공급을 공수에 의존해야 하며, 셋째는 프랑스군은 비엣민군에 의해 포위당한 채 수세적 방어적 위치에 있었다. 지압 장군은 "점진 타격, 점진 진군" 전략으로 적 포위망을 좁혀 가면서 프랑스의 방어 거점들을 서로 단절시키고, 공항 활주로를 파괴시켜 통제할 경우 프랑스군 제압이 가능하다고 판단했다. 지압 장군은 비엣민군이 공세의 위치에 있기 때문에 전투를 할지 여부, 전투를 할 경우 시기와 장소를 비엣민군에게 유리하게 선택할 수 있는 선제 공격의 장점도 지니고 있다고 판단했다.

프랑스군은 전투 준비를 착착 진행했다. 매일 100여 회 화물기가 300여 톤의 화물을 공수했다. 비엣민군도 1,000미터가 넘는 산악 지대에 보급품을 운송하기 위해 도로를 건설하고 산꼭대기에 참호를 구축했다. 또 수많은 인력을 동원하여 산 정상까지 중 야포를 끌어올려 위장된 벙커에 배치했다. 33,500명의 베트남 짐꾼들은 등짐, 자전거, 말, 범선 등을 이용하여 27,400톤의 식량과 탄약을 전선으로 운반했다. 자전거 20,000대가 동원되었고, 자전거 하나로 최대 352킬로그램을 나르기도 했다. 프랑스군은 비엣민군이 이 산악 지대까지 무기, 보급품 등 물자를 끌어올릴 수 있으리라고는 전혀 예측하지 못했다. 전투가 시작되자마자 이 산악 지대에서 비엣민군이 야포를 공격하자 프랑스 야포 사령관인 찰스 피로트 대령은 이를 예측하지 못한 책임을 지고 자살했다.

비엣민군은 "열정, 선제 공격, 기동성, 탄력성"의 모토하에서 프랑스의 "디엔비엔푸 호저Dien Bien Phu Porcupine"에 대항하였다. 프랑스군은 디엔비엔푸 호저에 북부, 중부, 남부 등 세 개의 방어요새를 구축했다.

전투 준비를 하면서 간헐적인 교전을 해오던 양측은 1954년 2월에 들어서면서부터 결전의 분위기가 감돌았다. 나바르 총사령관, 코니 북부 사령관이 디엔비엔푸를 빈번히 방문하였고, 프랑스 국방 장관, 육해공군 합참의장 등 고위 인사들이 방문하였다. 미국, 영국의 고위 장성들도 방문하였다. 3월 초 디엔비엔푸를 방문한 나바르 장군은 코니 북부 사령관에게 증원군 파견을 제시했으나, 코니 북부 사령관은 병참 지원이 어렵다는 이유를 들어 증원군 파견에 동의하지 않았다.

역사적 랑데부

비엣민군은 3단계의 전략을 가지고 전투를 진행했다. 제1단계는 비엣민의 공격 위치 구축 등 전쟁 준비, 제2단계는 적 포위 및 격파, 적군의 점령지 축소, 적 수비 무력화, 제3단계는 총공세였다.

참호 전략

제2단계는 비엣민군이 프랑스 참호 진영 근처에 참호를 파면서 이 참호에 벙커, 취침실, 의료 진료실, 회의실, 전투 지휘 통제실을 마련했다. 비엣민군의 이 터널 전투는 한국 전쟁 당시 중국과 북한의 경험을 적용했다고 한다. 비엣민 정예 부대 308군단 등 주력 부대를 디엔비엔푸에 집결시켰다. 한편 비엣민군은 프랑스군의 군사력이 라오스 중부 및 남부, 북부 라오스, 중부 고원 지대, 디엔비엔푸, 베트남 북부 델타 등 다섯 개 지역으로 분산되도록 유인했다. 이렇게 함으로써 비엣민은 결전이 시작되기도 전에 프랑스 기동군

1,000미터의 무엉타인 산 꼭대기로 고사포 등 중무기를 몸으로 끌어올리는 비엣민군.

의 10분의 9를 분산시키는 데 성공했다. 적의 분산은 지압 장군의 전략 핵심 부분이었다.

1954년 3월 10일 호찌민의 베트남민주공화국은 다음 달 4월 26일 제네바에서 열리는 "한국 및 인도차이나 전쟁에 관한 제네바 회담"에 참석하겠다고 선언하였다. 프랑스와 베트남은 각각 이 회담에서 유리한 조건으로 협상하기 위해 디엔비엔푸 전투에서 반드시 승리하겠다는 결의였다.

3월 11일 전투 개시

호찌민은 3월 11일 디엔비엔푸 전투 개시를 지시하였다. 디엔비엔푸 결전은 3월 13일 시작되었다. 프랑스는 전략적 방어라는 수세적 개념이었는데, 비엣민은 선제 공격의 공세적 개념이었다. 거대

골리앗과 소년 다윗의 대결이었다. 12,000명의 군대, 최신 무기 등 프랑스군이 우세했다. 이에 비엣민은 프랑스군을 분산시키면서 그들의 방어 기지를 하나하나 파괴하는 방법을 택하였다. 37밀리미터 고사포, 중야포, 자동화 장비를 산꼭대기까지 끌어올려 설치한 비엣민군은 전쟁이 시작되자마자 프랑스군 진지의 공항 활주로에 막 착륙한 비행기 두 대를 공격하여 화염에 휩싸이게 했다. 비엣민의 고사포는 프랑스 항공기를 운행하던 비행사들에게 "항공기의 대학살"로 공포의 대상이 되었다.

첫 번째 목표 베아트리스 점령

전투는 오후 5시가 넘자마자 본격화되었다. 비엣민은 북부 "베아트리스Beatrice" 참호 진지를 첫 번째 공격 목표로 삼았다. 베아트리스 거점은 중앙 지휘 본부로부터 2.5킬로미터 떨어진 위치에 고립되어 있었다. 전투에서 생존한 한 프랑스 상사의 술회에 따르면 비엣민의 공격으로 프랑스군의 벙커와 참호가 다 무너지고 사람과 무기가 다 묻혀버렸다고 한다. 비엣민의 포격이 시작되자마자 베아트리스와 본부 간 통신이 두절되었다. 프랑스군의 야포 사령관인 피로트 대령은 비엣민의 포 공격 지점을 알아내지 못했다. 저녁 11시 반 비엣민은 베아트리스를 점령하였다. 또 공항도 마비되어 수송기의 이착륙이 불가능해졌다. 프랑스가 장기간에 걸쳐 디엔비엔푸에 있는 12,000명에게 낙하산 투하로 군과 보급품을 공급하는 것은 매우 심각한 문제가 되었다. 프랑스군은 낙하산 군단을 투입하는 등 반격에 나섰지만 사기는 크게 저하되었고 상당수 군인들은 도망쳐 였다. 드 카스트리의 비서실장인 켈러 중령은 아예 종일 말 한 마디도 안 하면서 업무 수행을 거부하였다. 이 전투에서 프랑스 측은 많은 사상자를 냈는데, 비엣민군은 다음 날 프랑스군 측이 그들의 사상자들을 데려가도록 허용했다.

가브리엘도 붕괴

비엣민군의 다음 목표는 가브리엘Gabrielle 거점이었다. 이 거점은 중앙 지휘 본부로부터 4킬로미터 떨어진 곳에 위치하고 있었으며, 디엔비엔푸 내에서 제일급의 방어선을 가진 거점이었다. 이 거점은 꼭대기에 길이 500미터 넓이 200미터의 평지를 가지고 있었는데, 비엣민은 이를 "독립 언덕"이라고 불렀고 프랑스군은 "어뢰정 Torpedo Boat"이라고 불렀다. 이 거점도 전투가 시작되어 반나절 만인 3월 15일 새벽 함락되고 말았다.

프랑스 정부와 군부는 디엔비엔푸 방어 거점들이 반나절도 안 되어 무너져버리는 모습을 보고 경악하였다. 비관론이 확산되었다. 디엔비엔푸는 프랑스군에게 쥐덫이 되었다. 3일간 전투에 프랑스군은 비축 무기의 반을 소진하였다. 무기와 군대를 계속 공수하여 보충해야 하는데 비엣민군의 디엔비엔푸 진지 내 무엉타인 공항에 대한 위협은 프랑스군에게 매우 심각한 위협이었다.

이사벨 고립화

비엣민의 2단계 전략인 "포위와 공격"의 다음 목표는 남부의 이사벨Isabelle 거점을 중부의 지휘 본부와 단절시키는 것이었다. 이 전투의 목표는 이사벨 주둔 군단이 중부의 지휘부에게 지원을 하지 못하도록 하는 것이었다. 프랑스군의 거센 폭격과 반격이 있었지만 이사벨 거점도 3월 28일 중앙 본부와 단절되고 말았다.

디엔비엔푸 전세가 극히 불리해지자 프랑스군 내부에 분열이 일기 시작하였다. 인도차이나 총사령관인 나바르 장군과 북부 지역 사령관인 코니 장군은 하노이 군부대 내에 같이 있으면서도 문서나 보좌관을 통해 간접 대화를 할 뿐 직접 대면을 피하였다. 프랑스군은 우기까지 전투를 끌고갈 생각도 하였다. 비엣민군은 전투가 우기까지 끌게 되면 보급에서 큰 난관에 봉착하므로 건기가 끝나기 전에 전투를 끝내길 원했다.

미영 등 프랑스 지원에 소극적

전세가 극히 불리해지자 프랑스는 미국의 지원을 간청하였다. 처음엔 프랑스의 요청에 미온적이었으나 나중엔 닉슨 부통령이 디엔비엔푸를 시찰하고, 프랑스의 인도차이나 전쟁 수행 전비의 75퍼센트 부담 등 지원에 나섰다. 그러나 미국이 공중 폭격으로 드 카스트리 군을 포위에서 구해주는 문제가 미국 내부적으로 또 미국과 영국 간에 논의되었으나 산악 지대 공중 폭격은 실효성이 없을 뿐만 아니라 미국이 전쟁에 말려든다는 내부의 반대, 또 홍콩을 보호하기 위해 중국과 원만한 관계를 유지하려는 영국의 미온적 태도 등으로 이 계획은 실현되지 않았다.

프랑스 방어적 입장

두 개의 거점을 잃어버린 프랑스는 절대 방어의 입장을 취하였다. 군사적으로 보면 강자는 공격하고 약자는 방어하는데, 프랑스군과 비엣민군 전투에서는 강자인 프랑스는 방어적 자세를, 약자인 비엣민군은 공격의 자세를 각각 취하였다. 프랑스군은 밀집 집결, 밀폐 참호와 피신처를 구축하였고, 비엣민군은 "포위와 공격"의 공세적 전투 형태를 택하였다. 디엔비엔푸 전투는 참호 전투였다. 프랑스군의 참호 진지를 비엣민군은 참호를 파면서 진격해 프랑스 군 진지를 포위하고 이를 좁혀가면서 갉아먹는 형태로 공격하였다.

비엣민군의 제2단계 공격의 마지막 목표는 중앙 지휘 본부를 방어하고 있는 지휘 본부 동편에 위치한 거점들이었다. 이 2단계 전투는 3월 30일부터 시작되었다. 그러나 이 거점들은 지하 터널로 요새화가 잘되어 있을 뿐 아니라, 이 요새들이 공항 활주로를 방어하고 대포가 설치되어 있으며 기동 부대가 숙영하고 있기 때문에 프랑스군도 필사적으로 이를 방어하려고 했고 비엣민군도 백주 전투에는 경험이 없어서 공격이 별 효과를 거두지 못했다.

프랑스군은 전투가 시작된 이래 5개 군단 5,000명의 병력을 잃었고, 야포, 포탄, 탄약, 총기 등 무기를 소진했기 때문에 군대, 무기, 식량 등 보급이 절실했다. 프랑스군은 디엔비엔푸 전투를 수행하기 위해서는 최소 10,000명의 군을 유지해야 했다. 그러나 공항 활주로가 파괴되어 항공기 이착륙이 불가능해져 증원군과 보급품을 공중 낙하로 조달했다. 그러나 이마저도 비엣민군의 고사포 공격이 심해서 야간 낙하를 해야 했다.

프랑스군 공수 작전 차질

비엣민군도 군 손실이 컸고 무기와 식량이 고갈되어갈 뿐만 아니라 충원된 신병들은 전투 경험이 전혀 없었다. 제네바 회담 일정을 감안해서는 조속한 시일 내 승리를 거두어야 하는데, 프랑스군 지휘부 동편 거점을 점령하려는 전투는 의외로 어려웠다. 비엣민군은 중앙 지휘 본부를 향해 참호를 파고들면서 포위망을 좁혀 프랑스군의 공중 폭격을 막고 프랑스군을 지치게 하는 작전을 폈다. 무엉타인 공항은 더 이상 프랑스군 비행기가 착륙은 못했으나 증원군과 군수품 낙하의 지점이 되어, 이 공항을 점령하는 것은 디엔비엔푸 호저의 위胃를 자르는 중요성을 띠었다. 4월 12일 비엣민군의 고사포 공격으로 50번째의 프랑스 항공기가 추락하자 프랑스군은 2,500피트의 저공 낙하에서 8,500피트의 고공 낙하를 시도했다. 그것도 밤에 투하하였다. 한 주에 776번의 투하가 있었는데, 탄약, 쌀, 캔 푸드, 우유, 등유 등이 포함되어 있었다. 프랑스군은 이렇게 투하된 보급품의 반만 수령하고, 3분의 1은 비엣민군 수중에 들어갔다.

공항 근처까지 참호를 파고서 진격해온 비엣민군의 위협으로 프랑스군은 공항에 낙하된 보급품을 다 회수하지 못했다. 한 번은 비엣민군 진영으로 투하된 물품 속에 드 카스트리 프랑스 사령관의 부인이 자기 남편에게 보낸 두 권의 책과 편지가 들어 있기도 했고 또 한 번은 자기 남편이 장군으로 승진한 데 대해 향수 냄새가 나는 핑크빛 편지지에 쓴 축하 편지가 들어 있기도 했다. 비엣민군은 이 물품들을 프랑스군 측에 전달했다. 4월 14일 프랑스군은 5,080개의 전투 식량, 300킬로그램의 치즈, 700킬로그램의 차, 450킬로그램의 소금, 110박스의 초콜릿을 낙하시켜주었는데 비엣민군의 공격으로 대부분 불타서 프랑스군의 식량 부족이 시작되었다. 비엣민군은 프랑스의 공중 낙하를 방어하면서 한편으로는 동부 거점을 향해 지하 터널을 파기 시작했다.

비엣민군도 사기 저하

산악에서 평지로 내려와 싸우고 있는 비엣민군은 우기 직전에 내리는 폭우로 고전을 면치 못했다. 폭포 같은 폭우는 비엣민군이 닦아 놓은 도로를 순식간에 휩쓸어가 버렸다. 또 비는 참호에 있는 비엣민군의 복부에까지 차기도 했다. 참호는 좁고, 쌀만 있지 채소가 전혀 없었다. 프랑스군이 시체를 치우지 않아서 비엣민군은 악취 속에서 숨 쉬어야 했다. 비엣민군 사이에 죽음의 공포, 고난 기피, 명령 불복종, 책임 포기 등 부정적 분위기가 일기 시작하였다. 탄약 부족도 심각했다. 비엣민군은 이 전투에서 승리를 거두어야 프랑스군의 지휘 본부를 옥죌 수 있기 때문에 병참 문제를 매우 중시했다. 지압 장군은 매일 아침 6시 병참 현황을 직접 점검하였다. 디엔비엔푸 전투 기간 중 33,000명의 일꾼들이 산과 들을 걸어서 27,000톤의 식량을 공급하였다. 또 프랑스군이 공중 투하한 물품 중 비엣민군 수중에 들어온 식량과 군수품도 도움을 주었다. 비엣민군은 우기가 조기에 온다면 이는 프랑스군에게 유리할 것이며 따라서 우기 시작 전에 전투를 종결시켜야 한다고 판단하였다. 나아가 4월 26일부터 제네바 회의가 열리고 팜반동 부총리를 수석 대표로 하는 베트남민주공화국 대표단이 곧 출발 예정으로 있었다.

프랑스군 탈출 계획 수립

프랑스군은 비엣민군의 후방 공격, 디엔비엔푸 봉쇄의 정면 돌파 등 작전도 세워보았지만 수송 수단 및 폭격기 부족 때문에 실현되지 못했다. 당시 프랑스의 기동 부대는 북부 델타, 베트남 중부, 라오스에 분산되어 있었다. 드 카스트리 장군은 5월 7일 저녁 8시를 탈출의 시간으로 정하고 도피로 구축 등 준비를 시작했다. 도피 작전명은 '유혈 작전'이었다.

최후 보루 엘렌느2 함락

비엣민군은 제네바 외교 일정, 군수품 보급 등 상황을 감안하여 조기에 전투를 끝내기로 하고 5월 1일부터 5일 사이에 집중 전투를 갖기로 결정했다. 비엣민군은 프랑스군 중앙 지휘 본부의 동부 방어 거점 중 제일 견고한 방어망을 가진 엘렌느Elaine2 거점을 공격하는 데 모든 노력을 집중하였다. 그러나 프랑스는 제네바 회담에서 디엔비엔푸 휴전을 얻어내기 위해서는 디엔비엔푸가 함락되어서는 안 되기 때문에 전력을 다해 방어에 나섰다. 프랑스군의 증원군과 보급품의 공수는 증대되었다. 낙하산 병의 투하 모습은 마치 비온 후 급히 피어나는 버섯 모양이었다. 프랑스군의 완강한 저항에 직면한 비엣민군은 엘렌느2 거점 지하를 향해 터널을 파서 폭약으로 파괴하는 방안을 마련하여 준비하기 시작했다. 이 지하 터널을 엘렌느2 거점의 지휘부 밑까지 팠다고 판단한 비엣민군은 5월 6일 저녁 8시 반 1,000킬로그램의 폭약을 이 지하 터널에서 폭파시켰다. 5월 7일 아침 마침내 엘렌느2 거점도 함락되고 말았다. 비엣민군의 제2단계 작전도 완료되었다.

5월 7일

비엣민군은 5월 8일 제네바에서 열리는 미국, 영국, 프랑스, 소련 등 4대국의 인도차이나 관련 회의가 예정되어 있기 때문에 이 협상 회의에서 유리한 위치에 있기 위해서는 디엔비엔푸 전투 현장에서 승리가 절실했다. 2단계 작전까지 완료한 비엣민군은 최종 일전을 미룰 이유가 없었다.

5월 7일은 아침에 안개가 끼었으나 이내 개이고 구름 한 점 없는 맑은 날씨였다. 프랑스군 지휘부는 포위망을 뚫고 도피하는 작전을 검토했으나 지친 군인들이 산 계곡을, 그것도 비엣민군의 철통 같은 감시망을 피해나간다는 것은 거의 불가능한 것으로 판단하였다. 오후 2시 비엣민군은 포를 쏘며 프랑스군을 공격하기 시작하였다. 프랑스군은 격렬히 저항했으나, 이내 여기저기에서 백기가 나타나기 시작하였다. 오후 3시 비엣민군은 총공세를 시작하였다. 오후 5시 반 전투가 끝나고 프랑스군 총사령관인 드 카스트리 장군을 생포했다. 드 카스트리 장군을 생포한 사람은 비엣민군의 따꿕루엇Ta Quoc Luat이었다. 비엣민군은 드 카스트리 사령관의 지하 지휘 벙커 지붕에 "투쟁, 승리"의 깃발을 게양했다. 깃발을 게양한 사람은 따꿕루엇과 담반티엔Dam Van Thien이었다. 드 카스트리 생포 보고를 받은 지압 장군은 생포한 지휘관이 진짜 드 카스트리 장군인지 확인하라고 몇 번이나 지시했다. 지압 장군은 현지 장교가 드 카스트리 장군의 얼굴을 모른다고 하자 자기 부하 직원에게 장군의 사진을 주고 급히 생포 현장으로 보냈다. 드 카스트리 생포를 확인한 지압 장군은 급히 호찌민 주석에게 보고했다. 프랑스군 10,000여 명을 포로로 잡았다. 지휘 본부와 고립되어 있던 이사벨 진영에 있던 프랑스군도 무기를 버리고 항복하였다. 55일간의 디엔비엔푸 전투가 끝났다.

적도 보살핀 지압 장군

지압 장군은 전투가 끝난 이틀 후인 5월 9일 무엉타인 평야의 전투 현장을 시찰하였다. 비엣민군은 프랑스군 포위를 위해 200킬로미터 거리의 참호를 팠다. 지압 장군은 그날 드 카스트리 장군의 지하 벙커 지휘본부에서 잤다.

지압 장군은 1,000여 명의 부상병을 치료하기 위해 비엣민군 의료팀을 파견하였다. 현지 주민들은 프랑스 군인들이 자기 가족이나 친척을 죽였다며 부상당한 프랑스군 돕기를 완강히 거부했으나, 지압 장군은 이들을 설득하여 돕도록 했다. 며칠 후 프랑스는 비행기를 무엉타인 공항으로 보내 이 부상병들을 데려갔다.

프랑스군 손실

디엔비엔푸 전투에서 프랑스군은 1명의 장군, 16명의 고위 장교, 1,749명의 장교 및 하사관을 포함 16,200명이 살상되거나 체포되었고, 17개 정예 보병 군단, 3개 포병 군단, 1개 공병 군단 등 21개 군단이 격파되고 167개의 수송기가 격추되거나 파손되었다.

디엔비엔푸-바익당, 동다

프랑스군과 비엣민군은 잘 알려지지 않은 디엔비엔푸에서 역사적 결전을 가졌는데, 프랑스군이나 비엣민군 모두 이 장소를 결전의 장소로 생각해본 적도 없었다. 그러나 디엔비엔푸는 양측에게 역사적 만남의 장소가 되었다. 비엣민군에게는 디엔비엔푸는 938년 응오쿠엔이 중국 남한南漢의 대군을 물리친 '바익당Bach Dang' 또는 1789년 응우옌후에(일명 꽝쭝 황제)가 20만 대군의 중국 청나라 대군을 물리친 '동다Dong Da'에 비교가 된다.

프랑스의 패배 원인

프랑스가 디엔비엔푸 전투에서 패한 원인은 여러 가지가 있겠으나, 첫째는 프랑스가 우세한 기동 부대를 이용해서 유리한 위치에서 전투를 할 수 있는 북부 평야 지대가 아닌 지형 파악이 어려운 고립된 산악 지대에서 비엣민군과 결전을 한 것이고, 둘째는 공수空輸로 군대 및 보급품을 조달할 수 있다고 생각한 것이며, 셋째는 비엣민군이 1,000미터가 넘는 산악 지대에 야포를 끌어올려 놓으리라고 생각하지 못했으며, 넷째는 프랑스가 절대 우위를 가지고 있었던 정예 기동 부대가 베트남 북부, 중부 및 라오스 등 지역에 분산 배치되어, 디엔비엔푸에 비엣민군 정예 부대를 집중 배치해서 전투를 한 비엣민군에게 효과적으로 대응하지 못했고, 다섯째는 베트남의 항불 전쟁은 비엣민군의 전쟁이 아닌 베트남 인민의 전쟁이었다는 점을 몰랐다. 군대수, 무기, 보급품 등에서 프랑스군에게 절대 불리한 위치에 있었던 비엣민군은 자기들이 유리한 산악 지대에서 전투를 하게 되었고, 인민의 도움으로 무기, 탄약, 보급품을 날랐으며(인민의 전쟁), 1,000미터가 넘는 산꼭대기까지 야포를 운반하여 이를 이용해서 프랑스군 공항을 공격, 활주로를 파괴시켜 비행기 이착륙을 불가능하게 만들고 또 공수 비행기를 위협하여 증원군 및 보급품의 공수를 방해했고(인민의 등짐과 자전거가 군 수송기와 전쟁), 중부 및 라오스에서 전투를 병행해서 전개하여 프랑스 주력 부대의 분산을 유도했고, "점진 타격, 점진 진군"의 공세 작전으로 참호를 파면서 진격하여 프랑스군을 포위, 수세에 몰리게 했다.

디엔비엔푸 전투는 서양 군대가 제3세계 군대에게 패배한 첫 사례였다. 16,000명의 엘리트 군대가 항복한 사건이었다. 이를 계기로 무력을 통해 독립을 쟁취하기 위한 반 식민 저항 운동이 전 세계적으로 격렬하게 일어났다. 디엔비엔푸 전투 승리의 요인은 국민들이 베트남 지도부에 대해 무조건적 지지를 해준 데 기인한 것으로 분석되었다. 베트남 지도부도 국민들과 함께했다. 마치 13세기 몽골족 침략 시 베트남 왕이 끝까지 국민과 함께 투쟁해서 격퇴시켰던 것처럼.

승리는 자축하되 상대의 열등감을 자극 마라

길게 설명한 디엔비엔푸 전투 이야기에서 공격이 최선의 방어(프랑스군 방어 자세, 베트남군 공격 자세), 땅굴의 아이디어, 자만 금지(프랑스군 포병 지휘관의 자만), 신중한 결정(승리를 자신할 때만 공격하라는 호찌민의 지시에 따라 프랑스군을 앞에 두고 공격을 한 달 반이나 미루는 자세), 정확한 판단, 호찌민의 조언(승리는 자축하고 베트남군의 영웅적 행동은 찬미하되 프랑스를 모욕하거나 민족적 열등감을 자극하지 마라) 등은 매우 유익한 교훈으로 생각된다.

또 하나의 승리 요인으로 호찌민의 보응우옌지압 장군에 대한 신뢰를 들 수 있겠다. 호찌민은 지압 장군을 디엔비엔푸 전선으로 보내면서 "지휘 장군이 절대적 결정권을 갖는다. 문제가 있으면 당위원회 및 보좌관들과 협의하여 통일된 입장을 추진하되 결정은 귀장군이 하고 나중에 보고하라"며 전쟁터 현장에서 결정 전권을 지압장군에게 부여했다. 호찌민의 신뢰는 지압 장군에게 큰 힘이 되었다. 1954년 1월 25일 지압 장군이 디엔비엔푸 전투 현장에서 당이 이미 승인한 전투 전략인 '신속타격 신속진군'에서 '점진타격 점진진군'으로 바꿀 때 다수의 현지 사령관들이 반대했는데, 이때 지압장군은 호찌민의 절대적 신뢰를 바탕으로 현지 사령관들을 설득했고, 이 중요한 전략변경을 사후에 호찌민에게 보고하여 승인을 받았다.

제네바 협상 개시

'한반도 및 인도차이나 전쟁에 관한 제네바 회의'는 1954년 5월 8일 인도차이나 전쟁에 대해 검토하기 시작하였다. 디엔비엔푸 전투에서 승리한 베트남민주공화국은 프랑스가 전쟁을 끝내고 철군 일정을 제시할 것, 프랑스는 인도차이나 국가들의 독립과 영토 보전을 인정할 것, 베트남의 통일 문제는 총선거로 결정할 것, 베트남민주공화국의 프랑스 연맹 내 잔류 문제는 검토 예정 등 조건을 제시하였다. 프랑스는 9년의 전쟁을 종료시키겠다는 의지는 분명히 표명했지만 캄보디아 및 라오스에서 비엣민군의 철수 등을 통해 베트남 남부 및 캄보디아, 라오스에서 기득권을 유지하기 원했다. 미국은 한반도에서 전쟁을 치른 직후라서 인도차이나에서 새로운 전쟁을 원하지 않았다. 홍콩의 보호를 원하는 영국도 인도차이나 전쟁이 장기화되는 것을 원하지 않았다.

프랑스는 디엔비엔푸에서 막대한 인명 및 물적 피해를 입었지만 인도차이나에서 아직도 막강한 군사력을 유지하고 있었다. 프랑스는 인도차이나에 45만 명의 군사력을 유지하고 있으며, 디엔비엔푸 전투 손실은 잠정적 손실일 뿐이었다. 6월 4일 프랑스는 바오다이 전 황제를 남부 베트남의 통치자로 내세웠다. 그리고 미국의

CIA 책임자가 사이공에 도착하였다.

프랑스의 정권 교체

디엔비엔푸 전투에서 패한 프랑스는 정국의 혼란을 맞았다. 6월 20일 라니엘Laniel 정부는 결국 붕괴되고 망데스-프랑스Mendès-France 정부가 들어섰다. 망데스-프랑스 정부는 7월 20일까지 한 달 내에 인도차이나에서 휴전을 이루어내겠다고 약속했다. 망데스-프랑스 총리는 6월 23일 제네바로 가서 그곳에 체류하고 있는 저우언라이周恩來 중국 총리를 면담하였다. 이 회담에서 저우언라이는 중국은 라오스와 캄보디아의 독립을 인정하며, 미국이 이 두 나라를 기지로 이용하지 못하도록 불간섭 정책을 지지하며, 잠정 군사 경계선으로 베트남을 두 개 지역으로 분리하는 것을 지지한다고 말했다.

잠정 군사 경계선, 총선

한 달 동안 협상은 북남 베트남 간 잠정 군사 경계선 확정, 북남 베트남 총선 일정으로 귀착되었다. 프랑스는 18도선 군사 경계와 하이퐁에 프랑스군 주둔을 주장하면서 총선 일자는 무기한 미루려 했고, 베트남민주공화국은 13도선 군사 분계, 북부 지역에서 프랑스군 철군, 6개월 내 총선 실시를 주장했다. 미국과 영국은 17도선 군사 경계 안을 제시하였다.

호찌민-지우언라이 회담

1954년 7월 당시 국제 상황은 미국, 영국, 중국, 소련 등 강대국들은 모두 인도차이나 전쟁이 장기화되는 것을 원하지 않았다. 미국은 '제2의 한반도 전쟁'을 원하지 않았고, 영국은 홍콩 문제로 중국과 대립을 원하지 않았고, 중국도 이제 막 정권을 수립하자마자 한반도 전쟁을 치르고 난 직후로 지친 상태에서 또 다른 전쟁을 원하지 않았다. 1954년 7월 초 호찌민 주석과 지압 장군은 저우언라이 중국 총리의 초청으로 중국 남부의 광시 성에서 그를 면담하였다. 저우언라이는 국제 상황이 평화를 원하고 있으므로 베트남의 잠정 분리와 2년 내 북남 베트남을 통일시키기 위한 총선 실시를 타협안으로 수락하라고 권고했다. 저우언라이는 미국의 베트남 개입을 막기 위해 베트남민주공화국은 프랑스와 연합 전선을 구축해야 하며, 프랑스가 군사 경계선으로 18도선을 주장했으나 이제 17도선에 동의했다고 말했다. 호찌민과 지압은 지도에서 프랑스가 주장하는 17도선에 작은 벤하이Ben Hai강이 동서로 가로질러 흐르고 있음을 발견하고 매우 놀랐다. 호찌민은 비엣민군이 이미 13도선까지 진군했다고 설명하고 16도선 군사 경계선을 제시했다.

호찌민과 지압 장군은 귀국 기차 안에서 중국 방문 결과를 검토하였다. 프랑스가 아직도 인도차이나에 45만 대군을 유지하고 있고, 미국이 프랑스에게 원조하게 되면 베트남의 평화 통일 가능성은 없게 될 것이며, 중국과 소련이 전쟁이 장기화되는 것을 원하지 않는다는 점 등을 감안, 잠정 군사 경계를 받아들이되 17도선은 수락할 수 없다는 입장에 이르렀다. 호찌민의 중국 방문 결과를 청취한 베트남공산당 중앙위원회는 잠정 군사 경계와 총선 실시 안에 지지를 표명했다.

17도 잠정 군사 경계선, 2년 내 총선 실시 합의

7월 20일을 협상의 마지막 데드라인으로 선언한 망데스-프랑스 총리는 만일 참여국들이 결론에 이르지 못하면 자신은 물러날 것이며 제네바 회담은 파국을 면치 못할 것이라고 경고했다. 베트남민주공화국 측은 17도 잠정 군사 경계를 수락했고, 프랑스는 북남 베트남을 통일시키기 위한 총선을 2년 내 실시하는 방안을 수락하였다. 7월 21일 제네바 회담 참가국들은 "베트남에서 적대 행위 중지에 관한 협정"과 "라오스에서 적대 행위 중지에 관한 협정"에 각각 서명하였다. 미국은 협정에 서명하지 않고 이들 협정을 인정한다는 내용의 성명서만 발표했다.

제네바 협정의 주요 내용을 소개하면 다음과 같다.

북위 17도 선을 경계로 300일 내 호찌민군은 이북으로, 프랑스군은 그 이남으로 이동한다. 민간인도 자유 의사에 따라 17도선의 이남과 이북으로 이동할 수 있다.

군사 분계선은 잠정적인 것이며, 정치적 통일 문제는 1956년 7월 이전에 총선거를 실시하여 결정한다. 휴전 후 외국 군대는 증원할 수 없다. 인도, 캐나다, 폴란드의 3국으로 국제감시위원회를 구성하여 협정 이행을 돕는다.

휴전 발효

호찌민은 이 협정을 통해 이제 프랑스의 한 세기에 걸친 지배가 종료되고, 프랑스는 인도차이나 3개국의 독립, 통일, 영토 보전을 문서로 약속하고, 자유 총선을 약속함으로써 장기 투쟁의 법적 근거를 마련해준 것으로 평가하였다. 7월 22일 호찌민의 정부는 비엣민군에게 휴전을 명하고 북부는 7월 27일부터, 중부는 8월 1일부터, 남부는 8월 11일부터 발효한다고 선언했다.

호찌민 디엔비엔푸 및 흥왕사 방문

1954년 9월 19일 호찌민은 디엔비엔푸를 방문하였다. 그는 이 방문을 마치고 하노이로 가는 길에 베트남 민족의 발원지인 푸토 성에 있는 흥왕사를 방문하여 옛날 흥왕조가 건립한 조국을 수호할 것을 맹세하였다.

100년을 내다보고 사람을 훈련시켜라

1954년 10월 10일 하노이 시의 해방이 선포되었다. 다음 날 호찌민은 하노이에 도착하여 법질서와 신속한 안정을 호소하였다.

1955년 1월 1일 하노이의 바딘 광장(Ba Dinh Square)에서 25만 명의 군중이 참가한 가운데 호찌민, 당중앙위원회, 정부의 귀환을 환영하는 대회가 열렸다. 호찌민은 경제 재건에 최우선을 두겠다고 말하고 국민의 단결을 호소하였다. 호찌민은 "10년을 내다보고는 나무를 심고, 100년을 내다보고는 사람을 훈련시켜야 한다"고 말하면서 교육의 중요성을 강조하였다.

호찌민 토지 개혁 추진[42]

프랑스의 식민지 지배에서 벗어난 월맹은 공산당의 명칭을 노동당으로 바꾸었다. 월맹의 노동당은 자본주의 단계를 거치지 않고 직접 사회주의로 나가기로 결정했다. 베트남이 사회주의로 나가는

데 있어 장애로는 수세기에 걸친 봉건주의, 식민 통치, 장기간의 전쟁으로 인한 산업의 황폐화였다. 당시 월맹의 촌락에서는 한 대의 자동차도 볼 수 없었다. 자연 재해, 국가의 분단 또한 월맹의 경제를 심각하게 파탄시켰다. 월맹 정부는 1953년 토지 개혁을 단행한 바 있었으나 극단 좌파들의 시행착오로 실패하였다. 호찌민은 토지 개혁 실패를 분석하면서 눈물을 흘렸다고 하며, 토지 개혁을 자신이 직접 맡아 1958년 완성했다.

1960년대에 들어서서 산업, 대외 무역, 농업 등 국가 경제 체제를 수립하고 민간 기업을 국영 기업 또는 국영 민간 합작 기업으로 전환시키고 전 농가의 86퍼센트를 농업협동조합에 포함시켰다.

당시 월맹의 인구는 1,600만 명, 경작 가능 면적은 187만 헥타르였다.

1960년 제3차 당대회는 제1차 5개년 계획(1961~1965년)을 채택했지만 월맹의 경제는 여전히 저개발 상태에 있었다.

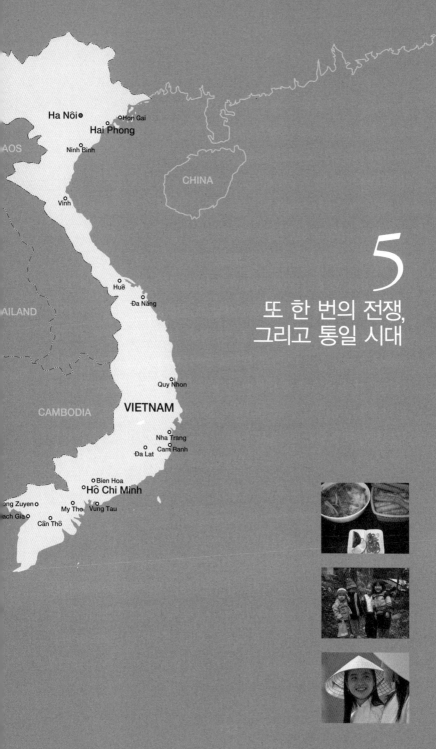

5

또 한 번의 전쟁,
그리고 통일 시대

Ha Nôi
Hon Gai
Hai Phong
Ninh Binh
CHINA

LAOS

Vinh

THAILAND

Huê
Đa Nẵng

Quy Nhon

CAMBODIA

VIETNAM

Nha Trang
Cam Ranh
Đa Lat

Bien Hoa
Hô Chi Minh

ong Zuyen
ach Gia
My Tho   Vung Tau
Cân Thô

기나긴 전쟁의 서막[43]

미국의 남부 베트남(이하 월남) 개입은 1954년 프랑스가 디엔비엔
푸에서 고전하고 있을 때 리처드 닉슨Richard Nixon 부통령을 비롯한
미국 매파들은 디엔비엔푸에 대규모 공군 폭격을 주장했고, 바오다
이를 내세워 코친차이나(당시 프랑스가 통치하고 있던 남부 베트남)를 통
치하고 있는 프랑스를 설득하여 반공주의자인 응오딘지엠(Ngo Dinh
Diem, 吳廷琰)을 바오다이 정부의 총리로 입각시켰다.

마지막 황제 바오다이

1945년 8월 30일 응우옌왕조의 마지막 왕으로서의 지위를 포기
하고 빈투이Vinh Thuy라는 이름을 선택한 바오다이는 1949년 사이

공으로 돌아와 프랑스 식민 당국에서 근무하였다. 미국의 월남 개입은 1950년 6월 초 미국 군사 사절단이 인도차이나 주둔 프랑스의 해외 원정군 사령부를 자문하면서부터 시작하였다. 1951년 미국은 바오다이 행정부와 경제 협정을 맺어 프랑스에 압력을 넣기 시작하였다. 그러나 미국의 월남 개입에 대해서 양측 간 공식 협정이 있었던 것은 아니다.

바오다이는 제네바 협정 후 1955년 미국이 세운 응오딘지엠에게 정권을 물려주고 베트남을 떠나 파리에서 살다가 1997년 사망하였다.

부패로 얼룩진 응오딘지엠 정부

응오딘지엠은 반공주의자이며 가톨릭 신자로 미국에서 3년 거주한 바 있었다. 그의 월남 정부는 1954년 제네바 협정에서 합의된 베트남 전역 총선 실시를 이행하지 않았다. 아이젠하워 미국 대통령이 나중에 술회했지만 그때 총선을 실시했더라면 아마도 베트남 국민 80퍼센트는 호찌민을 지지했을 것이라고 했다. 프랑스도 제네바 협정에 따라 1956년 베트남에서 철군하면서 제네바 협정이 정한 2년 내 베트남 내 총선 실시 책임을 이행하지 않았다.

1955년 베트남공화국을 설립한 응오딘지엠 정부는 부패, 탄압으로 이내 국민의 신뢰를 잃게 되었다. 가톨릭 신자인 그는 월맹의 지배를 피해서 온 100만 명의 가톨릭 교도를 편애했고, 자기의 친형제를 주요직에 배치했다. 1960년 12월 20일 소수 민족, 종교 단체, 정치 그룹들이 월남 내에 '민족해방전선National Liberation Front, NLF'을 조직하고, 응오딘지엠 정부 전복, 외국 개입 종식, 연립 정부 수립 등을 주장하였다. NLF를 주도했던 세력은 월남 내 사이공과 메콩 지역의 출신들로 당시 월남 정부의 주류인 중부 지역 출신들에 대해 대항하였다. NLF는 월남 정부에 대항하면서 북부의 월맹 지원을 받았다.

응오딘지엠 정부는 1963년 11월 1일 군부 쿠데타로 전복되었다.

베트남 전쟁 혹은 미국 전쟁 그리고 월남 전쟁[44]

미 해병 다낭 상륙, 전쟁의 시작

월맹은 1959년부터 월남 내 공산 세력인 베트콩에게 원조를 제공하기 시작했다. 월남 주둔 미군 군사 고문단은 1962년부터 월맹에 대해 전투를 준비하기 시작했다. 1964년 8월 4일 미국 정부는 월맹의 어뢰가 미국 구축함 두 척(Maddox 호와 Turner Joy 호)을 공격했다고 밝히고(똥낀만 사건) 즉시 보복 공중 폭격을 명령하였다. 월맹도 전투 부대를 호찌민 비밀 통로를 통해 월남으로 보냈다. 7개월 후인 1965년 3월 미군 해병 2개 여단이 다낭에 상륙하였다.

베트콩의 뗏 공격

미국군은 1965~1966년 건기 공격, 1966~1967년 건기 공격을 감행했으나, 게릴라 진압에 실패하였다. 1967년 말 미국군과 월맹군은 17도 군사 분계선 바로 남쪽 케산Khe Sanh에서 전투를 했다. 이 전투는 1968년 1월 31일 베트남 음력설 공세의 시작이었다. 호찌민은 음력설 공세를 준비하는 정치국 회의에는 참석했지만 이 음력설 공세가 진행될 당시에는 베이징에서 치료를 받고 있었다.
1968년 1월 29일 월남 내 60개 도시에서 동시에 시작된 월맹군 및
월남 내 공산주의자들은 베트남의 가장 큰 명절인 뗏 때는 휴전하
는 관례를 깨고 뗏 공세를 감행하여 월남 정부는 커다란 손실을 입
었다. 사이공 소재 미국 대사관, 월남 대통령궁, 방송국 등이 피격
되었다. 중부의 후에 시는 3개월 동안 점령되었다. 이 뗏 공세는 월
남 전쟁의 극적인 전환점이 되었다. 이 음력설 공세로 미국 대사관
은 크게 당황했으며, 2개월 후인 3월 31일 미국 존슨 대통령은 재선
출마를 포기하고 북폭을 중단하면서 월맹에 평화 회담을 제안하였
다. 월맹도 이에 동의하여 5월 13일 파리에서 평화 회담이 열렸다.
1968년 11월 미국은 월맹 폭격을 무조건 중지한다고 밝혔다. 월맹
은 뗏 공격을 통해 미국의 북폭을 중지시키고 협상을 시작하는 결
과를 얻었다.

닉슨 대통령 당선
1968년 말 닉슨이 미국 대통령 선거에서 승리했을 때 월남에 이
미 미군이 50만 여 명 있었고, 3만 여 명이 목숨을 잃었다. 닉슨 행
정부는 미국이 일방적으로 월남에서 철수하면서 월맹에게 상호 철
군을 요청하는 것은 실현될 가능성이 없다고 판단하였다. 미국은
매번 철군할 때마다 월맹군의 활동이 감소했는지, 월맹과 협상에
진전이 있었는지, 월남군의 전투 능력은 개선되었는지를 검토한 후
철군 여부를 결정하겠다고 말했다.
그러나 미국은 1969년 7월 메콩 델타에서 일방적으로 철수하여
1947년 2월 영국으로부터 터키와 그리스에서 책임을 떠맡으면서

자유세계를 책임진 의무를 사실상 포기했다.

1960년대 말 월남의 군사력은 월남군 80만 명을 포함하여 141만 2천 명이었다.[45]

- 월남군 800,000명
- 미국군 540,000명
- 한국군 49,000명
- 태국군 12,000명
- 호주군 8,000명
- 필리핀군 2,000명
- 뉴질랜드군 1,000명

한국의 월남전 참전

한국과 월남 간 관계는 1955년 10월 우리 정부가 월남공화국을 승인하고 1958년 4월 대사급 외교 관계를 수립하였다. 1961년 6월 에 월남에 전쟁 조사단을 파견하였고 1964년 5월 미국의 월남 파병 요청을 받아 1965년 1월 비둘기 공병 부대를 파병하고 그해 12월에 전투병을 파병했다.

닉슨 독트린

1969년 1월 미국은 월남 전쟁의 월남화를 선언하였다. 즉 미국 이 군사 원조, 재정 지원을 하고 전쟁은 월남 정부와 국민이 수행하 는 전략이다. 미국은 7만 명의 월남군 장교를 훈련시키고 20억 불 의 군사 원조를 제공한다고 발표했다.

1969년 7월 발표된 닉슨 독트린Nixon Doctrine은 이웃 국가가 공산주의의 침략을 받으면 주변 지역 국가들이 공동으로 방어하고 미국은 소련이나 중국으로부터 침략을 받을 때만 개입한다는 정책이다. 미국은 닉슨 선언을 통해 북대서양조약기구NATO, 중앙조약기구CENTO, 동남아조약기구SEATO 등 지역 기구들이 지역 방어 책임을 떠맡기를 요청했다.

응우옌반티에우(Nguyen Van Thieu, 阮文紹) 월남 정부는 미국의 군사 지원, 경제 원조에도 불구하고 방탕, 부패, 국민 탄압으로 월남 국민 간에 반미 감정이 확산되었다.

파리 협상의 시작

미국과 월맹 간 파리 협상은 1969년 5월부터 시작해서 1973년 1월까지 약 3년간 계속되었다. 이 기간 월맹은 미군 철수와 티에우 축출을 반복해서 요구했다. 미국은 월남으로부터 월맹군의 철수, 월맹의 월남 간섭 중지를 주장했다. 미국은 미군이 철수하기 6개월 전에 월맹군이 월남에서 철수할 것을 요구한 '마닐라 선언Manila Formula'에서 후퇴하여 미군과 월맹군의 상호 철수를 요구하였다.

미국은 월맹에게 1969년 11월 1일까지 데드라인을 정하고 이 시한이 경과하면 하이퐁 항구 지뢰 매설, 북쪽 지역 공습 등을 위협하였다.

미국 내 및 유럽에서 반전 데모가 격화되었다. 닉슨 행정부는 지뢰 매설 및 북폭의 군사적 위협을 실제로 행동으로 옮기지는 않고 오히려 닉슨의 "대규모의 조용한 다수"의 연설을 통해 미국 국민의 월남전 지지를 호소하였고, 미국 국민들은 미국이 돌연 월남에서 철수한다면 이는 실수가 될 것이라는 반응을 보였다.

1970년 3월 18일 캄보디아에 쿠데타가 일어나 노로돔 시아누크 Norodom Shihanouk 정부를 전복하고 논놀Non Nol 정부가 들어서 크메르군과 대항하였다.

빈 여사의 7개항[46]

1971년 7월 1일 월남 내 반정부 세력이 이끄는 월남 임시혁명정부PRG의 대표인 응우엔티빈Nguyen Thi Binh은 미군 철수, 티에우 정부 사퇴, 화해 정부 수립 등 7개항을 제시하였다. 9월 21일 닉슨 대통령은 월맹에 대한 폭격을 강화하였다. 다음 달인 10월 11일 헨리 키신저는 시기를 명시하지 않은 미군 철수, 티에우 정부를 월남 내 유일한 합법 정부로 인정한다는 내용의 안을 발표했다.

1969년 미국이 선언한 월남 전쟁의 월남화 계획은 미국이 기대한 대로 진행되지 않았다. 1972년 3월 월맹이 공세를 감행하자 닉슨 대통령은 월남전의 확전을 지시했다. 1972년 4월 16일 미 공군기는 월맹의 하이퐁 항구를 비롯하여 도시 및 산업 시설을 폭격했다. 그리고 5월 8일 월맹의 항구를 봉쇄하고 어뢰를 매설했다. 10월 17일 4,000번째 미 공군기가 격추되었다.

1972년 2월 미국이 중국과 수교하고, 1972년 5월 소련과도 데탕트 관계를 갖게 됨에 따라 월맹은 주 지원국인 중국과 소련으로부터 고립되어갔다.[47] 이에 월맹의 당 정치국은 1972년 8월 미국과 협상을 통한 해결을 하기로 결정하고, 협상의 전제 조건으로 내걸었던 "티에우 축출 및 월남 내 연립 정부 수립" 요구를 철회하였다. 미국 또한 월맹군의 월남으로부터의 철수 요구를 철회하였다. 월남의 티에우는 월맹군의 월남 내 잔류를 강력히 반대하였다.

미국과 월맹은 타결 시점을 놓고 서로 저울질하였다. 미국 내에서도 키신저는 1972년 11월 7일 미국 대선 전 타결을 통해 닉슨 재선을 돕길 원했고, 닉슨은 대선 전 타결은 미국 국민들에게 정치적 술수로 비쳐질 것을 우려하여 선거 후 협상이 미국에게 유리할 것으로 판단하고 있었다. 월맹은 닉슨이 재선되면 더 강경하게 나올 것으로 우려하여 대선 전 타결을 원했다.

파리 합의[48]

1972년 10월 11일 미국의 키신저와 월맹의 레득토(Le Duc Tho, 黎德壽)는 파리에서 비밀 협상을 통해 ▲즉각 휴전 ▲월맹의 티에우 축출 요구 철회 ▲미군 철수, 월맹군의 월남 내 잔류 묵인 ▲전쟁 포로 교환 ▲미국의 월남 정부 지원 계속, 월맹의 베트콩 지원 계속 ▲선거 위원회 구성 등에 합의하였다. 이 합의는 월남의 티에우 정권을 인정하되, 월남 내 공산주의 세력인 베트콩의 임시 정부 존재도 인정하였다. 즉 월남 내 두 개의 정부, 두 개 군대의 존재를 인정하였다. 키신저와 레득토는 키신저가 10월 24일 하노이를 비밀리 방문하여 이 합의에 가서명 하기로 합의하였다.

키신저는 이 합의를 이룬 후 기자 회견을 통해 "평화가 바로 가까이에 와 있다Peace is at hand"라고 선언했다. 미국인들은 안도의 숨을 내쉬며 키신저의 노력을 환영하였다.

티에우 "제2의 뮌헨"이라며 거부[49]

파리 합의 내용을 티에우에게 설명하러 월남에 간 키신저는 10월

20일 티에우와 회의를 가졌으나, 티에우로부터 강력한 항의와 반대에 부딪혔다. 티에우 정부는 월남 정부가 참여하지 못한 이 협정을 "제2의 뮌헨another Munich"이라고 비난하고 거부하였다. 참고로 뮌헨 합의는 제2차 세계 대전 직전인 1938년 9월 30일 영국의 챔버린 Chamberlin과 프랑스의 달라디에Daladier가 독일의 히틀러와 이탈리아의 무솔리니와 뮌헨에서 회의를 열고 영국과 프랑스가 전쟁을 피하기 위해서라는 구실 아래 히틀러가 요구한 체코 내 독일인 다수 거주 지역인 주데텐Sudeten 지방을 체코의 참여와 동의 없이 독일에게 넘겨준 합의였다.

티에우는 협상 과정에서 배제된 데 대해 항의하고, 합의 내용 중 월남 내 공산주의자들이 점유한 지역을 지배하도록 허용한 것과 월남 정부가 월남 내 공산주의자들과 연립 정부를 구성하라는 의미의 선거위원회 구성에 대해 강력히 반대하였다. 티에우는 이 규정을 월남 내에 두 개의 정부, 두 개의 군대를 인정하는 것으로 우려를 표명하며 내용 공개를 거부하였다.

닉슨은 파리 합의 내용에 월맹군의 월남으로부터의 철군 조항이 없다는 미군부의 비판도 있고, 또 티에우가 선거 전에 공개적으로 파리 합의 내용을 반대할 경우 선거에 악영향을 미칠 것으로 우려하였다. 닉슨은 키신저의 하노이 방문과 그의 북폭(월맹에 대한 공중 폭격) 중지 건의를 반대하였다.

크리스마스 폭격[50]
대통령 선거에서 압승한 닉슨 대통령도 월맹과 합의된 협정안 수정을 강력히 요구하였다. 레득토와 키신저가 다시 파리에서 만났으나 월맹은 핵심 내용의 수정을 거부하였다. 닉슨 대통령은 월맹에게 압력을 가하기 위해 "크리스마스 폭격Christmas Bombing"을 명령하였다. 닉슨의 월맹 폭격 명령은 협정 내용을 받아들이기를 거부하는 티에우의 체면도 살려주는 속셈도 있는 것으로 알려졌다. 이 폭격은 하노이, 하이퐁 등 주요 도시 및 월맹의 산업 기지를 목표로 거대한 양의 폭탄을 투하하였다. 월맹 측 자료에 따르면 미국은 이 폭격에서 B-52 폭격기 33대를 잃었다. 이는 미국의 B-52 편대의 15퍼센트에 해당했다. 이 폭격으로 반전 여론이 전 세계로 퍼져 나갔다. 미국은 월맹이 협상 테이블로 나오겠다고 발표하자 12월 31일 폭격을 중단하였다.

1973년 1월 9일 키신저와 레득토는 다시 만나 최종적으로 합의하였다.[51] ▲즉각 휴전 ▲미군 철수 ▲티에우 정권 유지 ▲20만 명의 월맹 정규군의 월남 내 주둔 묵인 ▲월남 정부, 월남 임시혁명정부 각자 점유 지역 통치 ▲국가화해위원회 구성과 같이 이 합의의 내용은 1972년 10월 합의한 내용과 크게 다르지 않았다. 미국은 재협상에서도 월맹군의 월남으로부터의 철수는 달성하지 못했다. 키신저는 파리 합의를 닉슨의 생일 선물로 보고했다. 그러나 다수 미국인들은 이 합의를 미국의 월맹에 대한 항복 문서로 간주하였다.

이런 내용이라면 닉슨 정부가 들어선 1969년도에 합의할 수도 있었을 것이라는 의견도 제기되었다. 키신저는 20,552명이 추가로 목숨을 잃고 미국 사회가 붕괴되고 정부에 대한 불신이 커지고 미국의 대외 명성이 추락하고 캄보디아와 라오스로 확전된 후 1973년에 이르러서야 합의에 이르게 된 것은 미국의 대외 신뢰 때문이라고 주장했다.[52] 그는 미국의 일방적 철수 계획은 미국의 협상력을 저해했을 것이라고 말했다.

파리 협정 서명

1973년 1월 27일 전쟁 당사자들(미국, 베트남공화국(월남), 베트남민주공화국(월맹), 월남 내 임시혁명정부)은 "베트남에서 전쟁 종결 및 평화 회복에 관한 파리 협정Paris Agreement on Ending the War and Restoring Peace in Vietnam"에 서명하였다.[53] 미국은 2개월 후인 3월 27일까지 베트남에서 철군하기로 약속했다. 이 파리 협정은 미군 철수, 월맹군 월남 내 잔류, 티에우 정권 인정, 티에우 정부와 베트콩 각기 점령 지역 통제 등 1972년 10월에 합의한 내용과 거의 같았다. 월남 내 두 개 정부, 두 개 군대, 세 개의 정치 세력이 존재하고 있음을 사실상 확인하였다.

미군 철수

미국은 월남 정부가 월남 영토의 75퍼센트를 점령하고 있었고 군대 수와 무기도 월맹군보다 더 우세했고 소련의 미국과 데탕트가 하노이를 자제시킬 것으로 기대했었다. 미국은 티에우에게 월맹이 합의를 위반할 경우 보복할 것이라고 다짐했다. 미국이 월남 전쟁에서 58,000여 명이 목숨을 잃었고 2,264명이 실종된 상태에서 파리 협정 이행을 강제하지 않으리라고는 아무도 생각하지 않았다. 그러나 미국은 워터게이트 사건에 휘말려 월남 붕괴에 대해 개입하거나 월맹에 대한 제재를 가하지 못했다. 키신저는 "게릴라전에서 게릴라는 지지 않으면 이기고, 재래식 군대는 이기지 못하면 진다"라고 말한 바 있다.

키신저는 파리 협정이 이루어진 후 월남은 잘해야 1년 반 버틸 것이라고 말하였다.[54] 월남은 키신저가 예상한 것보다는 1년 더 견딘 후 1975년 4월 30일 무너졌다.

미국은 파리 협정에 따라 1973년 3월 29일 베트남에서 철군하였다. 미국은 월남 정부에 대해 지원을 계속했는데 1973년 한 해만 하더라도 22억 7천만 불을 제공했다. 미 의회의 한 의원은 이 금액 중 4퍼센트만 재건과 개발에, 그리고 인도적 지원 4퍼센트가 쓰였고 나머지 92퍼센트는 전비에 쓰였다고 지적했듯 미국 지원 금액의 대부분은 전비로 사용되었다.

베트남의 통일

월남의 티에우 정부[55]

월남의 티에우 정부는 휴전을 했다고 해서 전쟁이 종료된 것은 아니라고 주장하면서 공산주의자들과 대화 및 화해를 거부하였다.

1973년 5월 월남의 티에우 정부는 제1차 7개년 전후 복구 및 개발 계획(1974~1980년)을 수립하고 국가 재건, 전쟁 이주자 재정착, 산업투자, 외화 유치를 주요 정책으로 제시하였다. 미국, 영국, 프랑스, 일본 투자가들이 관심을 보였다. 사실 월남은 석유, 쌀, 고무, 삼림, 해산물이 풍부하고 잘 훈련된 기술 인력을 보유하고 있었으며 통신 및 항만 시설 등 인프라도 양호한 편이었다.

그러나 월남의 산업과 농업 생산은 감소하고 물가 앙등, 실업 증대, 쌀, 연료 및 소비재 등이 부족하였다. 월남 정부는 화폐 평가 절

188

하를 단행했는데 1955년 1불당 35월남동이었는데, 1974년 1월에는 1불당 560월남동이었다. 월남 정부는 1973년 8월 5일 쌀 55퍼센트, 설탕 60퍼센트, 석유 76퍼센트 등 물가 인상을 단행했다. 월남 정부의 외환 보유고는 1972년 2억 불에서 1973년 1억 불로 감소하였다.

미국은 워터게이트 사건으로 월남을 돌볼 여력이 없었다. 1972년 5억 불의 경제 원조를 제공했다. 티에우 대통령은 유럽을 순방, 원조를 부탁했지만 겨우 5,100만 불만 약속받았다.

이런 상황에서 티에우 정부는 세금과 관세를 인상하고 1973년 7월 1일부터 부가세를 부과하여 40일 만에 12억 월남동을 거둬들였다. 그해 말 200개 품목에 대해 세금을 인상하였다. 당시 월남에서는 "무엇을 하던 어딜 가든 만나는 것은 세리稅吏다"라는 말이 유행하였다. 1974년 250만 명이 실업 상태에 있었고 부패가 만연하였다. 국민의 불만이 팽배하기 시작했다.

1974년 1월 19일 중국 해군이 베트남 동해에 있는 파라셀 군도(베트남은 호앙사 군도라고 부름)를 점령, 월남군을 축출하였다.

1974년 7월 월남 남부 껀터Can Tho에서 300여 명의 가톨릭 신부들이 티에우 정부의 부패를 규탄하였다. 한편 불교 지도자들이 1954년 파리 협정 이행을 요구하였다. 후에에서 3만 명이 반정부 시위를 하는 등 불만이 전국적으로 확산되었다. 탈영 등 월남군의 사기가 크게 저하되었다.

사이공 함락[56]

월맹은 파리 협정 서명 후 '중앙 팀Central Team'이라는 특별 팀을 구성, 전쟁 종식 전략을 검토하였다. 이 팀은 과거 베트남을 침략했던 외국군을 격퇴한 역사에서 배울 교훈을 검토하고 "고원 지대를 점령하는 자가 나라를 통치한다Whoever controls the Central Highlands controls the country"라는 베트남 격언에 따라 월남의 고원을 공격 지점으로 정했다. 본마투엇Bon Ma Thout은 월남이 중무장해서 지키고 있는 꼰뚬Kontum과 풀레이꾸Pleiku의 남쪽에 있었기 때문에 월남 정부는 본마투엇에 전략적 중요성을 두지 않고 있었다. 월맹은 디엔비엔푸 전투에서 그랬던 것처럼 비밀 통로를 건설하고 속임수, 방심 유발 등의 전술을 썼다.

1975년 3월 12일 본마투엇이 함락되었다. 3월 23일 다낭이 무너졌다. 4월 21일 사이공에서 70킬로미터 떨어진 수안록Xuan Loc이 함락되자 티에우 대통령이 사임하고 쩐반흐엉Tran Van Huong이 권력을 승계하였다. 4월 27일 쩐반흐엉이 사임하고 즈엉반민Duong Van Minh이 승계하였다. 티에우는 대만을 경유 영국으로 망명하였다. 레반민Le Van Minh 사이공 사령관, 응우옌까오끼Nguyen Cao Ky 등 지도자들이 모두 도주하였다. 4월 29일 미국 정부는 사이공 소재 대사관의 철수를 명령하였다. 동일 오후 3시 반 그래함 마틴Graham Martin 미국 대사가 사이공에서 철수함으로써 25년의 미국 개입이 종료되었다. 4월 30일 월맹군이 월남 대통령 궁에 베트남 임시정부 PRG의 국기를 게양하였다.

1975년 미국의 베트남 철수는 1859년 프랑스군의 지아딘Gia Dinh 점령에서 시작된 외국군의 베트남 주둔이 116년 만에 종료되었음을 뜻한다. 베트남 사람들은 베트남의 통일은 리트엉끼엣, 쩐흥다오, 레러이, 응우옌짜이, 꽝쭝 등 애국지사들의 정신을 이어받은 결과이며 특정 종교나 이념, 종족의 기여로 보지 않는다고 한다.

이 함락 후 바로 월맹 지도부가 사이공을 방문하였는데, 똔득탕 Ton Duc Thang 주석(남부 안지앙 성 출신), 레주언Le Duan 당 서기장(월남에 속했던 중부 지역 꽝찌 성 출신), 팜반동 총리(월남에 속했던 중부 지역 꽝응아이 성 출신), 보응우옌지압 장군(월맹에 속했던 중부 지역 꽝빈 성 출신) 등 주로 남부 및 중부 지역 출신 인사들이었다. 당시 사이공 시장에 식품이 동나서 이 지도자들은 생전 처음 인스턴트 누들을 맛보았다고 한다.[57]

사이공이 함락된 후 1년 뒤인 1976년 7월 2일 통일 베트남은 전역에서 선거를 통해 통일 베트남 정부를 구성했다. 호찌민은 그의 평생 소원이었던 베트남의 통일을 보지 못했다. 그러나 베트남 사람들은 호찌민이 1966년 7월 17일 라디오 연설을 통해 말한 "독립과 자유보다 귀한 것은 없다There is nothing more precious than independence and freedom"는 말을 지금도 기억한다. 이 말은 호찌민의 대표적 어록이다. 호찌민의 영묘에도 쓰여 있고, 주요 정부 건물, 학교, 문서 등에도 쓰여 있다. 앞에서 소개했지만, 호찌민은 죽기 전에 유언을 작성했는데, 그는 유언에서 자기가 죽거든 화장해서 유골 재는 베트남의 북부, 중부, 남부를 위해 세 개의 점토질 그릇 장례용 항아리에 나누어 넣어 각 지역에 묻어달라고 말했다. 월맹 지도자들은 전쟁 중이었기 때문에 이 유언을 공개하지 않고 대신 호찌민 기념관을 만들어 시신을 보관해왔는데 통일 후 남쪽 사람들이 호찌민을 볼 수 있도록 하기 위해서 한 일이었다고 한다. 이제 매년 100만 명이 호찌민 기념관을 방문한다. 호찌민의 모습은 모든 베트남 화폐에 인쇄되어 있고 공공건물, 학교 교실, 사원에까지 사진이 걸려 있어 베트남에서 호찌민의 사진과 동상을 어디서나 볼 수 있다.

억류 한국 외교관 석방[58]

1975년 4월 30일 사이공이 함락된 후 이대용 공사 등 우리 외교관 세 명이 미처 피하지 못하고 그만 억류되고 말았다. 한국은 당시 베트남과 외교 관계도 없었기 때문에 우리 정부는 이들의 석방을 위해 통일 베트남과 외교 관계를 맺고 있던 국가들에게 협조를 요청했다. 인도 뉴델리에서 한국, 베트남, 북한 3자가 만나 석방 교섭 회의를 열기도 했다. 우여곡절 끝에 스웨덴 정부의 중재로 우리 외교관 세 명은 1980년 3월 억류된 지 5년 만에 무사히 석방되었다. 베트남은 월남전 때 공군 조종사 파견 등으로 도와준 북한이 우리 외교관을 자신들에게 넘기라는 요구에 불응하기 어려웠을 터인데도 우리 외교관을 석방한 것은 주권 국가로 책임 있는 행동을 한 것으로 평가된다. 뉴델리 비밀 교섭에 참여한 한 전 대사는 이 교섭에 베트남 대표들이 상당한 식견과 균형을 갖추었으며, 북한이 베트남에 억류되어 있는 우리 외교관 세 명과 "남한이 투옥한 애국적 혁명 투사"와 교환하자고 주장했을 때도 북한 측 주장에 동조하지 않는 모습을 보고 강한 인상을 받았다고 회상했다.

2007년 말 이대용 공사는 하노이 소재 우리 대사관을 방문, 당시를 회고했다. 그는 우리 대사관 직원들에게 통일 베트남 당국에 의해 억류 기간 중 겪은 고통을 회고하고, 특히 베트남 당국의 심문은 매우 무서웠다고 말했다. 심문 때 즈엉찐특(Duong Chinh Thuc, 수교 후 주한 대사 역임, 현재 주식회사 부영의 현지 고문)이 통역을 했고, 이때 그의 통역은 한마디 한마디가 공포로 들렸다고 말했다. 즈엉찐특 대사는 정말 부드럽고 겸손한 성품을 지닌 사람인데 아마도 이대용 공사가 생사를 모르는 불안한 상황이었기 때문에 무서움을 느꼈을 것이다. 두 사람은 서로 만나 당시를 회고하며 밝게 웃었다. 화해의 순간이었다.

중앙 통제 경제에서 시장 경제로[59]

통일 베트남은 국내, 국제, 정치 경제, 사회, 종교, 문화, 소수 민족 등 동시다발적으로 제기된 문제에 봉착하였다. 1975~1990년 중반까지 베트남에서 사태 전개를 보면 다음과 같다.

공산당 일당 지배, 생산의 집단화

통일 베트남은 하노이-사이공 간 철도를 연결하고 1976년 국회의원 선거를 실시하여 북남 베트남 단일 정부를 수립하고 국명을 '베트남사회주의공화국'으로 하고 공산당 지배 체제를 채택하였다.

연도	사건
1975~1976년	베트남의 정치 및 행정을 통일시키는 기간
1977~1978년	경제 재건 조치 공표. 전쟁 후유증으로 인해 경제 여건 악화
1978~1979년	캄보디아 및 중국과 분쟁으로 인해 위기 직면
1980~1985년	경제 개혁 시도. 경제 및 사회 위기 심화
1986~1988년	경제 및 문화의 개혁 및 개방
1988~1990년	농업 발전. 민간 기업 활동 허용. 외국인 투자법 채택, 국영 기업 권한 확대. 캄보디아에서 철군
1990~1992년	경제 개혁 및 개방 정책 성과 시현. 정치 경제 문화 이념 등에서 문제 상존. 체제 안정을 위협하지 않는 가운데 경제 발전을 도모할 수 있도록 정치 사회 이념 체제의 조화 추구

베트남인들이 겪은 40년 전쟁과 고립의 상흔은 매우 깊었다. 전국에 2,600만 개의 폭탄 구멍, 1400만 톤의 폭탄 투하(남부 지역 촌락의 4분의 3, 북부 지역 촌락의 3분의 2가 파괴됨), 북부 지역의 모든 교각 파괴, 1,000만 명의 유민 발생, 미국군의 화학 무기 사용으로 인한 생태학적 및 유전학적 영향, 700만 명의 실업 등이 상처로 남았다. 여기에 약 100만 명의 월남 정부 군인, 경찰, 공무원 등이 '재교육 수용소'에 억류되어 있었고, 중산층, 지식인, 무역인, 상인 등은 수년간 반혁명 분자로 오인될까 봐 공포 속에서 생활하였다. 통일 정부는 사이공의 30만 가정을 자본주의자로 분류했는데 이들의 대부분이 화교였다. 이들은 월남 경제의 핵심 부문을 장악하고 있었는데, 이들의 대규모 탈출은 사회 불안을 조성하였다. 나아가 반복된 태풍으로 300만 톤의 쌀 손실이 있었고 600만 명이 피해를 보았다. 암시장이 급속도로 확대되고 밀거래, 부패가 만연하여 대중 불만이 고조되었다. 이런 현상들은 통일 정부의 합법성을 위협하였다. 통일 베트남의 최대 시급한 문제는 경제 문제였다.

통일 베트남은 사회주의 건설을 국가 목표로 세우고 제2차 5개년 계획(1976~1980년)을 제시하였다. 이 계획은 농공업 구조와 노동인민의 물질 및 문화의 삶을 개선하는 데 중점을 두었다. 그러나 이 계획은 전쟁으로 인한 농공업의 초토화, 캄보디아와의 전쟁, 중국과의 전쟁, 미국의 금수 조치, 가뭄과 홍수 등 자연재해로 인해 경제 성장은 거의 정체되어 극심한 식량난에 빠지게 되었다.

통일 정부는 베트남의 경제 사회적 후진성을 '대규모 사회주의적 생산 방식'으로 극복을 시도했다. 그러나 지나친 중앙 집권적 방식 때문에 지방의 지도자, 기업, 개인의 창의성이 억압되었다. 각

단위 직장 및 개인은 재정 지원, 원료, 목표 설정, 임금과 가격에 관해 중앙으로부터 지시를 기다리고 있을 뿐이었다. 특히 농민의 집단화 정책으로 농업 생산량이 크게 줄고 중국과 소련의 경제 원조 중단으로 베트남 경제는 심각한 위기에 직면하였다.

1976년부터 1980년 기간 매년 식량 생산 계획은 2,100만 톤이었는데 실제 생산은 1,440만 톤에 지나지 않아 대규모 식량 수입에 의존해야 했다. 이 기간 식량 생산 증가율은 6.45퍼센트였는데 통일로 인구는 92.7퍼센트가 늘었다. 산업 생산은 0.1퍼센트, 전기 생산량도 50만 킬로와트 예상에 36만 킬로와트에 불과했다. 1981년 물가 조정 시도는 인플레이션만 유발시키고 말았다. 위기감이 감돌고 정책, 관리, 행정의 단점과 부적합성이 지적되었다. 설상가상으로 남부 베트남의 농민 85퍼센트를 집단 농협에 끌어들였다. 장기 결근과 탈주가 성행했다. 1985년 신화폐 발행은 인플레이션만 유발시켰고 국민의 불만은 사회 전 계층으로 확대되었다.

코안 제도[60]

통일 베트남은 쇄신과 개방 정책의 첫걸음이라고 할 수 있는 코안 khoan 제도를 시행했다. 이 제도는 생산 과정을 농민에게 자율적으로 관리하게 하고 잉여 농산물을 농민이 소유하도록 하는 인센티브 제도로서 시행 지역에서 성과를 보였다. 코안 제도로 농업 생산이 연 평균 5퍼센트의 성장을 가져왔으나, 농민이 생산량의 15~20퍼센트만 소유하게 하여 농민이 생산비도 건지지 못하게 되었다. 이로 인해 농민의 부채가 증대되고 코안 제도를 포기하는 농민이 늘어났다.

도이머이[61]

이에 당은 경제 실책을 인정하였다. 공산당 내 급진주의자, 당 외 인사들은 경제 사회 및 이념 문제에 대해 논의를 시작하였다. 1986년 강경파 레주언 당 총서기가 사망하고 쯔엉찐(Truong Chinh, 長征)이 도이머이의 핵심 정책을 가지고 당 서기장으로 취임하였다. 응우옌 반린(Nguyen Van Linh, 阮文靈) 등 개혁파가 등장하였다. 개혁파들은 당의 오류와 단점을 반성하고 관료주의, 부패, 보수주의를 비판하였다. 그해 12월 15일 6차 공산당 전당 대회는 쇄신 정책을 채택하였다. 기업, 개인, 자본주의 경제 부문은 공공 부문과 똑같은 법적 권리를 갖는다고 천명하고 정치적 기준보다는 이윤을, 이념보다는 물질적 유인책을 허용하였다. 쇄신 정책은 외국 기업의 베트남 투자를 허용하고, '계약 10호'를 통해 15년간 토지 분배, 이용 및 상업화를 보장했다. 호찌민, 하노이, 다낭, 붕따우를 세계 시장에 개방했다. 도이머이 정책은 정치 개혁 없이 먼저 시장 개혁을 추진하고 이를 바탕으로 정치 개혁을 모색하려는 접근이다. 정치 개혁과 경제 개혁을 동시에 추진해서 총체적 난국에 빠졌던 소련과 동구권의 접근보다는 경제 개혁을 우선하여 성공을 거두는 중국을 모델로 삼은 것이다.

베트남의 대내 및 대외 방향을 근본적으로 바꿔놓은 도이머이 정책의 핵심은 첫째 국가의 거시경제 조정을 전제로 시장경제 원리를 도입하여 경제 분권화를 추진하고, 둘째 국영 부문의 주도적 역할을 전제로 국영과 민간 부문이 공존하는 혼합 경제를 구축하고, 외자 유치 및 교역 기반 확대를 위해 개방 정책을 추진하고, 셋째 농업 발전과 소비재 생산의 확대 및 수출 증대에 적합하도록 생산과 투자 구조를 재조정하는 데 있었다. 베트남은 1987년 외국인 투자법을 공표하여 외국인 투자에 문호를 개방하였다. 도이머이 정책으로 무엇보다도 농업 분야 생산이 크게 촉진되었다. 1988년 45만 톤의 쌀을 수입했던 베트남은 이듬해에 150만 톤의 쌀 수출국으로 변했다.

1991년 6월 제7차 전당 대회는 쇄신 정책의 결과를 평가하고 새 헌법안을 마련하여 1992년 이를 채택하였다. 신헌법은 국가의 최고 주권 기관으로 국회와 정부의 두 개 축을 구성하였다. 국가주석은 국가의 원수로 대외적으로 베트남을 대표하며, 국회에서 선출한다. 국회는 국내외 기본 정책, 경제, 사회, 국방, 안보, 국가 기관의 조직과 활동에 관한 주요 원칙을 결정하고 국가의 모든 활동에 대한 감사권을 갖는다. 도이머이 정책으로 공산당의 베트남 국민의 일상생활 간섭은 줄었지만 정치 체계의 실질적 운영은 아직도 공산당 손에 있다. 베트남 공산당은 당의 정책을 법률과 결정 사항으로 구체화시켜 행정 기구에 하달하고 국가 기관의 핵심적 직책에 당원을 임명한다.

1991년 베트남 공산당은 부패, 사기, 밀거래, 세금 회피, 범죄 증대 등 문제를 지적하고 정부에게 반부패 전쟁을 전개하도록 촉구하였다.

충격의 형제간 전쟁

베트남의 역사에서 살펴보았듯 베트남과 중국 간 관계는 애증의 관계라고 볼 수 있다. 베트남은 정치적으로는 중국을 거부해왔지만 문화적으로는 매료되어 중국 문화를 답습해왔다. 이 관계가 '거부와 매료의 관계'로 표현돼왔다.

호찌민은 중국과의 관계를 항상 중시했다. 그는 중국을 돕는 것이 베트남을 돕는 것이라고 말하고 베트남 국민들에게 항일에서 중국을 돕도록 하라고 격려했다.

호찌민은 파리에서 저우언라이와 교류했으며, 저우언라이가 중국으로 돌아온 후에는 그의 가객이기도 했다.

1949년 본토를 통일한 중국은 1950년 1월 호찌민의 베트남민주공화국을 승인했다. 세계에서 월맹을 제일 먼저 승인한 나라였다. 월맹이 미국과 전쟁 시에는 중국은 32만 명의 지원군을 보내 월맹을 돕기도 했다.

통일 베트남은 라오스, 캄보디아 등과 우호 관계 유지를 위해 노력하였다. 그러나 통일 베트남은 중국, 미국 및 동남아 국가들로부터 경계의 대상이 되었다. 미국과 중국은 1972년 2월 화해했다.

통일 베트남은 월남 거주 30만 화교 제재 등으로 중국과 갈등을 갖게 되었다. 여기에 1977년 5월 및 6월 베트남은 중국의 지원을 받던 캄보디아와 국경 분쟁을 갖게 되었고 동년 말 캄보디아는 베트남과 외교 관계 단절을 선언하였다. 캄보디아의 폴포트 정권과 갈등, 중국의 폴포트 정권 지원으로 인해 베트남은 두 나라의 협공 작전에 휘말리게 되었다. 1978년 1월 7일 캄보디아의 폴포트 군대가 베트남의 떠이닌(Tay Ninh, 西寧) 시를 공격하고 중국군이 북쪽 국경 지대에 집결하였다. 이런 상황에 처한 베트남은 다음해인 1978년 11월 소련과 우호 협정을 조인하고 그해 말 캄보디아를 군사 점령하고 친 베트남계 인물인 헹 삼린을 내세워 캄보디아인민공화국을 세웠다.

프랑스, 일본, 미국과 연이어 전쟁을 치른 후 이번에는 형제국인 중국과 전쟁을 하게 된 데 대해 베트남인들은 충격으로 받아들였다.

중국은 자신이 지원하는 캄보디아를 침공한 베트남을 응징하겠다며 1979년 2월 60만 병력으로 베트남을 침략했다. 양국 간 전투는 한 달 만에 끝났다.

베트남은 중국군을 물리쳤지만 1980년에 들어서 국제적 압력과 경제적 어려움에 봉착하게 되어 강경 일변도의 대외 정책이 변화를 맞게 되었다. 1986년 도이머이 정책으로 변화를 표명한 베트남은 프랑스, 일본 등 자본주의 국가들에게 투자와 무역의 문을 열었다. 한편 1989년 캄보디아에서 철군하고 1991년 10월 중국과 관계를 개선했다. 그후 20년간 베트남과 중국은 수차례 국경 획정 협상을 통해 1,350킬로미터의 육지 국경 획정에서는 진전을 보았으나 (2008년 12월 31일), 남중국해의 두 개 군도 문제는 아직 현안으로 남아 있다.

남중국해

중국, 대만, 베트남, 말레이시아, 필리핀, 브루나이 등이 남중국해 해역의 전체 또는 일부에 대한 영유권을 주장하면서 내부적으로는 상이한 명칭들을 사용 중이다. 그러나 협의를 통해 분쟁 지역을 명시적으로 문서에 지칭하는 것을 피하고, 대신 '남중국해the South China Sea'로 언급하고 있다. ASEAN과 중국은 2002년 11월 "남중국해 선언Declaration on the Conduct of Parties in the South China Sea"을 채택하였다. 베트남은 비엔동(Bien Dong, 東海)으로 부른다.

분쟁 지역 도서에 대한 국가별 명칭 현황을 보면, 파라셀 군도 Paracel Islands에 대해 베트남은 꿘다오호앙사(Quan Dao Hoang Sa, 群島黄沙)로 부르고 중국은 시사췬다오(Shisa Qundao, 西沙群島)라고 부르고 있다. 스프래틀리 군도Spratly Islands에 대해 베트남은 꿘다오쯔엉사(Quan Dao Troung Sa, 群島長沙)로 부르고 중국과 대만은 난샤췬다오(Nansha Qundao, 南沙群島)로 부르고, 필리핀은 카푸루안 응 칼라이안(Kapuluan ng Kalayaan, Freedom Archipelago)으로 부르고, 말레이시아는 루미 케푸라우안 스프래틀리(Rumi Kepulauan Spratly, Spratly Islands)로 각각 부르고 있다.

베트남과 중국은 2000년 12월 해상 경계 획정 및 2004년 6월 어업 협정을 체결, 양국 간 영해, 배타적 경계 수역, 대륙붕 경계를 확정했다.

ASEAN과 중국은 2002년 11월 서명한 공동 선언의 행동 강령을 논의 중에 있다.

2003년 5월 베트남은 입법을 통해 호앙사군도(파라셀군도) 및 쯔엉사군도(스프래틀리 군도)에 대해 영유권을 규정하였다. 과거 월남 군대가 점유해온 파라셀 군도는 1974년 1월 중국군이 점령하였다. 베트남과 중국은 농득마인 베트남 당 서기장의 중국 방문(2008년 8월), 응우옌떤중 총리의 중국 방문(2008년 10월) 계기에 중국-ASEAN 공동성명서상 경계선 획정, 공동 자원 탐사 등에 합의하였다.

그러나 베트남과 중국 간 양 군도에 대한 분쟁은 계속되고 있다. 중국은 2009년 양 군도를 중국의 하이난도海南島가 관리하는 대양 다목적 단지ocean multi-purpose complex에 포함시키고 항공 및 선박편 관광을 추진한다고 선언하였다. 베트남은 양 군도가 매우 작은 섬으로 관광 자원으로서의 가치가 없다고 지적하고 중국의 선언은 양 군도에 대한 불법 영유권을 주장하려는 책략이라고 비난했다.

2010년 7월 하노이 개최 아시아지역포럼에서 미국의 클린턴 국무장관은 미국은 양 군도에 대한 각국의 영유권 주장이 해결되도록 돕는 것이 미국의 국익이라고 말했다. 중국은 미국이 동남아 국가들에게 압력을 가하여 남중국해 문제를 불붙이면서 영유권 문제에 개입하려 한다고 비난했다.

스프래틀리 군도는 석유, 가스 등 에너지 자원이 매장되어 있어 분쟁이 최종적으로 종결되기까지는 다소 시간이 소요될 것으로 보인다.

소련의 붕괴 및 중국과 관계 개선[62]

1991년 8월 소련의 붕괴는 베트남에게 큰 충격으로 다가왔다. 소련은 월남전, 중국과의 전쟁 때 베트남을 지원한 베트남 안보의 보증인이었고, 코메콘(COMECON, 동유럽경제상호원조회의)은 베트남 대외 무역의 80퍼센트를 차지하고 있었다. 소련의 붕괴, 코메콘의 해체는 베트남에게 정치적·경제적 타격을 주었다. 당장 동유럽에 나가 있던 6만 여 명의 베트남인들이 귀국하게 되었다. 당연히 베트남은 베트남의 안보 문제가 걸린 중국과의 관계 개선을 최우선 과제로 삼았다. 1991년 11월 도므어이Do Muoi 당서기장, 보반끼엣에 총리가 북경을 방문하여 국교 정상화에 합의하였다. 베트남은 중국의 주요 관심사인 캄보디아 문제의 해결을 위한 유엔 평화안이 실현되도록 협조를 약속했다. 1992년 11월 중국의 리펑李鵬 총리가 베트남을 답방하였다.

미국과 관계 개선[63]

베트남은 월남 전쟁 후 미국이 베트남에 가한 제재 조치를 해소하기 위해 노력했다. 이 결과 미국은 1991년 4월 캄보디아 문제와 2,264명의 미군 실종자 문제를 중심으로 베트남과의 관계를 점진적으로 해결해나가겠다는 관계 정상화 4단계 로드맵을 제시했다. 1993년 미국은 IMF 등 국제금융기구가 베트남에 차관을 제공하는 데 반대하지 않겠다고 밝혔다. 같은 해 IMF는 베트남에 6억 불의 차관을 제공하기로 결정했고, ADB, 세계은행도 뒤따라 베트남에 차관을 제공했다. 다음 해인 1994년 2월 미국은 1975년 이래 지속되어온 베트남에 대한 금수 조치를 해제한다고 밝혔다. 그리고 베트남과 미국은 1995년 7월 외교 관계 정상화를 선언했다. 더글라스 피터슨Douglas Peterson, 존 매케인John MaCain 등 베트남 전쟁 포로 출신들이 관계 정상화를 적극 지지했다. 미국은 초대 대사로 월남전 당시 포로로 잡혀 6년 반 동안 수감 생활을 했던 피터슨 민주당 하원의원을 지명했다. 2000년 7월 미국과 자유무역협정을 체결했는데 이 협정에서 베트남은 미국으로부터 정상적 무역 관계NTR 지위를 부여받았고, 대미 상품과 서비스 수출에서 40퍼센트의 관세를 3퍼센트 미만으로 인하시켰다. 2001년 클린턴 미국 대통령이 베트남을 방문, 양국은 과거사를 극복하고 미래 지향적 협력 관계를 구축해나가기로 했다. 2005년 6월 판반카이 총리가 월남전 종전 후 최초로 미국을 방문하였다. 다음해 11월 APEC 정상회의 계기에 부시 대통령이 하노이를 방문하였다.

베트남의 국익 외교

1991년 냉전 종식, 1992년 한국과 수교, 1994년 미국의 금수 해제, 1995년 미국과 수교 및 ASEAN 가입 등 베트남은 개혁과 개방 정책을 더욱 가속화하였다.

1980년대 중반 이후 직면한 위기를 헤쳐나간 베트남의 탄력 외교를 보면 "국가 간 관계에서는 영원한 적도 없고 영원한 친구도 없으며 오로지 영원한 국익만 있다"는 파머스톤 경의 말대로 국익 외교를 충실히 수행한 것으로 보인다. 현재 베트남 정부가 펼치고 있는 신외교 정책은 모든 국가와 선린 우호 관계 유지를 기본으로 삼으면서 더 이상 특정 국가에 경제 군사 원조를 기대하지 않고 있는데 이는 1991년 소련 붕괴에서 얻은 교훈으로 보인다. 베트남은 자신을 견제하기 위해 설립된 ASEAN과 협력을 강화하고 ASEAN을 중국 견제용 안보 수단으로 활용하고 있는 것으로 분석된다. 베트남은 2010년 아세안 의장국으로 역할을 수행하였다.

통일 후 지도체제

베트남은 통일 후 당서기장은 북부 출신이, 주석은 중부 출신이, 총리는 남부 출신이 맡는 것이 묵계로 되어 있었다. 그런데 개방과 개혁이 본격적으로 심화되는 단계에 들어선 2006년에 구성된 지도부는 당 서기장은 북쪽 출신이 맡았지만, 주석과 총리 모두 남쪽 출신이 맡았다. 베트남의 남부 사람들이 베트남의 변화를 주도하고 있는 것으로 관찰된다. 이 남부 지도자들은 모두 사이공·메콩지역 출신 인사들이며 이 지역 사람들은 베트남의 응우옌 왕조 설립, 베트남 통일 등 베트남의 전근대사의 전환기에 늘 결정적 역할을 해왔다고 한다.[64] 2011년 들어설 집단지도체제는 어떻게 구성될지 주목된다.

당과 당 서기장

공산당은 1930년 호찌민이 홍콩에서 창당하였다. 베트남 공산당은 "국가와 사회를 영도하는 유일한 세력"이다. 베트남 전 인구의 약 4퍼센트인 360만 명이 당원이다. 베트남 공산당의 최고 기관은 전당 대회이다. 5년 주기로 개최되며 필요시 임시 전당 대회가 열리기도 한다. 당중앙위원회는 당의 실질적 집행 기관으로 175명의 위원으로 전당 대회에서 선출되며 전당 대회의 결정 사항을 집행한다. 14명의 당 정치 국원은 베트남 공산당의 최고 정책 결정 기구다.

당 서기장은 베트남 공산당을 대외적으로 대표하는 서열 1위의 직책이다. 현재 당 서기장은 응우옌푸쫑이다. 그는 하노이 출신으로 2011년 1월 11차 당대회에서 선출되었다. 농득마인 전임 당 서기장은 베트남의 2020년 공업화·현대화를 제창하고 이를 추진하였다. 그는 2007년 10월에 북한을, 같은 해 11월 한국을 각각 방문하였다.

국회

베트남 국회는 헌법상 최고 주권 기관으로 헌법 및 법률의 제정, 개정, 입안권, 행정권, 사법권을 가진다. 그리고 국가 주석, 총리를 선출한다. 5월과 10월에 각 한 달씩 정기 회합을 갖는다. 베트남은 공산당 일당 지배 체제이기 때문에 여야의 개념은 없다. 498명의 국회의원이 있는데, 이중 여성 의원은 127명(25.76퍼센트), 소수 민족 87명(17.46퍼센트), 비공산 당원은 43명(8.63퍼센트)이다. 7개의 상임 위원회와 소수 민족을 다루는 민족 회의를 두고 있다.

현재 당과 정부의 요직에 여성들이 많이 진출해 있다. 베트남의 여자들은 중국 지배 시기의 쯩 자매, 찌에우 부인 등이 무력 저항 운동을 주도했고 월남 전쟁 당시에도 여성들이 전사로 나섰었다. 대학교도 여학생들의 숫자가 거의 70퍼센트를 넘는다고 한다.

물론 베트남에서도 여자는 자식을 기르고 가정을 관리하는 일을 하는 것이 일반적이지만, 가정 내에서 양성은 평등한 지위를 누리고 있다. 여자들이 매우 활동적이고 남자들보다 일을 더 많이 한다. "남편의 명령은 부인의 징소리만도 못하다"라는 베트남 말을 보면 가정에서는 여성의 지위가 더 우선하는 것으로 보인다.

국가 주석

국회에서 선출되는 국가 주석(대통령, 국회의원 중에서 선출)은 베트남을 대내외적으로 대표하며, 국방과 외교를 관장한다. 주석은 또 헌법, 법률의 공포 및 거부, 총리, 최고인민재판소장과 최고인민검찰총장의 임명과 해임의 국회 건의 등의 권한과 임무를 가진다.

정부

베트남 정부는 최고 책임자인 총리, 5명의 부총리, 22명의 각료로 구성되어 있다. 정부는 최고 권력 기관인 국회의 집행 기관이고 국정 전반의 최고 행정 기관이다. 총리는 국회와 국가 주석에 대해 책임과 보고 의무를 가진다.

베트남의 지방 행정 단위는 58개의 성과 5개의 중앙 직할시로 구성되어 있다. 베트남의 지방 조직은 자치권이 강한 편이다. 각 지방에 인민회의(지방 국회)와 인민위원회(지방 정부)가 있다.

베트남의 사법권은 최고주권기관인 국회를 통해 행사되고 있다. 베트남은 삼권 분립 제도를 채택하지 않고 있다. 최고인민재판소장, 최고인민검찰총장은 국회에서 선출된다.

외교와 국방을 제외한 모든 일은 사실상 총리의 관할하에 있다. 총리실과 외무부가 대사관의 채널이다.

조국 전선

헌법 기관인 베트남민족조국전선National Fatherland Front of Vietnam은 공산당의 전위 조직으로 국민 통합과 유대감을 증진시키는 역할을 담당하고 있으며 빈곤 퇴치, 종교 문제에도 관여하고 있다.

조국전선은 베트남의 헌법 기관으로 국회 법안 상정, 베트남 국회의원 후보자를 지명하는 권한, 전 국가 기관 감사권을 가지고 있다. 우리의 경우 당 대표 및 감사원장의 역할을 한다. 당 서기장, 주석, 총리, 국회의장 다음 제5의 권력으로 불린다.

현 베트남 지도부는 개방·개혁을 계속 추진하고 있다. "사회주의 지향 시장 경제" 틀 속에서 경제 자유를 확대해나가고 있다. 한편 국내 정치의 안정 기조를 유지하기 위해 노력하고 있다. 다당제 등 정치적 다원화는 불허하면서 국민 화합, 경제 개혁은 가속화하고 있다. 나아가 부정 부패 척결을 강력히 추진하고 있다. 시장 경제로 가는 과정에서 발생하는 소득 격차 심화, 당원 및 관료의 부패 등 사회 불안 요소를 엄단하면서 개발에서 소외된 농민 및 소수 민족을 배려하는 정책을 적극 추진하고 있다. 반부패 캠페인의 일환으로 "호찌민의 도덕성 따라 배우기 운동"을 전개하고 있다.

베트남은 대외 관계에서도 개방 정책 기조를 유지하고 있다. 모든 국가와 선린 관계를 추구하며 국제 문제에 대해서는 유엔의 역할 중시, 주권 존중, 내정 불간섭, 국제법 원칙 등 전통적인 원칙을 견지하고 있다. 베트남은 다자 외교를 적극 전개하고 있다. 2000년 ASEAN 의장국에 이어 2010년에도 의장국 역할을 수행하였다. 2008~2009년 2년간 유엔 안전보장이사회 비상임 이사국 역할도 수행하였다. 베트남의 대외 관계는 호찌민의 다자화, 다변화 외교 전통을 유지하고 있다.

베트남 공산당은 1980년대 중반 이후 정치적 위기를 경제의 개혁과 개방을 통해 잘 극복하였고 ASEAN, APEC, WTO 가입 및 UN 안보리 이사국 역할 수행을 통해 국제사회의 일원으로의 통합도 신속하게 이루어내는 등 정치적 안정을 유지하면서 경제 성장을 이끌어가고 있어 앞으로도 계속적인 집권이 가능할 것으로 보인다.

6

베트남 역사의 허브,
수도 하노이의 천년

Việt Nam Kiến Văn Lục

2010년은 하노이 천도 1,000주년이 되는 해다. 베트남의 리 왕조의 초대 왕인 리타이또 왕은 1010년 용이 하늘로 오르는 모습을 보고 호아르(Hoa Lu, 華閭)에서 반경 13마일의 탕롱으로 수도를 옮겼다.

리타이또 천도 칙령문[65]

한자로 기록된 리타이또의 천도 칙령문의 일부를 인용하면 다음과 같다.

(전략) 딘 왕조, 레 왕조는 천의를 무시하고 주 왕조가 세운 모범을 따

르지 않았다. 두 왕조는 고집을 피우며 이 장소(호아르)에 머물렀다. 그들의 왕조는 단명이었고 그들의 운명은 불안정했다. 엄청난 자원이 미개발된 채 있었고 일반 국민들은 파멸을 겪었다. 본인은 이를 크게 고통스럽게 여기고 수도를 다른 장소로 옮겨야만 했다. (중략) 그 위치는 휘감고 있는 용과 전진 자세를 취하고 있는 호랑이의 이미지를 자아내고 있다. 그곳은 나침반의 네 개 지점으로부터 동일한 거리에 위치해 있고 산과 들이 주는 유리한 방위에도 일치한다. 그곳 장소는 충분히 넓고 평탄하며, 지면은 충분히 융기되어 있고 노출되어 있다. 거주민은 홍수와 강의 범람으로부터 보호받고 경제는 개발되고 번성하고 있다. 그곳은 나침반의 네 곳에서 오는 인간과 자원이 합쳐지는 가장 아름다운 곳이다. 그곳은 또한 천 세대에 걸쳐 왕조의 훌륭한 수도가 될 것이다. 따라서 본인은 그곳의 유리한 위치로부터 득을 얻고자 하며 수도를 그곳으로 옮기고자 한다.

이 칙령은 베트남의 가장 오래된 기록 문서 중 하나로 한자로 기록되었는데, 한자는 당시 극동 지방에서 공문서, 교육, 문학에서 사용되었다. 이 한자는 2,000년 이상 베트남에서 사용되었는데 1,000년의 중국 지배기는 물론이고 베트남 민족 왕조 시대에도 사용되었다. 20세기 들어 프랑스 식민 통치 시기에 로마자 표기 문자로 대체되었다.

천도 칙령문 분석

베트남의 민족 및 문화적 정체성은 BC 1,000년 전 청동기 문화로부터 형성되었다. 처음 베트남 민족 국가는 구릉의 고산 지대와 습지의 저지대 사이의 경계선 상에 위치한 홍강의 삼각 지점의 정점에 수도를 정했다. 두 번째 국가는 벼 경작의 평야 지대인 꼬로아(Co Loa, 古螺, 현 하노이에서 18킬로미터 지점)로 옮겼으며, 1,000년의 중국 지배 기간 동안에는 중국 식민 통치 총독들은 9세기 다이라(Dai La, 大羅) 성 축조 때까지는 하노이 북쪽에 행정 본부를 두었다. 중국에 대한 베트남 저항 세력의 지도자들은

베트남 국기가 걸린 하노이 시의 건물. 하노이는 올해로 수도 천년을 맞았다.

짧은 기간 권좌에 있었는데, 하노이를 수도로 삼았던 리남제(Ly Nam De, 6세기)를 제외하고는 모두 자기 고향에 수도를 두길 원했다. 10세기에 중국 지배는 무너졌다. 중국으로부터 베트남을 해방시킨 응오 왕조는 수도를 꼬로아에 정했다. 뒤이은 딘 왕조는 방어 목적 상 하노이에서 남쪽으로 100킬로미터 떨어진 호아르(Hoa Lu, 華閭)에 수도를 정했다. 이후의 왕조들은 그곳에 머물렀다.

하노이를 수도로 정한 것은 리타이또였다. 천도 후 수십 년간 리 왕조는 독립 제도를 다시 정리하는 시간을 가졌다. 중앙 권력은 강화되었고 경제 및 문화적 여건은 베트남을 번성하는 왕국으로 만들었다. 베트남은 2세기 동안 동남아에서 커다란 위상을 누렸다. 수

도는 이런 유리한 전망에 맞는 곳으로 옮겨야 했고 하노이는 분명 이런 여건에 맞아 보였다. 지도를 보면 모든 수로와 산맥들은 하노이에서 합쳐지며 한 손의 손가락처럼 바다로 향하고 있다. 강과 육지의 통로는 매우 유리한 위치에 있다. 하노이는 북방 침략은 산악에 의해 방어하고 해상을 통해 해외 문화와 용이하게 소통한다. 평야와 산은 하노이에서 만난다.

리타이또는 천의와 국민의 여망을 따르기 위해 수도를 옮길 수 있었다. 일단 이 결정이 이루어지자 리타이또는 토점土占 규정에 따라야 했다. 즉, 수도는 나라의 두부頭部 지역에 위치하고, 그 자세는 몸을 휘감은 용과 전진하려는 호랑이의 모습이고, 그 장소는 나침반의 네 지점에서 같은 거리에 위치하고 산과 강의 유리한 방위에도 일치해야 한다. 이렇게 하면 천 세대 동안 지속되는 왕조를 확보해줄 것으로 믿었다.

왕은 수도를 탕롱이라고 명명했다. 탕롱은 용과 요정의 결합에서 유래한 비엣족을 다시 새겼다. 이 용이란 신화적 동물은 벼 경작지에 비를 가져다주는 것으로 생각되었다. 그 동물은 왕권과 고귀한 기품을 상징했다.

2010년은 4647년

베트남은 공식 관계에서는 서양 달력(그레고리력)을 쓰고 있지만, 결혼식날과 시간, 죽은 사람 매장, 여행, 개고기 먹는 날짜에 이르기까지 일상생활에서는 음력 달력에 의존하고 있다. 베트남 달력에 의하면 2010년은 4647년이다. 이 베트남 연도는 BC 2637년 시작한 중국 달력에 근거하고 있다.

하노이 역사, 지리[66]

하노이는 1010년 천도 후 1257년, 1285년, 1288년 등 여러 번 중국의 침략을 받았으나 이를 물리치고 15세기 초 레 왕조 때 전성기를 맞았다. 이때 하노이에 파고다, 사원, 도서관이 건립되고 베트남어를 중국 글자로 표기하는 '쯔놈' 문학이 번성하였다. 19세기 응우옌 왕조가 들어서면서 레 왕조가 만들어놓은 왕조 성벽을 다 헐고 수도를 탕롱에서 중부 지역의 후에로 옮겼다. 하노이는 지방 도시의 주도로 전락하였다. 프랑스가 식민 통치를 시작하면서 하노이의 황궁 요새를 헐고 구시가 남쪽에 나무가 늘어선 넓은 거리를 만들고 식민 시대풍의 빌라를 지었다. 이 빌라들은 두 단계의 경사진 지붕, 베란다, 셔터가 달린 통풍용 창을 가진 멋진 집이다. 홍강을 건너는 철도를 부설하고 사방으로 뻗는 도로를 건설했다.

하노이는 베트남의 수도이며 인구 640만 명이 살고 있다. 1평방킬로미터당 1,913명이 거주하여 인구 밀도가 매우 높은 편이다. 2008년도 베트남 정부 결정으로 하노이 시는 원래의 927.3제곱킬로미터(서울: 605제곱킬로미터)에서 3,344.7제곱킬로미터(334.47헤타르)로 확장되었다.

홍강은 하노이 시를 가로질러 흐르고 있다. 베트남을 흐르는 홍강의 강줄기는 480킬로미터이며 하노이 구간은 42킬로미터이다.

하노이는 역사가 쌓인 곳이다. 봉건 시대 수도, 중국 속국 시대에는 전방 기지, 응우옌 왕조 시대에는 지방성의 주도로 전락, 프랑스 식민 통치 시대에는 행정 본부 등 여러 모습을 지녔다. 시대에 따라 이름도 바뀐 적이 있다. 하노이는 똥빈(중국 수나라 시대), 탕롱(1010), 동도(15세기), 동꽌(1407~1427), 동낀(15세기), 하노이로 불

215

렸다. 옛날 이름은 탕롱이었는데, 1802년 들어선 응우옌 왕조가 레 왕조에 대한 지지 세력을 피하기 위해 왕도를 후에로 옮기고 나서 1831년 하노이라는 이름을 주고 지방성의 도시로 전락시켰다. 1945년 혁명 때 하노이라는 이름을 되찾았다.

하노이의 최근 150년 역사는 80년에 걸친 프랑스 식민 통치, 4년 의 일본 점령기, 8년의 프랑스와 전쟁, 20년의 남북 대결, 10년의 미국과 전쟁, 통일, 그리고 1986년 이후 25년의 개방과 국제 사회 에 통합의 과정을 목격하였다.

베트남 문명의 요람인 홍강, 300여 개의 천연 호수, 넓고 잎이 무 성한 나무가 정연하게 늘어선 거리, 화려한 모습의 정부 건물, 1986년 도이머이 이후 들어서기 시작한 현대식 고층 건물 등 하노 이의 모습은 천연의 자연, 고대 역사와 현대 발전의 면모를 모두 보 여주고 있다.

하노이는 시인과 학자의 도시이며 대나무 물지게를 진 노점상의 도시이기도 하다. 하노이는 비아허이(Bia Hoi, 생맥주)를 마시는 도시 이며 인력거, 자동차 택시, 오토바이의 도시이기도 하다. 하노이의 모습은 하루가 다르게 변하고 있다. 우리도 홍강 개발 지원, 하노이 플라자 호텔 및 하노이 랜드마크 건물 등 하노이 천도 1,000주년 기념 건물을 짓고 있고, 30년 및 50년을 내다보는 하노이 확장 기 본 계획을 우리 기업이 수행하고 있다.

하노이 시는 서울, 홍콩, 앙카라, 바르샤바, 툴루즈, 방콕, 후쿠오 카, 모스크바, 베이징, 마닐라 등과 자매결연했다.

역사가 살아 숨쉬는 하노이, 호안끼엠과 호찌민

하노이의 명물로는 호안끼엠 호수, 36개 거리의 구시가지, 황궁 요새, 문묘文廟 등이다. 호안끼엠 호수는 하노이의 심장, 가장 아름다운 호수, 불굴의 저항 정신을 상징한다. 황궁 요새는 1010년 리 왕조가 호안끼엠 호수 북서쪽에 지은 성으로 응우옌 왕조 때 이 요새를 헐고 프랑스 스타일의 성으로 개축했다. 반미에우는 1070년에 설립했다.

호안끼엠 호수

호수를 둘러싼 나무들의 활짝 핀 붉은 꽃, 고요한 물속으로 폭포처럼 늘어뜨린 버드나무, 섬 한가운데 서 있는 돌로 된 거북이 탑, 응옥선사(Ngoc Son Temple, 玉山寺)를 연결해주는 붉은색 아치형의 다리 등 호안끼엠 호수는 하노이의 혼이다. 호수 주변은 역사가 흐르는 곳이다.

1965년 미국이 베트남 전쟁을 확대하고 있을 때 550파운드의 거북이가 잡혔는데, 500년 정도 된 거북이라고 한다. 시기적으로 보면 레러이 장군 때 거북이와 일치한다고 한다. 이 거북이는 박제되어 호안끼엠에 있는 응옥선사에 전시되어 있다.

이 응옥선사에 이르는 작은 다리는 아치형으로 우아하게 채색되어 있다. 이 작은 다리의 이름은 테훅 다리The Huc Bridge 인데 '아침의 밝음', '무지개', '떠오르는 태양' 등 여러 말로 번역된다. 이 다리는 원래 1884년 대나무로 만들었다가 1925년에 현재의 다리로 만들었다. 레타인똥(Le Thanh Tong, 1460~1497) 왕은 이 호안끼엠 호수의 작은 언덕에 누각을 지어놓고 음력 매월 15일 만월일 때 신하들과 더불어 술도 마시고 시도 짓고 고기도 낚았다. 16세기 말 찐Trinh씨 영주는 해군 군사 훈련을 참관하는 장소로 이용했다. 지금의 응옥선사는 19세기 말 독실한 불교신자인 띤짜이 Tin Trai가 지었다.

호안끼엠 호수 근처에 역사의 장소가 많다.

딘띠엔호앙 거리

딘띠엔호앙 거리Dinh Tien Hoang Street는 응오 왕조 패망 후 군웅할거시대인 12사군 시대를 종식시키고 딘(Dinh, 丁) 왕조를 세운 딘보린(Dinh Bo Linh, 丁部領) 황제를 기리는 거리다. 딘띠엔호앙(Dinh Tien Hoang, 丁先皇)이라고도 불리는 이는 국호를 다이꼬비엣(Dai Co Viet, 大瞿越), 수도를 호아르(Hoa Lu)에 정하였다.

딘레 거리

딘레 거리Dinh Le Street는 보석상 거리로, 레 왕조 때 찐씨 영주가 연약한 레 왕을 무시하고 전권을 행사하며, 오룡五龍의 누각을 세운 곳이다. 나중에 응우옌 왕조는 왕실을 무시한 상징인 이 오룡누각을 헐어버렸다. 1840년 그 자리에 바오안(Bao An, 부모에 대한 감사의 빛)이란 이름의 파고다가 세워졌다.

리타이또 공원

리타이또 공원은 베트남의 리 왕조를 세우고 수도를 탕롱-하노이로 정한 왕을 기리는 공원이다. 이 공원은 처음에는 1428년 중국과의 전투에서 승리했던 레러이의 게릴라 전투의 기지였던 찌린 공원으로 불렸으며, 그후에는 베트남이 어려울 때 도와준 인도의 인디라 간디 공원으로 불리기도 했다.

응오꾸엔 거리

응오꾸엔 거리는 938년 중국을 물리치고 베트남의 독립을 쟁취한 응오꾸엔 왕을 기리는 거리다. 이 왕은 하이퐁 근처 바익당 전투시 한 늙은 여자의 조언에 따라 강바닥에 커다란 나무말뚝을 수없이 박았다. 응오꾸엔은 중국군을 강기슭 깊숙이 유인했다. 이 나무말뚝들은 만조 때는 보이지 않았지만 썰물일 때는 모두 드러나 중국 함대는 나무말뚝에 걸려 꼼짝달싹 못하게 되었다. 응오꾸엔은 이때 중국군 함대에 불을 질러 공격해서 승리하였다. 이 전투에서 승리한 응오꾸엔은 자신을 왕이라고 칭하고 응오 왕조를 세웠다.

8월 혁명 순교자 기념탑

8월 혁명 순교자 기념탑은 한 여자가 칼을 들고, 두 남자가 총을 들고 무릎을 꿇고 있다. 이 기념탑은 "우리는 조국을 위해 목숨을 바칠 각오가 되어 있다"라고 쓰여 있다.

바끼엔사

바끼엔사Ba Kien Temple는 레 왕조 때 신하의 한 부인이 베트남의 다산과 풍부의 신을 위해 봉헌했다.

동흥사

동흥사에 얽힌 이야기는 다음과 같다. 찐씨 영주의 한 첩이 있었는데 이 여자는 노래를 잘 부르고 예쁘고 애교가 많아 본부인으로부터 심한 질투의 대상이 되었다. 이 본부인은 이 애첩에게 술을 많이 마시게 해서 혼수상태에 빠지자 애첩을 산 채로 매장했다. 찐씨 영주가 매우 슬퍼한 나머지 그녀의 무덤 속 관으로 통하는 문을 만들어 해독제를 보내 다시 살렸다고 한다. 또 다른 이야기는 이 여자가 정이 많아 고아와 가난한 자들을 잘 돌보아주었다고 한다. 동흥사Dong Hung Temple는 이 여자의 무덤 위에 지어졌다 한다.

바오티엔 파고다

바오티엔 파고다Bao Thien Pagoda는 1057년도에 처음 지어진, 베트남에서 가장 오래된 경배 장소이다. 1258년과 1322년엔 폭우로 탑의 윗부분이 파손되었고, 1426년 명군 침략 시 전체가 파괴되었다. 나중에 들어선 레 왕조 때는 이 장소가 사형장으로 이용되었다. 1833년에 지금 현존하는 바오티엔 파고다가 지어졌다.

리꿕쓰 파고다

리꿕쓰 파고다Ly Qouc Su Pagoda는 1131년에 지어졌다. 의사이자 불교 고승인 민콩Minh Khong이 리타인똥 왕이 병에 걸려 호랑이로 변해야 하는 상황일 때 왕을 치료해서 낫게 했다. 왕은 그에게 꿕쓰(Qouc Su, 國師)의 칭호를 내렸다. 리꿕쓰 파고다는 1953년 재건되었다.

떠이선 광장

떠이선 광장는 바로 옆 동다Dong Da에서 응우옌반후에가 중국군을 물리친 곳이다. 이 광장은 나중에 꽝쭝 황제가 된 응우옌반후에를 기리기 위해 세워졌다. 응우옌반후에는 베트남의 레 왕조가 북쪽의 찐씨 영주, 남쪽의 응우옌씨 영주에 의해 남북으로 나누어져 있던 베트남을 통일시킨 영웅이다.

구시가-36개의 거리

하노이 36거리의 구시가는 하노이의 가장 오래된 지역이고 베트남의 가장 오래된 지구이며 역사적 유산이다. 베트남에서 가장 인구밀도가 높고 가장 부유한 지역 중 하나다.

이 구시는 홍강, 토릭 강과 접해서 궁궐에 범선 수송이 가능한 곳에 위치하고 있었다. 그래서 궁궐이 필요로 하는 물품을 직접 수송할 수 있었다.

구시가는 오늘날도 54개의 이름을 지니고 있다. 예를 들면 목재, 도자기, 어류, 악기, 은세공, 바구니, 무명, 붓, 저울, 병, 실, 항아리, 가죽, 명주, 염색, 파이프, 동, 설탕, 향, 빗, 소금, 모자, 부채, 북, 옷, 대장간, 관, 벽돌, 한약방 등의 이름을 가지고 있다. 54개의 거리명은 지명이 말하는 36개보다 더 많다. 베트남에서 36이라는 말은 많다는 것을 뜻한다. 베트남에서는 많다는 것을 뜻할 때 아홉을 말한다. 아홉을 네 번이나 곱하니 대단히 많다는 것을 뜻한다. 이 거리 이름 중 항베(Hang Be, 뗏목 가게), 항박(Hang Bac, 은제품 가게), 항다오(Hang Dao, 염색 가게) 등이 13세기에 붙여진 이름을 그대로 유지하고 있다.

이 구시가를 말하면서 우리의 동대문 시장, 남대문 시장에 해당하는 동쑤언 마켓Dong Xuan Market을 빼놓을 수 없다. 1889년 프랑스 식민 당국은 토릭강 일부를 메우고 구식 시장을 정비한 후 여기에 5개의 출입구를 가진 거대한 시장을 건립했다.

하노이 구시가는 15,270가구가 거주하고 있다. 이중 60퍼센트가 30년 이상 거주하고 있다. 1999년 하노이 시가 구시가 보존에 관한 규정을 제정하여 구시가의 36거리는 개축, 건축 자재 및 색채 등에서 규정을 준수해야 한다. 이 구시가 내 79개 장소가 문화 및 종교적 유적지로, 245개의 가옥이 고대 가옥으로, 859개의 장소가 건축 장소로 각각 지정되었다.

반미에우(Van Mieu, 文廟)

문묘는 일주사一柱寺를 지은 리타인똥 황제 때인 1070년 공자와 주공의 위패를 모시기 위해 설립되었다. 1076년 리년똥(Ly Nhan Tong, 李仁宗)이 문묘 내에 꿕뜨지암(Quoc Tu Giam, 國子監)을 설립하여 왕실의 자제들을 교육시켰다. 나중에 국가 행정관, 공무원을 훈련시키는 대학이 되었다. 베트남의 최초 국립대학이다. 이 꿕뜨지암은 영국의 옥스퍼드 대학보다 200년, 프랑스의 볼로냐 대학보다 100년 앞선다. 문묘는 유교 사원이고 학문의 시설이다.

문묘는 영어로 Temple of Literature로 번역되고 있는데, 사실은 Temple of Culture 또는 Temple of Confucius 또는 Temple of Confucian Culture로 번역해야 된다는 주장도 있다.

문묘에 1442년부터 1779년까지 과거 시험에 합격한 1,000여 명의 이름, 고향, 나이 등을 새겨놓은 82개의 석비石碑가 돌 거북 등에 진열되어 있다. 베트남 교육의 아버지로 불리는 쭈반안(Chu Van An, 朱文安, 1292~1370)은 40년간 끄옥뚜지암의 관장이었다. 응우옌 왕조가 왕도를 후에로 옮기면서 하노이 문묘의 베트남 내 제일가는 대학 기능을 종료시켰다. 하노이 문묘에서 마지막 시험은 1919년에 있었다.

베트남에서 학자는 신 다음이라는 말이 있다. 이 문묘에서 보듯이 베트남에선 학자는 왕보다도 더 존경받고, 학식이 있는 사람들이 높이 평가되고 칭송받았다.

베트남에서 한때 유교가 비판을 받은 적이 있다. 1945년 공산 정부는 유교의 보수주의, 폐쇄주의 때문에 결국 국권을 잃었다며, 유교를 경원시했다. 그래서 문묘의 공자 상, 제자 상이 1945년 이래 수십 년 동안 창고에 보관되었다가 1986년 도이머이 정책과 함께 다시 문묘에 세웠다. 호찌민도 어렸을 때 유교 고전을 공부했고, 그는 유교 교육을 통해 합리주의, 사회도덕, 행동의 중요성을 배웠다. 호찌민은 1921년에 〈L'Internationale Communiste〉지에 유교 소개문을 썼고, 1927년 중국이 유교를 금지했을 때 유교 옹호론을 폈으며, 1965년 5월 중국을 방문했을 때 공자 사당을 순례했다. 호찌민은 공자, 부처, 노자, 마르크스는 한 지붕 아래서 살았다고 말했다.

응우옌칵비엔Nguyen Khac Vien은 마르크스주의는 베트남에 정치 교리로 온 것이 아니고 유교학자, 부르주아 지식인들의 실패 후 (베트남 민족의) 해방의 수단으로 온 것이라고 주장했다. 그는 마르크스주의는 베트남에 정치 사회적 교리를 주기 위해 유교를 계승했다고 말했다.

호떠이

호떠이(Ho Tay, 西湖, West Lake)는 반경 8마일의 호수로 하노이에 있는 30여 개의 호수 중 제일 크다.

바로 곁에 호쭉박(Ho Truc Bach, White Silk Lake)이 있다. 호떠이 강둑에 꽌타인사Quan Thanh Temple가 있는데 1010년 리타이또 왕이 세우고 1677년 재건축되었다. 현재의 건물은 1893년에 지어졌고 1998년 재건축되었다. 도교의 보호자인 쩐부Tran Vu를 숭배하는 사원이다. 쩐부는 유사이전 홍왕을 도운 인물이다. 흑동黑銅으로 주조된 거대한 상은 1667년에 만들어졌다.

호떠이에는 베트남에서 가장 오래된 불교 사원인 쩐꿕 파고다(Tran Quoc Pagoda, 鎭國寺)가 있다. 544년 리본(Ly Bon, 李賁)이 봉기하여 중국군을 격퇴시키고 잠시 평화를 가져왔다. 그는 스스로를 황제라 칭하고 반수언(Van Xuan, 萬春) 왕조를 창립했다. 이때 세워진 이 파고다는 580년에 인도 승려가 와서 설교했다고 한다. 1680년 산사태가 나서 현재의 위치로 옮겼다.

호떠이의 전설은 두 개가 있다. 하나는 11세기 중국 황제에게 종사했던 승려가 거대한 양의 동을 가지고 돌아와 이 동으로 종을 주조했다. 이 종소리가 중국까지 울려 금송아지가 어미 물소의 부름으로 알고 어미 소를 찾아 남쪽으로 돌진해서 호떠이 땅에 머리가 부딪혀 땅을 파서 물 엉덩이를 만들었는데 이것이 호떠이가 되었다고 한다. 또 하나의 전설은 꼬리가 아홉 개 달린 여우가 살고 있었는데 이 여우가 허녀들을 괴롭히자 용왕이 이 여우를 죽이고 그 여우의 동굴을 물로 채운 것이 호수가 되었다고 한다.

프랑스 식민 통치가 하노이에 남긴 자취들

1887년 베트남을 보호령으로 만든 프랑스는 하노이를 건축하고 재건하는 계획을 세웠는데 주로 프랑스 제3공화국의 특징인 활력과 편의를 염두에 두고 추진하였다. 중국 국경에서 하노이를 거쳐 사이공까지 1,036마일의 철도를 부설하고 하노이에서는 홍강을 가로지르는 철교를 건설하였다. 이 철교는 당시에는 프랑스 총독이었던 폴 두메르Paul Doumer의 이름을 붙였지만 지금은 롱 비엔 브릿지Long Bien Bridge로 불린다. 이 다리는 1903년 프랑스 건축가 구스타브 에펠Gustave Eiffel이 건축했고, 월남 전쟁 때 맹폭을 받은 다리다.

프랑스 식민 통치의 자취는 호안끼엠 호수 근처와 바딘 광장 근처에 많이 남아 있다.

호안끼엠 호수 근처는 프랑스 식민 당국이 벽돌, 목재, 초가집 등 현지인 가옥과 가게를 모두 없애고 넓은 포장도로를 놓았다. 구시가에서는 강과 연못을 메워 말라리아를 예방하고 동시에 건축 부지도 마련했다. 수도관과 하수도를 설치했다. 전기가 공급되고 거리의 등이 밝혀졌다. 프랑스인들의 주거지로 프랑스식 빌라가 지어졌다.

하노이의 300여 개 거리명이 프랑스의 장군, 총독 등 저명 인사의 이름을 따라 지어졌다.

프랑스인들의 거주지가 점점 확대되어 호안끼엠 호수는 물론 황궁 요새, 서호까지 미쳤다. 호화롭고 넓은 빌라의 모습은 협소하고 나무 한 그루 없는 구시가지와는 딴판이었다. 베트남인들이 프랑스인들을 증오한 것은 당연하였다. 베트남인들은 프랑스 식민 당국의 의욕적인 인프라 건설 비용을 부담하느라 과중한 세금도 내야 했다.

프랑스 식민 당국이 만들어놓은 나무가 열 지어 늘어선 프랑스형 넓은 거리, 우아한 정부 건물, 오페라 하우스, 호텔, 빌라 등은 하노이의 매력으로 남아 있다. 하노이 시 당국은 36거리의 구시가, 황궁 요새, 프랑스인 거주 지역 등을 보존하려고 노력하고 있다. 거대하고 우아한 빌라를 헐고 새 건물을 짓기보다는 이 빌라들을 외국 대사관 청사나 관저로 임대해주어 건축의 유산을 보존하고 있다.

호안끼엠 근처에 있는 프랑스 식민 당국의 건축물은 베트남 중앙은행, 정부 영빈관, 소피텔메트로폴 호텔, 역사 박물관, 혁명 박물관, 하노이 오페라 하우스, 하노이 대학교, 호아로 감옥 등이다.

호아로 감옥[67]

우리의 서대문 감옥에 견줄 수 있는 하노이에 있는 이 감옥은 프랑스가 베트남을 보호령으로 한 직후인 1887년 10월에 지었으며, 프랑스의 식민 통치에 저항하는 베트남 사람들을 잡아 억류한 곳이었다. 본래 이 지역은 전통 수공예 마을이었고 나중에 도자기를 굽는 마을로 바뀌었다. 이 감옥 근처에 법원과 정보국도 지어 베트남인 탄압의 장소가 되었다.

이 감옥은 '중앙 감옥'으로 명명되었으나, 실제로는 '호아로 감옥'으로 더 알려져 있다. 썬라Son La, 꼰다오Con Dao, 본마뚜엇Bon Ma Thout에도 감옥이 있었으나, 호아로 감옥은 하노이 시내에 지어져 베트남인들의 애국 운동 탄압의 수단이었다.

이 감옥의 담장 높이는 4미터, 벽 두께는 0.5미터이고, 담장 위로는 고압 전류가 통하는 전깃줄을 설치했다. 감옥의 사방 구석에 감시망을 설치하여 감시했다.

이 감옥은 1899년부터 베트남의 애국 및 저항 인사들을 수감하기 시작했는데, 본래 500여 명 수용 예정이었으나 1950~1953년에 이르러서는 2,000여 명을 수감시켰다.

수감자들은 하루 두 끼 식사를 했는데, 썩은 쌀, 부패한 생선, 질긴 물소 고기 등이 제공되었다. 15분간 산보 및 목욕 시간이 주어졌는데, 수감자들은 간수가 지켜보는 가운데 벌거벗고 물탱크 옆에 서서 신속하게 물을 뒤집어썼다. 여자 수감자들은 별도의 구역에 수감했지만 여건은 남자들보다 별로 나은 게 없었다.

형이 확정된 죄수는 MC(중앙 감옥의 프랑스어 표기의 약자)가 크게 쓰인 줄무늬 셔츠를 입었다. 5년 이상 형을 언도받은 죄수는 다른 감옥으로 이송되었다. 사형을 언도받은 죄수는 독방에 수감시켰다. 시멘트 바닥에 설치된 족쇄에 발을 채우고 이런 상태에서 잠도 자고 먹기도 했다. 가장 무서운 처벌은 '단두대' 처형이었다. 1931년 10월 19세의 베트남 청년이 단두대 처형으로 사라졌다. 지방에 다니면서 이동 단두대로 베트남인들을 처형했다. 이 단두대는 지금도 감옥에 전시되어 있다.

이 감옥의 제1세대 수감자들은 판보이쩌우 등 애국지사들이었다. 베트남 공산당이 설립된 후에는 응우옌반끄, 쯔엉찐, 레주언, 응우옌반린, 도므어이 등 공산당 지도자들이 수감되었다. 베트남의 혁명주의자들은 투옥을 인생의 실패나 인생의 마지막이라고 생각하지 않았다. 이들은 호아로 감옥에서의 하루는 자유의 천년보다도 길다고 말하면서 투쟁을 계속했다. 1934년 18명이 단식 투쟁을 한 결과 감옥 당국은 부패한 쌀 제공을 중단하고 펜과 담배를 제공했다. 1951년 크리스마스이브 때 17명의 사형수들이 탈주에 성공하고, 1952년에는 도므어이 등 100여 명의 수감자들이 탈주에 성공했다. 이들은 자기 고향으로 가 혁명 운동을 이끌어갔다. 이 감옥은 1954년 10월 10일 하노이가 해방될 때까지 계속 운영되었다.

1964년부터 1973년까지 이 감옥에 미국의 월맹 폭격 시 격추된 미국 조종사들을 수감됐다. 미군 조종사들은 이 감옥을 '하노이 힐튼Hanoi Hilton'이라고 불렀다. 이 감옥에 수감된 미군 조종사 가운데 더글러스 피터 피터슨(Douglas Peter Peterson, 6년 반 수감, 미국과 베트남이 수교한 직후인 1997년에 초대 미국 대사로 부임), 존 매케인(John MaCain, 1967년 10월 10일 하노이 White Silk Lake에 추락 생포, 5년간 수감, 후에 상원의원, 2008년 미대선 시 공화당 후보) 등이 있다. 이 감옥에는 지금도 맥케인의 생포 당시 모습을 찍은 사진, 입었던 옷 등이 전시되고 있다.

1993년 이 호아로 감옥의 3분의 2를 헐어 현대식 복합 주상 건물을 지었다. 이 건물의 이름은 하노이 타워이다.

호아로 감옥은 이제 베트남 젊은 세대들에게 혁명의 과거, 전통을 교육시키는 하나의 역사 박물관이다.

바딘 광장 근처 프랑스 식민 시대 건물

바딘 광장 근처에는 주로 행정 기관을 두었다. 육모꼴 국기 게양대, 바딘 광장, 외무부, 당중앙위원회, 대통령궁, 현대 미술관 등이다.

바딘 광장

하노이와 호찌민 주석 간에는 많은 인연이 있다. 그중 길이 320미터, 폭 100미터의 이 광장은 1945년 호찌민 주석이 베트남민주공화국 독립 선언서를 낭독한 장소이다. 임시정부 취임, 응우옌왕조가 권력을 신정부에 수교한 곳이기도 하다. 1969년 9월 2일 호찌민이 사망하였고, 9월 9일 장례식을 이 바딘 광장에서 거행했다. 바딘 광장은 베트남의 논을 상징하고 있다.

호찌민 영묘

호찌민은 죽기 전 유언을 통해 자기가 죽은 후 자기 시체는 화장하고 그 재를 세 개의 점토 질그릇에 나누어 담아 베트남의 북부, 중부, 남부 지역의 언덕에 묻고 돌 표지판 같은 것은 하지 말고 다만 주변에 소박한 그러나 단단한 집을 짓고 나무를 심어줄 것을 당

"독립과 자유보다 더 귀한 것은 없다"고 말한 호찌민 영묘.

부했다. 그러나 호찌민의 시신은 현재 방부 처리되어 호찌민의 영묘에서 일반인들에게 공개되고 있다. 영묘 정문에 "독립과 자유보다 더 귀한 것은 없다"는 문구가 새겨져 있다. 여위고 창백해 보이는 호찌민의 시신은 유리관에 안치되어 어둡게 불 켜진 방 안에 보존되어 있다. 이 시신에서 그의 한때 인간적 매력과 카리스마는 더이상 볼 수 없지만 지금도 많은 방문객들은 그에게서 경외감을 느끼고 있다.

호찌민 거소

호찌민 영묘 뒤편에 호찌민의 거소가 있다. 1954년 프랑스로부터 독립을 쟁취한 후 이 거소를 짓고 1958년부터 1969년 사망할 때까지 이 집에서 거주하였다. 그는 바로 옆에 지어놓은 호화로운 주석궁에서 살기를 사양하였다. 호찌민의 거소는 나무로 지은 허름한 집인데, 소수 민족의 집 모양을 따서 지은 것이다. 1층은 회의장이 있고 정치국원 회의 탁자, 구형 전화기가 진열되어 있고, 2층에는 침실, 서재, 구형 라디오 등 평소 그가 사용했던 소지품이 진열되어 있다. 엄격한 생활에 익숙한 그의 인간적인 면모를 볼 수 있다. 이 거소에는 화장실이 없다. 화장실은 좀 떨어진 곳에 있는데, 호찌민이 화장실이 옆에 있으면 게을러진다며 떨어져 두게 했다고 한다.

호찌민 박물관

1990년 호찌민 주석 탄생 100주년 기념일에 개관하였다. 호찌민 생존 당시 사진, 친필 서한, 자료를 전시하고 있으며, 과거관과 미래관으로 구분된 전시실에는 평화, 행복, 자유 등을 상징하는 외국 작가의 현대 작품들을 배치해놓고 있다.

하노이 길 이름[68]

하노이에는 320여 개의 길거리 이름이 있다. 이 이름 중 외부 침략에 대한 항거와 관련된 이름이 31퍼센트(중국에 저항 58개, 프랑스에 저항 61개, 미국에 저항 2개), 위대한 인물과 관련된 이름이 11퍼센트, 지리적 명칭과 관련된 이름이 40퍼센트를 차지하고 있다. 외국인 이름을 딴 거리는 딱 하나 있는데 예르신Yersin 거리이다. 1890년대 초 베트남을 방문한 스위스의 박테리아 학자 알렉산드르 예르신(Alexandre Yersin, 프랑스 화학자, 루이 파스퇴르의 제자)을 기념하기 위함이었다.

하노이 확장

하노이 시는 천도 천년을 맞아서 대대적인 확장을 추진하고 있다. 지난 80년간 프랑스의 식민 지배, 통일 전쟁 등으로 인해 하노이 시는 장기적·안정적 도시개발계획 수립이 불가능했기 때문에 이번 확장 계획을 매우 중요하게 보고 있다. 하노이 시는 외곽 미개발 지역은 물론, 시내 중심가의 구시가지 및 프랑스 식민 시대에 조성된 구역 등 구역별 특성을 고려하면서 문화 가치 측면을 감안한 전통과 현대의 조화도 유념하는 통합적 도시 계획 수립을 바라고 있다. 하노이 시는 원래의 927.3제곱킬로미터에서 3,344.7제곱킬로미터로 확장되었고 인구는 640만 명으로 늘어났다. 하노이의 확장 기본 계획을 마련할 포스코 컨소시엄은 도시 환경 조성 분야에 최첨단 전문성과 기술력을 보유하고 있는 것으로 알려져 있어 정체된 하노이에서 역동의 하노이로의 전환을 포함한 도시 계획 수립을 성공적으로 이루어 낼 것으로 기대된다. 베트남 정부는 수시로 이 컨소시엄의 자문 의견을 청취하고 있다.

하노이 시가 확장하기로 결정된(2008년 5월) 직후인 2008년 6월경 하노이 확장 기본 계획 프로젝트에 우리 한국 기업 두 개 등을 포함 9개 나라에서 11개 회사가 응찰하였다. 우리 대사관은 하노이 확장 기본 계획 프로젝트에 한국 기업의 참여는 의미가 크다고 판단하고 이 프로젝트에 응찰한 두 개의 한국 회사를 소개하는 서한을 하노이 시에 보냈다. 하노이 시가 응찰 회사 현황을 발표한 자료에 한국 회사 두 개에 대해 한국 대사관의 소개 편지가 있었다고 밝혔다. 하노이 시의 전문가들로 구성된 심사 평가단은 엄격한 심사 후 한국의 포스코 컨소시엄을 선정했는데, 이는 포스코 컨소시엄의 기술력, 재정 능력, 환경 고려, 하노이 시의 비전 제시 등에서 인정받은 결과라고 생각한다. 결과 발표가 있은 얼마 후 한 유럽 대사가 나에게 이 프로젝트에 응찰했다가 실패한 자기 나라 회사가 자기 본국 정부에 한국 대사관은 이 프로젝트에 응찰한 한국 회사를 하노이 시 당국에 소개하는 편지를 보내는 등 열심히 도와주었는데 자기 나라 대사관은 이런 일을 하지 않았다며 불평하여 자기가 본국 정부로부터 질책을 받았다고 말했다.

베트남 정부는 하노이 시 확장 계획의 일환으로 현재 바딘 광장 옆에 소재한 베트남 외무부 건물을 하노이의 강남에 해당되는 뜨리엠Tu Liem에 짓기로 하고 국제 입찰에 들어갔다. 한국 회사로는 희림이 응찰하였다. 하루가 다르게 국제적 위상이 강화되고 있는 베트남의 외교를 이끄는 외무부의 청사 설계를 한국 회사가 맡은 것은 상징성이 큰 사업이라고 생각했다. 대사관은 희림을 소개하는 편지를 외무부에 보냈다. 희림은 외무부의 엄격한 심사 과정을 거쳐 설계 회사로 선정되었다. 나중에 베트남 외무부에서 열린 베트남 외무부와 희림 간 신청사 설계 계약식에 참석했는데, 나는 희림에게 베트남 외교부 청사로서의 기능은 물론 장래 하노이시의 위상, 베트남의 미래 발전상, 베트남인의 혼도 잘 반영시켜 훌륭히 설계해줄 것을 당부하였다. 베트남은 희림에게 사업을 맡긴 것은 한국에 대한 믿음을 나타낸 것이라고 의미 부여를 하면서 외교부 신청사가 여러 가지 의미를 지닌 중요 건물임을 감안, 베트남에서만이 아니라 동남아 지역에서 대표적인 건물로 설계해줄 것을 요청했다. 1년 후 나는 기공식에도 참석했는데 베트남 총리, 외무장관 등 고위 인사들이 참석했고, 설계를 한국 회사가 수행한 덕분에 외교단에서는 나만 초청되어 참석했다.

우리 대사관은 하노이 천도 천년에 즈음하여 베트남 사람들이 오랫 동안 한국을 우방국으로 기억할 수 있도록 하는 사업을 검토했는데, 모두 실현되지는 않았다. 하나는 서울에 '하노이 거리'를 두고 하노이에 '서울 거리'를 두는 것이다. 서울시는 단 하나 외국명의 거리를 두고 있는데 그것이 바로 '테헤란로'이다. 테헤란에는 '서울로'가 있다. 이 거리 이름은 양 국민들을 한결 가깝게 해주고 있다고 생각한다. 테헤란을 방문하는 한국인들은 '서울로' 표지판을 보고는 매우 반가워했다. 이란 사람들도 서울을 방문하면 꼭 '테헤란로'를 들러 사진도 찍고 구경도 하며 자부심을 갖는다고 들었다. 둘째는 하노이에 '우정의 타워'를 지어 기증하는 아이디어였다. 마치 프랑스가 미국 독립을 축하하기 위해서 '자유의 여신상'을 만들어 기증하고 이를 미국의 관문인 뉴욕 시에 세워놓아 두고 두고 미국인들 마음에 프랑스의 이미지를 남겨놓듯이. 그 '우정의 타워'는 하노이 시민들에게 쉼터도 제공하면서 관광명소가 될 것이다. 이 탑이 세워진다면 한국-베트남 우호의 상징으로 오랫 동안 기억될 것으로 생각되었다.

탕롱-하노이 천년을 기념하며

2010년 10월 10일 아침 8시부터 약 1시간 반 동안 하노이 바딘 광장에서 탕롱-하노이 천년 기념식이 성대히 거행됐다. 금년은 베트남 리 왕조의 리타이또 초대 왕이 수도를 닌빈 성의 호아르에서 용이 오르는 곳 탕롱(Thang Long, 昇龍)에 수도를 옮긴지 꼭 천년이 되는 해이다.

나는 이 뜻깊은 행사에 우리 정부의 경축사절단(단장 이병석의원, 김을동 의원)의 일원으로 참석했다.

이 역사적 행사는 베트남 지도자, 전국에서 온 지방 경축대표단, 하노이 주민 그리고 하노이 주재 외교사절, 30개국의 경축사절단 등 30,000명이 참석한 가운데 아침 7시 55분 호찌민 박물관에서 옮겨온 횃불을 응우옌푸쫑 국회의장이 점화하고 21발의 예포 속에서 1,000명이 애국가를 부르는 가운데 시작되었다.

응우옌민찌엣 국가주석은 경축사에서 리 태조가 수도를 지금의 하노이인 탕롱으로 옮긴 후 하노이는 천년 역사의 변천 속에서도

2010년 10월 10일 하노이 바딘 광장에서 탕롱-하노이 천도 1000주년 기념 행사가 열렸다.

국가의 중심으로서 굳건히 서서 베트남 국민을 단합시키고 베트남
인의 전통가치의 수렴과 결정의 구심점이었다고 말했다. 그는 당과
국민이 하노이 시를 영웅적 수도로 명명한데 대해 자긍심을 표명하
고 하노이는 전 국민을 위해 전 국민은 하노이를 위해 기여했다고
평가한 후 조상대대로 내려온 문명, 애국, 평화, 우호 등 베트남 가
치를 유지하고 후세대에 전해주자고 말했다. 그는 하노이의 근대
화, 번영을 통해 베트남을 평화, 독립, 단결, 번영의 나라로 만들자
고 강조했다.

　찌엣 주석의 연설에 이어 바로 열 대의 헬리콥터가 탕롱-하노이
천년 축하의 기를 날리며 바딘 광장의 상공을 비행하면서 축하 퍼
레이드가 시작되자 분위기는 한층 고조되었다. 54개 베트남 종족
을 상징하는 젊은 남녀 54명이 베트남 국가문장國家紋章을 운반했
으며 뒤이어 호찌민 주석 사진, 하노이의 상징인 용, 하노이 황성皇

城을 세계문화유산으로 인정한 UNESCO의 증서가 따랐다. 이어 군, 공무원, 경찰, 참전용사, 지식인, 농부, 노동자, 소수민족, 청소년, 종교단체, 해외교포 등 34개 단체의 퍼레이드가 계속되었다.

나는 이 행사를 보면서 베트남의 역동성과 밝은 미래를 다시 보았다. 하노이를 수도로 가진 베트남은 지난 천년간 역사의 우여곡절을 극복하고 이제 다시 떠오르는 용의 나라가 되고 있다. 나는 베트남 역사의 순간에 역사의 장소에 있었다. 하노이 천도 천년에 즈음하여, 900년 전부터 한국과 인연을 맺게 된 후 최근에는 이웃 나라, 형제의 나라, 사돈의 나라가 된 한국과 베트남이 더 가까워지기를 기원했다.

7

베트남 사람들의
의식을 지배하는 것은
무엇인가

베트남 사람들은 무엇을 믿는가

베트남인들은 조상, 가족, 촌락, 영웅 등을 숭상하는 토착 신앙을
믿고 있으며, 바위나 나무에도 신, 귀신이 있다고 믿고 있다.

베트남의 종교는 영혼 숭배, 귀신 숭배, 조상 숭배 등 토착 신앙
과 유교, 불교, 도교, 가톨릭, 기독교 등 외부 종교와 접합된 상태
다. 프랑스의 카디에르 신부(1869~1955년)는 베트남 종교를 큰 나
무통, 가지, 넝쿨식물, 꽃, 나무껍질 등이 뒤섞인 밀집 산림으로 비
유했다.[69]

베트남은 불교의 나라로 불교 신자가 전 국민의 3분의 2는 되는
것으로 추정된다. 좀 오래된 통계이기는 하지만 베트남 불교 관련
남승은 11,000명, 여승은 13,000명으로 추산되었고, 가톨릭 교도

는 600만 명, 신부는 약 700명, 수도원은 5개가 있는 것으로 알려졌다. 기독교는 130만 명으로 추산된다. 원주민 교인 까오다이Cao Dai교는 유교 · 불교 · 도교 · 기독교의 교리를 종합한 종교이다. 또 다른 원주민 교인 호아하오Hoa Hao교는 불교 교리를 단순화시킨 종교이다.

베트남은 고대로부터 믿어온 토착 신앙에 2세기 경부터 유교, 불교, 도교가 전래되어 공존해왔다. 불교와 유교가 베트남에 전해 들어오기 전에 베트남인들은 비의 신Phap Vu, 구름의 신Phap Van, 번개의 신Phap Dien, 청둥의 신Phap Loi 등 애니미즘 신앙을 가졌다.

유교와 불교가 전래되어 온 후에는 베트남인들의 생활 한 부분이 되어왔다. 베트남은 어디를 가나 공자 사당, 사찰, 파고다가 있다. 한 사람이 세 개의 교를 모두 믿기도 한다. 실용주의의 마음을 가진 베트남 사람들은 남에게 "아니요"라고 말하기를 매우 꺼려하는데, 종교가 베트남에 전래되어 올 때도 이를 거부하지 않고 받아들여 베트남화시켰다.[70] 베트남이 중국의 지배를 받은 10세기까지는 유교가 성행했고, 중국이 물러간 이후부터 15세기까지는 불교가 성행했다. 그리고 15세기부터는 다시 유교가 득세했다. 그러나 베트남에서는 종교 전쟁은 한 번도 없었다. 사당, 사찰, 파고다에 가면 베트남 각종 수호신, 국가 독립 영웅 및 인정 많은 성인들에 더해 불교, 유교 성인들도 모시고 있다.(파고다는 주지 승려 등을 모시고, 절은 영웅 등 성현으로 격상된 사람들을 모신다). 리 왕조 시대 승려들은 국가 정책에 참여했고, 쩐 왕조의 왕들은 은퇴 후 파고다에서 거주했고, 은퇴한 유교학자들은 도교의 향락주의를 택하기도

했다. 《끼에우 이야기》의 저자인 응우옌주는 유교 학자이지만 불교의 '카르마(karma, 因果應報)'에 심취된 사람이었다. 실용주의의 베트남인들은 사후의 세계보다는 현세의 구체적인 것을 추구하고 있음을 보여주는 사례로 보인다. 베트남인들의 의식은 유교·불교·도교의 결합체라고 한다.

지금도 베트남 사람들은 매달 음력 1일, 15일에 파고다나 절에 가서 향을 피우며 번영과 행복을 기원한다. 베트남에서 유교·불교·도교가 전파되었으나, 기독교는 전파되는 데 어려움이 많았다. 기독교는 유일신을 믿으므로, 베트남 문화에 깊이 뿌리 박혀 있는 조상 숭배는 허용하지 않았기 때문이다. 가톨릭은 프랑스의 베트남 무력 침투에 협조한 '원죄'가 있어서 배척되었다. 그러나 제도권으로부터 소외된 자들, 농어촌의 가난한 사람들에게 평등 의식과 천국의 약속으로 전파되었다.

베트남 사람들의 일상생활에는 부적, 복 기원, 고사 등 우리와 매우 흡사한 미신적 요소가 많이 있다.

한 낱말이 여섯 개의 뜻을 갖는 베트남어

언어가 사고를 지배한다는 말이 있다. 베트남 사람들의 깊은 사고는 정교한 베트남어에서 온 것으로 생각된다.

베트남어는 6성이다(남부는 5성이다). 즉 낱말 하나가 여섯 개의 뜻을 가지고 있으며 고저가 심하다. 그래서 집중해 들어야 한다. 고저가 거의 없는 우리에게는 베트남어가 힘찬 언어로 들린다. 베트남 외무장관은 항상 아주 조용한 목소리로 이야기하는데 베트남 말이 또 이렇게도 들릴 수 있구나, 생각되었다.

6성 때문에 외국인이 베트남 사람들에게 주소를 물을 때 글자로 써서 보여주지 않고 말로 길을 물어 자기가 가려고 하는 장소를 알아내는 것은 무모한 일이다.

꿕응우Quoc Ngu, 國語

문학, 정부 문서, 법률 문서에서 베트남 단어를 표현하기 위해 채택한 한자를 '쯔한Chu Han'이라고 한다. 베트남 어휘 중 50퍼센트 정도를 차지하고 있다. 이 '쯔한'은 학식이 있는 사람들만 읽을 수 있었다.

베트남은 중국에서 빌려온 문자를 실정에 맞게 변형시킨 문자 '쯔놈Chu Nom'을 사용해왔다. 놈이라고만 말하기도 한다. 한자를 이용해 자국어를 표기하는 점에서 우리의 향찰, 일본의 가나와 같다. 쯔놈은 민중의 글자라는 의미를 가지고 있는데, 한자와 베트남 고어에 대한 깊은 지식이 있어야 해독할 수 있는 무척 난해한 문자라고 한다. 응우옌빈끼엠, 레뀌돈, 응우옌주, 호꿔리 등이 쯔놈 문학을 이루는 데 크게 기여했다.

중국의 지배 기간이나 프랑스의 식민 시대에 베트남은 이언어二言語 상태에 있었다. 중국의 경우에서처럼 프랑스의 경우에도 베트남은 프랑스인들의 선진화된 문화 표현에는 매료되었지만 그들의 언어는 배척했다. 여기에 두 가지 동기가 있었는데, 하나는 자신의 언어를 보호하는 것이고 또 다른 하나는 자신의 언어를 풍요롭게 하는 것이었다. 중국 침략 격퇴를 노래한 15세기 유학자 응우옌짜이는 베트남의 저항을 중국어로 썼다.

오늘날 베트남 사람들이 사용하는 로마자 표기의 꿕응우는 1651년 프랑스 선교사 알렉산드르 드 로드Alexandre de Rhodes 주교가 로마자 표기 베트남어 사전을 간행한 데서 시작되었는데, 서양 선교사들은 선교 목적으로 베트남어를 로마자로 표기한 이 문자를 썼고, 나중에 베트남 애국자들이 베트남인들의 대중문화 수준을 높이고 혁명 사상을 전파하기 위해 이 문자 표기를 택했다. 특히 응우옌주는 중국어의 베트남어 표기인 쯔놈으로 된 〈끼에우 이야기〉를 꿕응우로 변형시켜 대중들의 접근을 용이케 했다. 꿕응우의 광범위한 확산으로 소설, 단편 등 문학과 언론이 크게 발전하였다. 프랑스 식민 당국은 1910년 꿕응우를 베트남의 공식 언어로 공표했다.

한자 어휘 사용

베트남어는 표기만 달랐지 아직도 한자 어휘가 많이 남아 있다. 중국 한나라 시대 베트남에 한자가 전파된 것으로 알려지고 있다. 그 이후 중국의 중원에서 한민족漢民族이 아닌 이민족들이 힘을 차지하자 중국 한인漢人들이 남으로 밀려났다. 이들을 객가인客家人이라고 부르고 이들을 통해 중국 문화가 남쪽으로 전해졌다는 말이 의관남도衣冠南渡이다. 시간이 지나는 동안 중국에서도 한자의 발음이 변했으나 한국, 베트남에서 한자의 원음이 대체로 잘 보존되어 왔다. 중국이나 일본의 경우 한자 발음이 변하여 우리가 알아듣기가 어려운데, 한국과 베트남은 한자 발음이 비슷하여 잘만 들으면 한자 어휘는 상당 부분 알아들을 수 있다. 어느 한 기업인이 베트남 말을 전혀 모르는데 베트남 사람들과 함께 회의에 참석하였다. 그는 회의가 진행되는 동안 우리말과 비슷하게 발음되는 "준비, 동의, 통과"라는 말을 알아듣고 일이 잘 진행되고 있음을 알았다고 한다.

인식의 바탕이 되는 것은 무엇인가[71]

베트남 역사와 문화를 통해 베트남 사람들의 인식 특징이 형성 됐다.

청동기 문화 시대에는 베트남인들은 농업 공동체에서 살기 위한 집단적 의지, 언어 및 신앙을 공유했고, 중국화 시기에는 국가 구조 및 유교-고위 관리 체제 형성의 시기였다. 그후 1,000년간의 베트 남왕조시대는 민족 국가, 민족 이념이 깊이 자리 잡았으며, 남진 (Nam Tien, 南進)으로 국토가 확장되는 시기였다. 이런 과정을 통해 국가와 사회, 학자와 농부, 공식 문화와 대중문화, 전통으로 회귀 및 외부 세계에 개방, 단합과 개인적 창조성 등 변증법적 사고와 적 용에 익숙하게 되었다. 베트남인들은 종족 측면에서 토착민과 몽골 족 간 결합이며 중국, 인도 등 외부 문화를 베트남인들에게 동화시 킨 뛰어난 연금술을 지니고 있다.

남과 나를 함께 생각하다

베트남 사람들은 공동체 의식이 매우 강하다. 전 역사를 통해 외 부의 적, 자연재해와 싸워야 했기 때문에 단결이 중요했다. 자동차, 오토바이, 자전거, 인력거, 사람으로 뒤섞인 하노이 교차로는 혼란

속에서도 질서가 있다. 가끔 접촉 사고는 있지만 우려할 정도는 아니다. 그 이유는 합의된 규정은 없지만 본능적으로 남의 안전과 자기의 안전을 고려하는 동시성이 있기 때문이다. 교통의 무질서 속에 존재하는 이 컨센서스는 공동체 의식에서 생긴 것으로 보인다. 이를 집단적 의사소통이라고 부르기도 한다.

아침을 일찍 시작하는 사람들

근면, 지혜, 창의성, 절약의 국민이다. 베트남 사람들은 매우 부지런한 사람들이다. 공식 휴일이 1월 1일, 음력설(공식적으로는 4일간 휴일), 음력 3월 10일 홍왕 추모일, 4월 30일(사이공 해방일), 5월 1일(노동절), 9월 2일(독립 기념일) 등 휴일이 다른 나라에 비해 적은 편이다. 나아가 베트남인은 이른 아침에 하루를 시작한다. 학교와 관공서의 사무실이 7시 반에 시작한다. 이른 새벽에 길거리를 나가보면 많은 사람들이 나와 축구, 검도, 스트레칭 등 운동도 하고 청소도 하고 있다. 이러한 근면성이 원동력이다. 미국의 고등학교, 대학교에서 두각을 나타내는 학생들 중 상당수가 베트남 학생들이라고 한다.

원칙을 중시하되 유연하게

생존을 위한 적응 능력, 태도의 유연성, 현실주의, 구체성 선호, 절충주의 및 경험주의를 중시한다. 원칙을 견지하면서도 정책과 전략에서는 매우 유연한 태도로 임한다. 국익을 위해서는 과거 적대국과도 수교하고 이들로부터 자본과 기술을 도입한다. 과거 적이었던 월남의 응우옌까오끼 전 총리 등 비엣끼에우越僑에게 베트남 귀환 및 투자를 허용했다.

논리보다는 감성을

이성보다 감성을 중시하고 철학적 사고나 은유적 도약의 경향은 적은 편이다. "백 개의 이유도 조금의 정서에 미치지 못한다"는 속담이 있듯이 감성을 중시한다.

종교적 심성

종교적 심성이 깊은 국민이다. 청동기 시대의 토착 신앙과 정령 신앙이 이어져오고 있고 중국 지배 기간 유입된 불교 및 유교의 영향도 크게 받았다. 절이나 유교 사당에 가면 노래 부르며 기도하는 사람이 가득하다. 점과 풍수지리설을 믿는다.

강줄기처럼 부드러운 베트남 사람들

직선보다는 곡선을

비행기에서 내다보는 베트남의 강줄기는 구불구불하다. 하노이 벌판에서도 그렇고 호찌민 상공에서 내려다보는 모습도 뱀처럼 구불구불한 강의 모습이 매우 인상적이다. 자연이 만들어준 선이다. 만일 강줄기들이 직선이라면 물이 흐를 때 엄청난 수압으로 강둑은 쉽게 무너져버릴 것이다. 직선은 조급과 냉혹을 뜻한다. 구불구불한 곡선은 여유와 운치를 뜻한다.

자연의 영향으로 베트남인들의 성격은 강줄기처럼 부드럽고 간

접적이다.

여건은 수세기에 걸쳐 변화된다

베트남 사람들은 거의 천년 동안 전쟁을 치르며 살아온 사람들이다. 월남 전쟁 때 베트남 사람들이 파놓은 중부 지역의 꽝찌 성의 터널, 호찌민 시 근처에 있는 구찌 터널 등 이처럼 낮고 비좁은 곳에서 수천 명이 살면서 미국과 전쟁을 치렀다는 사실을 보고 그들의 인내심을 깨달았다. 베트남 사람들은 "여건輿件은 수세기에 걸쳐 변화된다"고 생각하며 서둘지 않는다. 베트남 사람들은 고통을 인내하면서 시간을 얻는 것이 모든 것을 의미한다고 믿고 있다. 2008년 11월 24년 만의 대홍수로 하노이를 비롯하여 인근이 온통 물에 잠겼는데 베트남 사람들이 야단법석 떨지 않고 차분한 가운데 참아내는 모습이 매우 인상적이었다.

시간 개념과 박자

베트남 사람들의 시간 개념과 박자는 우리와 다르다. 베트남 사람들은 얼리 버드early bird 즉, 새벽을 깨는 사람들이다. 그러나 그들은 자연과 역사를 통해 그들 나름대로의 시간 개념을 가지고 있다. 그것은 인내다. 인내로 자연재해와 전쟁을 극복한 사람들인 그들은 죽창을 가지고 프랑스를 이겼고 재래식 무기를 가지고 미국을 이겼다. 그들은 서두르지 않는다. 현대기술이 없어도 얼마든지 생존할 수 있다고 믿고 있는 것 같다. 기다리는데 익숙한 사람들이다.

베트남 사람들은 물로 비유되곤 한다. 물처럼 유순하고 조화와 단결을 잘하지만 물이 댐을 폭파시킬 수 있듯이 투사적 측면도 지니고 있다.

조롱박에서는 둥글게, 튜브에서는 길게

베트남 사람들은 자연과 전쟁에서 생존하는 방법을 터득해왔다. 적응력과 유연성이 힘이다. "조롱박에서 살 때는 둥글게 되고 튜브 속에서 살 때는 길게 되라"는 베트남 속담이 베트남인들의 적응 능력과 유연성을 보여주고 있다.

베트남의 중국과의 관계를 보면 한편으로는 저항과 투쟁을 하면서도 중국을 자극하지 않으려고 스스로 조공을 바치기도 하고, 문화적으로는 중국 문화에 매료되어 이를 배우고 따라하려고 했다.

호찌민이 미국, 영국, 프랑스의 혁명을 연구한 후 마르크스-레닌주의를 혁명 노선으로 채택했듯 베트남은 개방 과정에서 정치 체제에서는 중국을 모방하고 경제 발전에서는 한국, 일본 등의 개발 경험을 답습하는 유연성을 보여준다.

베트남 정부는 미국 거주 과거 월남 정부의 인사도 이들을 반정부 인사로 배척하는 것이 아니라 베트남의 해외 교민으로 포용하여 이들이 베트남에 투자하는 경우 베트남 국민과 똑같은 대우를 해주고 있다.

이런 모습들은 베트남이 장점으로 가지고 있는 '지속적 유연성'을 보여주는 것이다. 디엔비엔푸에서 프랑스군을 격멸시킨 베트남의 영웅 보응우엔지압 장군은 디엔비엔푸 전쟁에서 "신속 타격, 신속 진군" 전술 하나에만 매달리지 말고 상황의 변화에 따라 유연하게 대처할 것을 주장하였다. 이것이 '지속적 유연성'이다.

연금술사

베트남 사람들이 가진 특이한 능력 중 하나는 외국의 영향을 자기들에게 맞게 고치고 적응시키는 뛰어난 연금술이다. 베트남인들은 이런 연금술 능력으로 자기들의 신화, 전통, 언어 등 문화 유산을 잘 유지해왔다. 이런 융통성과 강인함 때문에 중국, 프랑스 등 외국의 지배와 분단의 고통 속에서도 정체성을 유지해왔다.

체면 중시[72]

베트남 사람들은 체면을 중시한다. 공동체 의식이 강한 베트남 사람들은 체면 손상은 치명적인 것으로 생각한다. 서양 사람들은 타협을 합의에 이르는 중요한 과정으로 보는 데 반해 베트남 사람들은 타협은 자기의 취약을 드러내는 일로 체면을 손상시킨다고 보고 있다. 다만 타협은 상대를 패배시키는 대전략의 일환으로만 이용한다. 호찌민의 "원칙 있는 타협"은 그런 의미로 이해된다. 한편, 베트남인들은 자기 체면도 중시하지만 상대의 체면도 중시한다. 베트남의 역사와 외교에서도 소개했지만 베트남은 중국과 전쟁에서 이겨놓고도 먼저 찾아가서 화해를 요청했는데 이는 상대의 체면을 배려한 예이다.

베트남인이 아시아의 프러시아인이라고?[73]

프랑스와 전쟁, 월남 전쟁 때 서양 언론을 통해 전해진 베트남 이미지는 전쟁을 좋아하고 거친 민족이라는 것이다. 이는 매우 크게 왜곡된 이미지다. 베트남인들이 국가의 독립과 통일을 위한 투쟁에서 생긴 이미지이지 진정한 이미지는 아니다. 베트남 사람들은 문화와 예술을 사랑하는 순박한 사람들이다.

베트남의 남북 간 정신적 상태의 차이

첫 번째 베트남 남북 간 분단은 레 왕조 때 남쪽의 응우옌 영주와 북쪽의 찐 영주 간 150여 년에 걸친 싸움으로 생겼으며, 경계선은 중부 꽝빈 성에 있는 자인 강Gianh River이었다. 북쪽은 똥낀으로 남쪽은 코친으로 불렸다.

두 번째 분단은 프랑스 식민 시대 때였는데, 북쪽을 똥낀, 중부 지역을 안남, 남쪽을 코친으로 나누어 통치했다.

세 번째 분단은 1954년 제네바 회담에서 17도 선을 경계로 해서 베트남은 북남으로 나뉘었다. 북쪽은 사회주의를, 남쪽은 자본주의를 택했다.

베트남에서 남쪽 사람이라고 부를 때는 주로 메콩 델타 지역 거주민을 일컫는 말이다. 그러나 이 사람들은 결코 분리주의자는 아니다. 이 지역도 인종적, 지리적, 역사적, 문화적, 심리적 측면에서 북쪽이든 남쪽이든 크게 다르지 않다.

유럽에서 날씨 때문에 북쪽 지방 사람들은 지중해의 남쪽 사람들보다 접근하는 데 더 어렵고 말수도 적은 편이다. 물론 베트남도 남쪽이 북쪽보다 자원도 더 많고 날씨도 더 무더운 편이기 때문에 북쪽의 생울타리 공동체, 옛날 관습, 의례식, 금기 사항 등은 적은 편이다. 굳이 차이를 말한다면 북부 사람은 근엄하고 인내심이 강하며, 남부 사람은 개방적, 낙천석이며 자유분방한 측면이 있다. 그러나 베트남인들 간에 '주인', '손님' 구별은 적은 편이며, 54개 민족 간 조화를 잘 이루며 살아가고 있다.

시와 노래를 사랑하는 국민[74]

베트남 사람들은 시를 매우 사랑한다. 촌락과 국가가 시를 사랑하고 있다. 응우옌주의 3,000여 행의 6.8조 서사시인 〈끼에우 이야기〉는 베트남의 모든 계층과 전연령에 걸쳐 읽히고 있다. 또 모든 베트남 사람들은 시인이라고 한다. 대표적인 예가 호찌민이다. 그의 〈옥중 일기〉는 당시唐詩 형태의 훌륭한 문학 작품이다. 호찌민은 외국 지도자들과 만나거나 헤어질 때도 시를 지어 그의 마음을 표명했다. 지금은 은퇴한 베트남 국회 대외관계위원회 위원장 부마오 Vu Mao는 유명한 시인이며 한국을 찬미하는 노래를 다섯 곡이나 작사, 작곡했다. 쩐쫑또안Tran Trong Toan 현 주한 대사도 많은 시를 쓴 시인이다. 따민쩌우Ta Minh Chau 전임 당 대외관계부위원장(지금은 라오스 주재 대사)도 시인이었고 시집도 냈다. 행사 때 만나면 시를 읊기도 한다. 몇 사람의 예를 들었을 뿐이다. 베트남 사람 열 명을 모아놓으면 열한 개의 시를 짓는다고 한다.

베트남의 명시를 모아서 편집해온 어떤 서양 학자는 베트남 문화는 전쟁과 시로 특징지어진다고 말했다.

베트남 사람들이 시적 추상력, 상상력이 뛰어나기 때문에 국제 수학 경시 대회에서도 계속 우수한 성적을 내고 있다고 주장하는 사람도 있다.

베트남 사람들은 노래를 사랑한다. 박닌 성의 꽌호 노래는 베트남 북부에서 널리 애송되는 민요인데, 국회의원도 공무원도 호텔 종업원도 이 민요를 부른다.

쩐쫑또안 주한 베트남 대사가 제주도에 갔을 때 그 아름다운 모습을 보고 지은 시를 소개한다. 최석영 외교통상부 무역협상 대사가 이 시의 영어 번역본을 우리 말로 옮겼다.

제주도

쩐쫑또안

창문을 때리는 세찬 바람
아- 여기가 그 삼다도 제주인가!
밝아오는 여명에 드러나는
아스라이 높은 쪽빛 하늘

몰아치는 바람 거친 파도 아랑곳없이
수평선 넘나드는 흰 물수리 떼
묵묵히 서 있는 병풍바위만 화산의 흔적을 말하고
응회석에서 피어나는 화사한 영산홍

작열하는 태양 모진 태풍 속에서도
바다 물질에 나서야 했던 해녀海女들
그런 시련과 아픔은 모다 옛 이야기
탐라는 이제 달콤한 신혼여행의 섬…

…억겁을 부는 제주의 바람
파아란 하늘에 하이얀 구름
바위에 부서지는 허연 파도
불모의 땅에서도 생명은 잉태되고 또 소생될지니

코리아 찬가

부 마오

반만년 역사의 코리아,
산은 많고 들은 끝이 없구나

찬란한 전통으로 조국을 건설했나니,
자부심이 코리아의 산하에 넘친다

코리아의 산하!
55년 이상의 세월이 이미 흘러갔구나

분단의 아픔이 그 얼마이기에,
내일의 소망이 조국강토의 통일이라네

세상 사람들 기쁨으로 칭송하리라,
코리아, 코리아를.

미소

태풍, 가뭄, 비, 폭풍, 홍수, 흑사병 등 적대적 환경, 빈번한 외국 침략, 가혹한 봉건 사회의 여건 속에서 끊임없이 투쟁해야 하는 베트남 사람들에게 미소는 생존의 수단이다. 웃음이 없었더라면 오늘날 생존하지 못했을 것이다.

길거리의 뙤약볕과 먼지 속에서 퍼를 먹는 할머니의 얼굴에서도 미소를 볼 수 있다. 디엔비엔푸 전쟁 박물관, 꽝찌 전쟁 박물관에 걸려 있는 전쟁 사진에서도 미소를 볼 수 있다. 전쟁 중 휴식을 취하고 있는 병사, 작은 배로 군수 보급품을 나르는 농부의 얼굴에서도 미소를 볼 수 있다.

베트남 사람과 인사법

베트남 사람들은 동성 간이든 이성 간이든 만날 때 대개는 악수한다. 좀 친한 사이가 되면 포옹하거나 볼 키스를 한다. 포옹이나 볼 키스는 친근감의 표현이다. 아시아 국민 중에서 유럽식 인사 방법을 가장 빈번히 보여주고 있다. 포옹은 레닌주의의 영향인 것 같기도 하고 프랑스의 영향인 것 같기도 하다. 아마도 프랑스에서 오래 산 호찌민의 포옹 인사 방법을 베트남 국민이 따른 것 같다.

베트남 사람들은 눈을 마주 보며 대화한다. 대개 동양 사람들은 상대방을 빤히 쳐다보면 불손한 것으로 오해받지만 베트남 사람들은 진지한 태도로 듣는 표시로 눈을 마주 보며 대화한다.

베트남 사람들은 대화 시 손이나 머리 움직임이 적다. 조용하게 말하고 목소리를 여간해서는 높이지 않는다. 베트남 속담에 상대의 영혼에 이르려면 부드럽게 말하라고 한다.

베트남인과 협상

베트남인들의 협상 스타일은 역사, 전통, 문화, 가치 그리고 60년에 걸친 마르크스-레닌주의에 의해 크게 영향을 받은 것으로 분석된다. 베트남은 1,000년 동안의 중국의 지배, 80년의 프랑스 지배 등 고통의 시기도 겪었지만 프랑스, 미국, 중국과 전쟁에서 이들을 물리친 자존심도 가지고 있다. 현재 베트남의 고위 지도자, 정부 정책 입안자들은 레닌주의의 교육과 문화에서 성장했고, 베트남의 독립과 통일 과정에서 어려운 시기를 보낸 사람들이다.

앞에서 살펴보았듯 자연 재해 및 외세의 침략에 공동 대응하면서 베트남인들 사이에는 공동체 의식과 조화가 강하게 발전했다. 또한 외세의 빈번한 침략으로 외국인에 대해 경계와 의구심이 강한 편이다.

논리와 이성보다는 미소로

유교 및 불교의 영향으로 위계질서와 비언어적 의사소통이 깊게 자리 잡았다. 염화시중의 미소가 통한다. 베트남 사람들은 정중하고 간접적이며 분쟁을 피하길 원한다. 이견을 공개적으로 노출시키는 것을 싫어한다. 문제가 생기면 직접 대면하여 해결하려 하기보다는 중개인을 내세운다. 시를 사랑하는 베트남인들은 논리와 이성보다는 완곡하고 모호한 표현을 선호한다. 정확성의 법률적 접근보다 윤리적 도덕적 접근을 선호한다.

정치는 말, 사회는 마차

베트남은 정치 우선 사회다. 정치가 사회 전반에 영향을 주고 있다. 현재 베트남의 통치 이념인 '사회주의 시장 경제'에서 보듯 사회주의 이념을 원칙으로 하면서 시장 경제는 하나의 전략으로 택한 것으로 보인다. 1986년 개혁·개방으로 국민의 의식주 개선에 우선순위를 두고 있지만 아직도 경제나 사회 문제가 별도의 영역을 갖는 것은 아니고 정치가 경제와 사회를 이끌고 있다. 정치는 말馬이고 경제·사회는 마차馬車의 역할을 하는 것으로 비유할 수 있겠다.

"알았습니다"

베트남 사람들은 "아니요"를 말하지 않는다. 한국 기업 회장이 베트남 정부 고위 인사를 만나 사업을 협의할 때 베트남 측 인사가 "알았습니다"라고 말한 것을 그 한국 기업 회장은 사업 제의에 동의한 것으로 오해하고는 귀국 후 사업이 잘 추진 안 되면 현지 지사에게 이미 다 합의한 사업을 제대로 이행하지 못한다며 질책한다는 이야기를 여러 번 들었다. 베트남 측의 "알았습니다"는 앞으로 생각해보겠다는 정도의 뜻이지 전혀 "동의"한 것은 아닌 것으로 이해된다.

컨센서스

베트남은 컨센서스에 의해 움직이는 사회로 보인다. 유교와 레닌주의 영향으로 강력한 지도자를 중심으로 움직이지만, 정책 결정은 촌락 문화와 레닌주의의 영향으로 모든 구성원이 참여하고 반대하지 않는 컨센서스로 이루어진다. 베트남에서 최종 정책 결정도 당 서기장, 국가 주석, 총리, 국회의장, 조국 전선 주석 등 집단 지도 체제에 의해 컨센서스로 결정된다. 물론 군사, 안보, 주권, 외교 등 중요 문제는 최고 리더십에 의해 결정되지만, 대개는 최고 리더십에 상정되기 전에 이미 각 부서의 중간층 이해 당사자 간에 충분히 검토되기 때문에 정책 결정의 방향과 내용의 대부분은 이미 중간층에서 형성된다.

80퍼센트 기다리고 20퍼센트는 실행하고

이런 컨센서스 관행 때문에 베트남에서 의사 결정이 늦는 경우가 허다하다. "당장", "빨리빨리", "냉큼" 등 성미 급한 한국인들에게 지연은 지옥이다. 그러나 베트남의 의사 결정 절차를 이해하면 기다릴 수 있을 것이다. 나는 우리 기업들에게 80퍼센트의 시간은 기다리고 20퍼센트의 시간은 실행의 시간으로 삼으라고 권고했다. 베트남 사람들도 우리 한국인들이 급한 성격 때문에 손해 보는 경우가 많다고 조언하고 있다.

우리 공관이 도와주어 해결된 미수금 회수 사례 중 A사 건은 인내를 가지고 처리한 대표적 케이스다. 미수금 금액도 매우 큰 데다가 이미 회수 교섭에 3년이 지났다. A사의 요청으로 대사관이 관여했는데, 이 일의 해결 과정을 보면서 시장 경제의 경험이 짧은 베트남인들이 "계약은 준수되어야 한다" 원칙에 대한 이해가 아직은 부족했던 것 같고, 또 미수금 지불 여부에 대한 베트남의 해당 부처 간 검토와 동의 도출을 위한 컨센서스 의사 결정 과정에서 시간이 많이 걸렸던 것 같다. 인내를 가지고 임해서 원만히 해결된 사례다.

B사는 하노이 시 근처 성에 베트남 기업인과 합작 투자를 결정하고 계약에 따라 상당 수준의 투자금을 베트남 측 파트너에게 송금했다. 그런데 베트남 파트너가 마음을 바꿔 합작 투자를 거부하는 바람에 이미 송금한 원금의 회수 문제가 발생하였다. B사는 2008년 서울에서 개최된 공관장 회의 기간 중 주선된 기업과의 대화에서 나에게 이 문제를 거론하고 투자 원금 회수에 대해 지원을 요청했

다. 하노이로 귀임한 직후 나는 해당 성 지도부에 서한을 보내고 성으로 지도자들을 여러 차례 방문도 하고 또 하노이에서 이들을 만나 이 문제의 해결을 당부하였다. 1년 반 정도의 시간이 걸리긴 했지만 B사는 원금과 그간의 이자까지 합쳐서 모두 무난히 회수하였다. 이 건 역시 내부의 컨센서스 수렴 절차에 시간이 소요되었고 일단 합작 투자를 포기하고 투자 원금 반환의 방침이 결정된 후에는 절차가 신속히 이루어졌다.

컨센서스 의사 결정에서 보듯 베트남 사람들은 협상 시 자신과 자기를 지휘하는 상관을 넘어서 그룹의 판단이나 인식(그룹 심리)에 의해 영향을 받는다. 촌락 문화 또는 대나무 울타리 생활 관습에서 유래한 것으로 보인다. 베트남의 집단 지도 체제는 그룹 심리에 지침을 주는 최정점의 권위이다.

협상은 갈등

협상에 임하는 베트남 사람들의 자세는 진지하고 일치단결하고 규율이 있어 보인다. 한편으로는 딱딱하고 의구심을 드러낸다. 외세 침략을 많이 겪어서 안보 불안이나 취약성에 민감하며, 실무적이고 화기애애한 협상 분위기는 주지 않는다. 가만히 보면 협상을 극복해야 할 갈등으로 보는 것 같다.

힘 중시[75]

베트남 사람들은 협상 시 힘을 중시한다. 외교적 힘은 그 나라의 내부 힘(전 국민의 단결과 결의)에 달려 있다고 보고 있다. 베트남 말에 진짜 힘은 종이고 외교는 종소리이다. 종이 크면 종소리 또한 클

것이다. 베트남 사람들은 외교는 군사와 밀접한 연관이 있다고 보고 있다. 군사적 승리가 외교 승리의 열쇠라고 강조한다. 호찌민은 이 외교 룰을 터득하고 전투 현장에서 얻은 것만큼 협상 테이블에서 달성할 수 있다고 강조했다. 월맹은 디엔비엔푸 전투에서 승리하고 제네바 협상에서 독립을 쟁취했고, 월남 전쟁에서 전쟁터에서 유리한 입장을 확보한 후 미국과 파리 협상에서 월남으로부터 미군 철수를 달성했다.

형식이 실질 내용을 지배한다

미국과 월맹 간 파리 회담에서 보았지만, 베트남 사람들은 협상 장소, 의제, 의전에 매우 민감해한다. 베트남 사람들은 "형식이 실질 내용을 지배한다"고 보고 있는 것 같다. 미국이 월맹과 파리 협상 시 월남 내 임시혁명정부가 월남 정부와 대등한 위치에서 협상에 참여할 수 있도록 회의 탁상을 배치해야 한다는 월맹 측 주장으로 많은 시간을 보낸 적이 있다. 결국 월맹 측 주장대로 협상 테이블에 앉은 대표들은 모두 중요성에서 '동등'을 보여주는 원탁형 테이블을 배치했다.

원칙과 비전을 중시하다

베트남 사람들의 협상 초기 태도는 현안 문제에 집중하기보다는 포괄적 · 일반적 내용의 발언을 통해 원칙과 비전을 제시한다. 상호 평등, 주권 존중, 국제법 존중 등 원칙은 항상 언급된다. 베트남 사람들은 협상 시 원칙에 대해 먼저 합의하고 이틀 내에서 세부 사항을 도출해나가는 '연역적 접근(deductive approach, 演繹的接近)'을 선호하는 것으로 보인다. 베트남 사람들이 자주 이용하는 또 하나 합의 방식은 '원칙적 합의(agreement in principle, 原則的合議)'이다. 그러나 이 '원칙적 합의'는 약속일 뿐 동의는 아니다.

반복

홍정 단계에 들어가면 상대가 먼저 발언하게 한다. 베트남에서 협상할 때는 손님이 먼저 말하라고 하고, 외국에 나가서 협상할 때는 주인이 먼저 말하라고 권한다. 홍정 단계에서 지연 전술이 이용되곤 한다. 문제 해결의 대안 제시보다는 자기 입장을 반복하는 경향이 있다. 월남 전쟁을 종결시키기 위한 파리 협상에서 월맹의 레득토는 협상 상대인 키신저에게 거의 3년간 똑같은 입장을 반복하였다.

베트남 사람들은 마지막 단계에서 의미 있는 양보를 한다. 가끔 합의한 후에도 다시 새로운 문제를 제기하는 사례도 있다.

키신저와 레득토의 협상 스타일

월남전 종식을 협상한 키신저와 레득토는 협상 스타일에서 서로 닮은 점이 있는 것으로 보인다.

첫째는 협상의 진행 방식이다. 키신저도 레득토도 모두 협상의 틀이 되는 원칙을 정한 후 세부 사항을 협상하는 '연역적 접근'을 택한 것으로 분석된다. 레득토는 먼저 협상의 원칙이 될 미군의 일방적 철수, 티에우 축출, 월남 내 월맹군 잔류, 월남 내에 월맹이 승인하는 연립정부수립 등을 협상의 원칙으로 3년간 계속 반복해서 주장했다. 원칙 문제에 대해 합의가 없는 한 세부사항은 별 진전이 없었다.[76] 물론 1972년 2월 미국과 중국 간 수교, 같은 해 5월 미국과 소련 간 데탕트 등 국제 정세가 월맹에게 불리하게 전개된 것도 영향을 주었지만, 월맹은 미군의 일방적 철수, 월맹군의 월남 내 잔류 묵인 등이 합의되자 티에우 축출 등을 철회하면서 미국과 합의에 동의하였다. 키신저는 협상이 어느 방향으로 갈지도 모르는 가운데 세부 사항을 제시하는 것은 자살 행위라고 말할 정도로 협상의 틀이 되는 기본 원칙을 먼저 합의한 후 세부 사항을 협상하는 방법을 선호했다.[77] 그렇다고 키신저가 세부 사항을 등한시한 것은 아니었다. 키신저는 "디자인에서처럼 외교에서도 신은 세부 사항에 있다"라고 말했다.[78] 키신저는 아랍-이스라엘 협상 시에는 그들 간 불신의 벽이 원체 높았기 때문에 단계적으로 상호 신뢰를 쌓아가는 "귀납적 접근(inductive approach, 歸納的接近)"을 적용하기도 했다. 그러나 그는 양측이 상대의 원칙을 수용하고 양보를 통해 일거에 타결하는 중국식 접근을 좋아한다고 말한 바 있다.[79]

둘째는 체면의 고려이다. 전통적인 공동체 생활에서 형성된 체면 유지는 베트남 사람들에게 매우 중요한 가치이다. 베트남 사람들은 자신의 체면 유지도 중시했지만 상대의 체면도 중시했다. 과거 중국과 싸워 이긴 후 먼저 찾아가 화해를 요청한 것이 그 예이다. 레득토는 키신저가 '건설적 모호성'을 통해 월맹과 월남 간 군사 분계선, 월남 주권, 월남 내 연립 정부, 월맹에 대한 보상 등 문제를 해결해나가는 데 정면 거부하지 않았다. 레득토는 키신저가 직설적인 사람이 다루기에 제일 어렵게 여긴다는 것을 잘 알았던 것 같다.[80] 키신저는 협상 당사자들에게 항상 체면을 세울 수 있게 여지를 주어야 한다고 강조했다.[81] 키신저가 적용한 "건설적 모호성"[82]

은 그런 접근의 대표적 예다. 키신저는 협상 당사자들이 자기들에게 유리하게 해석할 수 있도록 해야 한다고 말한 바 있다. 그는 "외교란 분명한 것을 모호한 상태로 유지하는 것"이라고까지 말했다. 그는 직설적인 사람이 다루기 제일 힘들다고 말했다.[83]

8

베트남의 숨은 매력

Việt Nam Kiến Văn Lục

역사와 문화가 숨쉬는 도시와 지방

위아래로 길고, 해안선이 긴 나라, 물과 나무의 나라, 베트남은 정처 없이 걸어도 갈 곳이 많고 볼 것이 많다. 신이 여행하기에 좋은 나라로 만들어놓은 듯하다. 천혜의 관광 자원이 많다.

유네스코는 하롱베이(1994), 후에 유적지(1993), 호이안 옛 도시(1999), 미선 탑(1999), 퐁야-케방 국립공원(2003)을 각각 세계 문화유산으로 지정하였다.

지리적으로 나라가 긴 베트남은 북부, 중부, 남부로 나누어 설명할 수 있다.

북부는 하노이와 베트남 문명의 요람인 홍강, 중부는 우리의 경주에 해당하는 왕도 후에, 16세기 국제 무역항 호이안, 프랑스와 미국의 베트남 진입 항구 다낭, 월맹과 월남의 분단 시절 군사 분계선이 있고, 남부는 호찌민, 메콩 델타가 주요 지역이다.

홍강 델타와 메콩 델타는 베트남의 곡창 지대다. 홍강은 중국 운난 성에서 발원하여 1,200킬로미터를 흘러 남딘으로 들어간다. 베트남 구간은 475킬로미터로 15,000제곱킬로미터의 홍강 델타를 적신다. 하노이 구간은 42킬로미터이다. 메콩 강은 티베트에서 발원하여 중국, 미얀마, 라오스, 캄보디아, 베트남을 경유하여 4,220킬로미터를 흐른다.

베트남에는 해발 2,400미터 이상의 산이 11개나 있다. 가장 높은 산 판시판Phan Si Pan은 그 높이가 3,143미터이다.

북부의 기후는 봄, 여름, 가을, 겨울의 4계절이 있다. 여름은 5월에서 10월까지 다소 긴 편이다. 5월에서 9월까지는 우기로 비도 많이 내리고 습도도 매우 높은 편이다. 1월부터 4월까지는 겨울로 해가 없는 겨울 날씨다. 매우 침침하고 쌀쌀한 날씨가 계속된다. 기온이 섭씨 10도로 내려가면 가축이 얼어 죽고, 학교가 휴교한다.

중부는 8~9월에는 태풍이 잦아 홍수 피해가 크고, 건기인 5월에서 8월까지는 매우 무덥다. 남부는 4~5월이 가장 무덥고 습도도 높다. 5월~10월은 매일 스콜이 한 시간 정도 내린다. 베트남은 북부든 중부든 남부든 대개 11월부터 이듬해 4월까지는 방문하기에 매우 좋은 기간이다.

하롱베이Ha Long Bay 下龍

베트남의 숨은 매력 중 대표적인 것이 하롱베이이다. 1,533제곱킬로미터의 넓이에 2,000여 개의 섬이 장관을 만들어내는 하롱베

신이 베트남 사람들에게 준 선물. 하롱베이

이는 용이 내려앉은 곳下龍이라고 한다. 신이 베트남 사람들에게 준 선물이다.

　바로 앞에서 말한 대로 유네스코는 1994년 하롱베이를 세계문화유산으로 지정했다. 한편 스위스에 본부를 둔 "신 7대 기적 재단"이 2007년 이래로 전 세계의 자연 부문에서 7대 신 기적 선정을 추진하고 있는데, 베트남은 하롱베이를 대표적 자연 기적으로 등재를 추진하고 있었다. 베트남 정부는 관광 증진 및 이미지 홍보 차원에서 이 사업을 매우 중요하게 여기고 있었다. 베트남의 외무장관과 문화장관은 외교단을 초청해서 지지를 당부했다. 우리 대사관은 베트남 정부의 관심을 도와주는 것도 외교라고 판단하고 우리 공관의 베트남어 홈페이지에 베트남의 하롱베이와 한국의 제주도를 묶어서 함께 투표하도록 안내하고(신 7대 기적 등재 경쟁은 200여 후보 중 7개 후보를 동시에 투표가 가능하도록 되어 있었다), 베트남의 관광사업과 밀접한 관계를 갖고 있는 대우호텔의 금호아시아나가 하롱베이 캠페인에 참가하였다.

2008년 3월 6일 오후 3시에 대우호텔에서 베트남 하롱베이의 세계 7대 신 기적 등재 지지 캠페인 행사가 개최되었다. 이 자리에는 호앙뚜언아인 베트남 문화체육관광부 장관, 박삼구 금호아시아나 회장 등이 참석하였다. 나는 베트남 정부가 추진하는 하롱베이의 세계 7대 신 기적 등재 캠페인에 우리 대사관이 베트남 문화체육관광부와 공동으로 주관하고 금호아시아나가 후원하는 행사를 축하하고, 베트남을 방문하는 한국 관광객들에게 하롱베이 캠페인에 투표할 것을 당부할 예정이며, 2월 16일 우리 대사관 베트남어 홈페이지에 만여 명의 베트남 사람들이 방문하여 투표한 것으로 추정된다고 소개하였다. 나는 하롱베이는 베트남의 자랑이자 한국의 자랑이라고 말하고 우리의 지원으로 하롱베이가 바다 부분에서 꼭 1등으로 세계 7대 자연불가사의에 선정될 것으로 본다고 말했다. 나는 베트남 사람들에게 하롱베이와 함께 한국의 제주도에 투표해달라고 당부하였다.

이후 우리 대사관은 베트남어 홈페이지에 하롱베이와 제주도에 동시에 지지 투표를 하는 방법을 올리고 베트남 사람들에게 투표를 독려했다.

1년 후인 2009년 4월 7일 오후 3시 베트남 문화체육관광부가 주관하고 우리 대사관, 금호아시아나가 후원하는 "하롱베이의 세계 신 7대 불가시의 등재"를 추진하는 베트남의 캠페인이 다시 열렸다. 베트남 측에서는 쩐찌엔탕 문화부 차관, 응우엔탄손 외교부 차관, 팜수언쩌우 외교부 문화국장 등이 참석하였다. 나는 하롱베이가 바다 부문에서 1위로 선정되고, 우리 제주도가 섬 부문에서 1위로 선정되기를 바란다고 말하고, 양국 국민들이 서로를 지지해줄 것을 당부하였다. 나는 베트남의 텔레비전, 인쇄 매체, 라디오 등과 인터뷰를 통해 하롱베이가 세계 신 7대 불가사의에 선정되어 관광이 증진되고 이로 인해 외화 벌이, 일자리 창출, 경제 발전에 기여하기를 바란다고 말하고, 베트남 사람들에게 우리 제주도를 꼭 함께 투표해달라고 당부하였다.

우리의 이런 지지에 대해 베트남 정부와 국민들은 매우 반겼다. 베트남 언론들은 매 캠페인 때마다 우리 공관과 금호아시아나의 지지를 크게 보도했고 베트남 문화부, 하롱베이가 있는 꽝닌 성은 서한을 보내 감사를 표명했다. 2009년 7월 27일 베트남 문화체육관광부는 우리 공관 앞으로 공한을 보내 우리 대사관이 지지해준 하롱베이가 바다 부문에서 최종 후보 명단에서 1위로 선정되었다며 감사를 표명했다. 우리 제주도도 섬 부문 최종 후보 명단에서 7위로 선정되는 좋은 결과를 냈다. 2011년 7월 최종 선정 절차가 완료될 예정인데, 하롱베이와 제주도에게 좋은 결과가 있기를 기대한다.

푸토 성Phu Tho Province 富壽省

홍강, 로강, 다강이 푸토 성를 통과한다. 푸토 성은 베트남 민족의 발원지다. 3,000여 년 전에 통치를 했던 반랑Van Lang 왕국의 열여덟 명의 홍왕의 업적을 기리기 위해 만든 홍왕사는 푸토의 자연과 환상적인 조화를 이룬다. 베트남 정부는 2008년부터 매년 음력 3월 10일을 홍왕을 기념하는 날로 정했다.

1954년 5월 호찌민은 디엔비엔푸 전투에서 승리한 다음 이 홍왕사를 방문, 1,000년이 된 보리수나무 밑에서 "훙왕들이 우리나라를 세우기 위해 노력했듯 이제 우리도 나라를 보호하기 위해 함께 힘쓰자"고 연설했다.

경기도 화성 시와 자매결연 관계에 있다.

푸토 성의 주도인 비엣찌Viet Tri에 우리 한국 기업 50여 개가 진출해 있다. 처음 부임해서 우리 기업을 찾아갔는 데 2시간 반은 걸렸던 것으로 기억난다. 2년 전에 하노이에서 비엣찌까지 도로가 나서 이제 1시간이면 갈 수 있다. 15년 전에는 매우 불편했을 텐데 우리 기업들이 어떻게 여기까지 와서 공장을 지을 생각을 했는지 정말 놀랍다. 가장 먼저 진출한 방림의 신현갑 사장은 현지 베트남인들로부터 '한국인 촌장'으로 존경받고 있다.

투엔꽝 성Tuyen Quang Province 宣光省

베트남의 북서부 지방 그리고 이웃 나라 라오스로 통하는 중요한 관문이다.

다양한 고원 지대 소수 민족들이 베트남인들과 모여 사는 곳으로 풍부한 문화를 자랑하는 곳이기도 하다.

통낑만의 지배권을 놓고 1884~1885년에 벌인 중국-프랑스 전쟁에서 프랑스가 수적으로 열세였음에도 중국군을 크게 물리친 곳으로도 유명하다. 프랑스의 해외 파병 부대도 이 승리를 기록하고 있다.

Au Tonkin, la Légion immortelle
À Tuyen-Quang, illustra notre drapeau

불멸의 프랑스 부대는 통낑의 투엔꽝에서 우리의 깃발에 경의를 표했다.

하지만 1947년 비엣박 전투에서 프랑스군들이 비엣민에게 크게 패한 곳이기도 하다.

타이응우옌 성Thai Nguyen Province 太原省

호찌민이 타이응우옌에 머무르면서 디엔비엔푸 전투를 구상했다고 한다. 전투에서 승리한 후 하노이로 가기 전에 이곳에 들러 프랑스로부터의 해방을 선포한 곳이기도 하다. 1947년 7월 27일을 전쟁 상이군 및 무명 용사의 날로 지정하는 호찌민의 편지가 낭독된 곳으로 1997년 베트남 정부가 타이응우옌을 역사의 현장으로 지정하였다.

북서부 베트남으로 이어지는 관문이자 베트남의 대표적인 중공업 기업인 타이응우옌 제철소TISCO의 본부가 있다. 광물과 양질의 차茶가 많기로 유명한 곳이다.

베트남 말에 "쩨 타이응우옌Che Thai Nguyen"이라는 말이 있는데 차는 타이응우옌 차가 제일 맛이 좋다는 뜻이다.

2009년 에벤에셀의 제2공장 기공식이 있어서 이 성을 방문했을 때 성 지도자들로부터 타이응우옌 산 차를 선물 받았는데, 차맛이 참 깊었다. 베트남의 정부 중앙 부서 면담을 갈 때마다 대접받은 바로 그 차였다.

이 성은 경상북도와 자매결연 관계에 있다.

한국 참빛그룹이 건설한 피닉스 골프장.

호아빈 성Hoa Binh Province 和平省

고원 지대와 산맥들이 이어진 곳으로 고산 농업이 발달해 있다. 또한 희귀 식물이 많은 곳으로, 국내외 과학자들의 방문과 연구가 활발한 곳이기도 하다.

프랑스 작가 라울 쿠타르Raoul Coutard가 〈호아빈〉이라는 영화로 1970년 칸 영화제에서 작품상을 수상했다. 호아빈은 화평을 뜻하는데, 이 평화로운 마을의 평민들이 베트남 전쟁을 겪는 모습을 담은 영화라고 한다.

참빛 그룹이 건설한 피닉스 골프장은 육지의 하롱베이 풍경을 보여주고 있다.

전라북도와 자매결연을 논의 중에 있다.

빈푹 성Vinh Phuc Province 永福省

땀다오Tam Dao에 외국인들을 위한 관광 타운이 있다. 프랑스 식민 시절(20세기 초)에 지어졌고 지금까지도 사용되고 있다. 땀다오

타운의 산자락 끝에는 다이라이Dai Lai라는 인공 호수가 있다. 땀다오는 1년 내내 평균 기온이 20도 안팎이기 때문에 관광객을 유치하기에 유리하다.

빈푹 성에도 흥사가 있다. 홍 왕족이 이곳을 수도로 지정하고 응이어린 산에서 종교 의식을 행하였다. 이 산의 99개의 산봉우리는 응이어린을 향해 무릎을 꿇고 있는 모양으로 코끼리 99마리 같아 보이는데, 전설에 의하면 코끼리 하나가 무릎 꿇는 것을 거부하여 단두되어서 99개 봉우리 중 하나에 큰 금이 나 있는 것처럼 보인다고 한다.

하노이에서 가까워 외국인 투자 지역으로 각광받고 있다. 대우버스, HJC(홍진크라운 헬멧) 등 20여 개의 우리 기업들이 진출해 있다.

충청북도와 자매결연 관계에 있다.

박닌 성Bac Ninh Province 北寧省

박닌 성은 하노이로부터 북쪽으로 30킬로미터 떨어진 곳에 위치하고 있으며, 전통문화가 풍부한 곳으로 유명하다. 2009년 유네스코 무형 문화재로 등재된 꽌호 민요의 고향이기도 하다. 이 성의 동호Dong Ho 시는 베트남 최고 명절인 뗏에 팔리는 민화의 원산지이다.

과거 베트남 리 왕조의 사당이 박닝 성에 있는데 리 왕조는 한국의 정선이씨와 화산이씨의 선조로서 우리나라와도 관련이 많다.

박닌 성의 덴도Den Do는 이태조가 리 왕조 창건 후 9년이 지난 1019년 자신의 고향인 이곳에 세웠다. 214년간 존속한 리 왕조의 덴도는 프랑스 식민지 시대 대부분이 파괴되고 위패 중 하나만 남게 되었다. 음력 3월 15일 제사를 지내며 한국의 화산이씨 대표들도 이 제사에 참석해오고 있다. 나는 방명록에 "베트남 민족의 영혼의 발원지인 덴도를 방문하여, 베트남의 정치적 안정과 경제적 번영, 한국-베트남 간 외교 관계의 발전, 한국에 살고 있는 정선이씨 및 화산이씨 후손들, 베트남에 거주하는 모든 한국인 및 기업의 번영을 기원 한다"라고 썼다.

박닌 성은 항공, 수로, 육로 모든 면에서 유리한 입지에 있어 노이 바이 국제 공항과 하노이 시와는 각각 고속도로로 연결되어 있으며 하이퐁과는 2차선 도로, 중국 광시 성과의 접경 도시인 랑선과는 철도로 연결되어 있다. 2006년부터 지금까지 박닌 성에 대한 외국인 투자가 급증하고 있다. 박닌 성의 단점은 인구 밀도가 높고 사용 부지가 적다는 점인데, 이런 한계를 극복하기 위해 편리한 교통을 이용해 인접 지역으로부터 노동력을 충원받는 방안을 추진 중이다.

한국의 삼성전자, 오리온 등 20여 개 기업들이 박닌 성에 투자하고 있다.

하이퐁Hai Phong 海防

하노이로부터 104킬로미터 떨어진 하이퐁은 베트남에서 세 번째로 인구가 많은 도시로 베트남 북부의 최대 항만 도시이다. 하이퐁이라는 이름을 통해 이 도시가 통상뿐 아니라 해군력의 중심이었음을 알 수 있다. 10세기 무렵부터 해상 교통이 시작되어, 15세기에는 외국의 선박들도 활발히 교류를 했으며 주요 석탄 수출항으로 발전하였다.

2차 세계 대전 이후 베트남이 독립 선포를 하였을 때, 하이퐁은 프랑스군이 처음으로 군사 작전을 벌인 곳임과 동시에 1955년 5월 하이퐁에서 프랑스 부대의 철수로 프랑스 식민 시대의 종결을 알린 역사적인 도시이기도 하다. 베트남 전쟁 시 북베트남의 주요 항구라는 이유로 미국으로부터 수시로 폭격을 당하기도 했다. 전쟁이 끝난 이후, 이곳은 베트남의 공업 중심지로 도약하였다.

인천 시와 자매결연 관계를 맺었다.

두산, 대우, 현대, LS 전선 등 우리 기업들이 다수 진출해 있으며, 서울-인천에 해당하는 하노이-하이퐁 고속도로 건설에 우리나라는 2억 불의 유상 차관을 제공하고 있다. 우리나라 수도 서울과 항구도시 인천을 연결하는 경인고속도로가 1968년 완공된 이후 '한강의 기적'을 이끌었듯, 하노이-하이퐁 고속도로가 '홍강의 기적'을 일으켜 베트남의 경제 발전을 선도할 것으로 기대된다.

남딘 성Nam Dinh Province 南定省

하노이에서 동남쪽으로 90킬로미터 정도 떨어진 곳에 위치하고 있는 남딘 성은 인구가 200만 명, 면적은 1,600제곱킬로미터이며, 노동 인력이 풍부하고 건강 및 위생 수준도 높다. 베트남 교육의 허브로서 교육 수준이 매우 높아 문학, 정치, 군사 및 외교 분야에서 역사적으로 걸출한 인물을 많이 배출해왔다. 특히 13~14세기 이곳을 지배했던 쩐 왕조 시절 많은 영웅들을 배출한 곳으로 유명하다. 13세기에 몽골족의 침략을 막은 쩐흥다오 장군을 기리는 꼬짜익 축제가 매해 8월에 열리는 등, 남딘은 "신비하고 유능한 사람들의 고향"이란 명성을 자랑한다.

프랑스 식민 시절 최대의 직물 공장이 있던 곳인데, 프랑스의 비

인간적인 대접에 조직적으로 파업을 하고 노동자들의 권리를 요구하는 등 일찍이 시민 의식이 자리 잡은 도시이다. 현재까지도 직물, 섬유 산업의 중심지이고, 양질의 찹쌀과 소금의 생산지로 알려져 있다.

남딘 성은 외국인 투자가에게 매력적인 곳 중 하나다. 하노이 및 하이퐁과 모두 각각 2시간 이내의 도로 수송 거리에 있고, 하노이-호찌민 간 철도가 지나갈 뿐만 아니라 강을 통한 수로 수송(현재는 수천 톤 규모)도 가능하다. 또 남딘 성은 투자자가 원하는 가장 적합한 부지에 공장을 지을 수 있도록 지원하고 있으며, 토지 보상 절차를 간결화하여 인민위원회가 직접 처리토록 하고 투자 허가 절차도 원스톱 서비스를 도입하여 간소화하였다.

영원무역 등 10개 우리 기업이 진출해 있다.

하이즈엉 성 Hai Doung Province 海陽省

하이즈엉 성은 베트남의 국민 간식인 녹두 단팥떡의 원산지로 유명하다. 시멘트, 도자기, 열전기 발전소 등의 산업으로 도약을 하는 곳이기도 하다.

10세기쯤 이 지방을 다스렸던 딘띠엔호앙 왕의 업적을 기리는 콘손사가 산자락에 있다. 이 왕은 12개 지역에서 군웅들이 반란을 일으켰을 때 이들이 산속에 숨어 있는 사실을 알고, 산에 불을 질러 그들이 스스로 산에서 나와서 항복하도록 하여 피를 흘리지 않고 이 지역의 통일을 이루었다.

이곳은 또한 13세기의 유명한 유교 학자이자 전술가였던 응우엔 짜이의 600번째 탄생일을 기리는 탑이 있다. 그는 베트남을 중국으로부터 해방시켰던 레러이 왕의 훌륭한 보좌관으로 기억되고 베트남에서 가장 존경받는 위인 중 한 사람이다.

흥옌 성Hung Yen Province 興安省

홍옌은 홍강 델타, 북부 경제 구역, 그리고 하노이–하이퐁–꽝닌 경제 삼각지를 끼고 있는 요지이다. 롱안 과일로 유명하고 동까오 닭은 베트남 최고의 질을 자랑한다.

베트남의 부武씨 일가는 홍옌 지방을 중심으로 거주하고 있으며 박사를 32명이나 배출한 가문이다. 부마오 전 부총리, 부수안홍 베트남 친선 협회 총연합회 회장, 부티엔록 베트남 상공회의소 회장, 부중 외무부 차관을 포함 내가 아는 부씨 가문 저명인사도 여럿이 있다.

닌빈 성Ninh Binh Province 寧平省

해안, 늪지대, 산맥을 끼고 있는 지역으로, 땀꼭Tam Coc과 같이 아름다운 관광지와 다양한 동식물의 서식지로 유명하다. 홍강 델타에 위치한 중요한 교통의 요지로, 군사 전략적으로도 많이 활용된 곳이다. 똥낀만 입구에 있는 언덕 위의 성은 선박의 움직임을 주시하는 본부인 동시에 화약고로 활용되었다. 1883년 선떠이 전쟁 직전에 프랑스가 닌빈을 우선적으로 함락시키려고 했던 이유가 여기에 있다.

베트남 리 왕조의 발원지이다.

후에 Hue

짬파 문명이 뿌리를 내린 곳이다. 1802년 응우옌 가의 응우옌푹 아인(Nguyen Phuc Anh 阮福映, 또는 Gia Long, 嘉龍)이 200년 동안 남북으로 나뉘었던 베트남을 통일하면서 이곳을 국가의 수도로 정했다. 1945년 "8월 혁명" 즉 베트남의 공산당 혁명의 시작을 알린 곳이 후에였다. 베트남이 남북으로 나뉘었을 때 후에는 남베트남에 속하게 되었는데, 남베트남의 수도는 후에가 아닌 사이공이었다.

프랑스와의 전쟁 그리고 미국과의 전쟁을 연달아 치르는 와중 가장 심한 타격을 받은 곳 중 하나이다. 베트남 전쟁 시 1968년 초 월맹의 뗏 공격으로 후에 시가 3개월 동안 월맹의 통치 하에 있었으며, 1975년 월맹의 총 공세 때 초기에 붕괴된 것도 후에였다. 후에 왕궁 여기저기에 전쟁의 상흔이 남아있다.

후에가 귀족문화의 본고장이었다는 이유로 전쟁 후에도 이곳의 복원은 오랫동안 이루어지지 않았다. 하지만 1990년대에 들어서 관광 사업이 발달하면서 복원이 차차 이루어지고 있고, 후에 성은 1993년에 유네스코 세계유산으로 지정되었다.

후에 음식은 양은 상대적으로 적으나 음식을 멋지게 접시에 표현해내는 궁중식 요리로 유명하며 맛도 일품이다. 또한 채식 위주의 음식이 많다. 후에 주민들은 한 달에 두 번씩 완전 채식을 하는데, 이는 불교의 영향이 컸던 후에의 특색을 보여준다.

후에 시에 응우옌 왕조의 궁궐과 문화재가 많이 남아 있다. 후에 시는 내 2년마다 한 번 씩 대규모 문화축제를 개최하는데 그 규모는 국제차원이다. 프랑스가 후원해 주고 있으며, 우리나라도 매번 이 문화축제에 참석하고 있다. 나는 2008년 6월 초에 열린 문화축제를 참관했다.

후에 시는 우리 경주시와 자매결연했다.

응에안 성Nghe An Province 乂安省

응에안 성은 무엇보다도 호찌민의 생가가 있는 곳이다. 호찌민의 고향인 낌리엔Kim Lien 문화 유적지가 있는 곳으로도 유명하고, 131개의 문화 및 역사 유적지의 집합소로도 잘 알려져 있다. 내가 부임한 후 제일 먼저 방문한 곳이 바로 응에안 성이다.

응에안 성은 월맹이 군대와 군수물자를 체계적으로 남쪽으로 이동시킨 호찌민 루트Ho Chi Minh Trail의 시작점으로 유명하다. 응에안 주민들은 국가의 안보에 앞장 설 수 있었다는 사실에 대단한 자부심을 가지고 있다.

응에안 성의 빈Vinh 시에 우리 정부가 지원해서 설립한 한국-베트남산업기술대학교가 있다. 규모도 크고 잘 관리되고 있다. 앞에서 우리의 대 베트남 ODA 협력에서도 잠깐 설명했지만 이 기술대학은 매년 1,200여 명이 배출되며 이 중 상당수는 일본, 호주 등으로 가고 한국에도 현재 600여 명이 와 있다. 이 기술대학은 베트남 내에서 뿐만 아니라 캄보디아, 라오스에서도 벤치마킹 하러 많은 사람들이 다녀간다고 한다. 이 기술대학이 이처럼 발전한 것은 응에안 성의 당서기 및 인민위원장의 매우 적극적인 노력과 관심의 결과로 보인다. 이들의 모습은 바로 베트남의 모습이었다.

나는 빈 시를 두 번 방문했는데, 하노이에서 거리는 280킬로미터의 거리인데 도로 사정이 열악해서 편도로 무려 7시간이나 걸려 간 적도 있었다. 그런데 이 기술대학 근처에 도착했을 때 여기 저기 눈에 띄는 한글 안내와 음식점 등을 보고 마치 한국 어디에 와 있는 느낌이었다.

(주)청석 엔지니어링이 KOICA 지원으로 하노이에서 빈 시에 이르는 구간의 철도 현대화에 대해 기술타당성을 조사해서 베트남 측에 제시한 바 있다. 이 구간 철도가 복선화되고 현대 시설로 개선된다면 응에안 성은 관광 및 산업화에서 매우 매력 있는 지역으로 떠오를 것이다.

응에안 성은 경기도 남양주시와 자매결연했다.

다낭 Da Nang 沱灢

다낭은 남중국해와 맞닿아 있다. 다낭의 이름은 짬어인 "다낙(Da Nak, 큰 강의 입구)"에서 유래되었다고 한다. 9~10세기에 짬족의 중요 거점으로 번영을 누렸지만, 15세기 말에 북베트남의 남진 정책으로 짬족들은 쇠퇴의 길로 접어들었다.

이후 호이안으로 들어가는 변방의 항구로만 여겨지다가, 응우옌 왕국의 민망(Minh Mang, 明命) 제가 외국 선박들이 무역을 다낭에서만 하도록 정책을 세우면서, 17~18세기에는 프랑스 등 서구와의 문물 교류의 중심지로 떠올랐다. 하지만 곧 프랑스의 무력으로 식민 지배를 받게 되었다. 세실Cécille 장군이 파견한 프랑스 배가 가톨릭 선교사의 박해에 대한 보복으로 다낭을 폭격한 것을 시작으로, 1858년 8월 나폴레옹 3세의 명령에 따라 프랑스 군대가 상륙하여 이 지역을 지배하기 시작하였다.

다낭은 투란Tourane이란 프랑스식 이름으로 불렸고, 프랑스령 인도차이나의 5대 도시 중 하나가 되었다. 서구의 사회 제도와 제조업을 일찍이 받아들여 외국인들이 무역을 하기에 좋은 도시로 꼽혔다. 또한 베트남 전쟁 당시 남베트남군과 미군의 주요한 공군기지로 활용되면서, 공항, 통신망, 고속도로 등 주요 사회 인프라가 대체로 잘 구축되었다.

2008년 7월부터 대한항공, 아시아나항공이 베트남 중부 지역 진출차 다낭에 시험 취항했었으나, 세계 경제 위기로 중단하였다.

우리나라는 베트남의 중부 지역 개발의 일환으로 베트남 정부와 반반 부담으로 다낭에 1,500만 불 규모의 IT대학을 설립했다. 컴퓨터가 없어서 책으로 컴퓨터 작동 방법을 익혔던 학생들이 우리가 제공한 컴퓨터로 공부하게 되어 행복해하는 모습이 지금도 눈에 선하다.

대구시, 경상남도와 자매결연 관계에 있다.

호이안Hoi An 會安

호이안은 하노이에서 남쪽으로 800킬로미터, 중부의 다낭에서는 30킬로미터 떨어져 있는데, 17세기 문화와 역사의 흔적을 잘 보존하고 있다. 베트남의 성벽, 궁전, 묘지, 사원은 전쟁이나 열대 기후 때문에 대개는 다 파괴되거나 일부분만 남아 있는데 호이안에는 그 당시의 예술과 건축, 인간의 자취가 아직도 남아 있다.

호이안은 17세기 국제 무역의 중심지였는데, 당시 레 왕조의 베트남은 북쪽의 찐씨 영주와 남쪽의 응우옌씨 영주로 분단되어 있었는데, 남쪽은 개방 정책으로 무역이 왕성하였다. 서양은 15세기 지리적 발견 이후 아시아를 자기들의 무역권에 포함시키고 포르투갈, 네덜란드, 영국, 프랑스 선박들이 호이안을 방문하였다. 임진왜란

17세기의 베트남 문화와 역사의 흔적이 비교적 잘 보존되어 있는 호이안.

때문에 조선 반도에서 중국과 직접 상거래가 어려워진 일본 상인들은 1593년부터 1636년까지 호이안에서 중국 물건을 구매해갔다. 1597년 정유재란 때 젊은 나이로 일본에 잡혀가서 일본 상인을 따라 1604년부터 세 차례 베트남에 간 조완벽은 아마도 호이안을 방문했던 것 같다.

1649년 청나라가 들어서자 명나라에 충성하는 중국인들이 청나라 지배를 피해 동남아 지역 전역에 그리고 호이안에도 이주해왔다. 호이안에 일본인 거주 지역, 중국인 거주 지역이 있었다. 일본인 거주지에 일본교, 묘, 파고다 건축에 일본인들의 기여가 새겨진 석비石碑 등 많은 유적이 남아 있다. 17세기 중엽에 일본의 막부 정부가 일본인들의 해외 도항을 금지함에 따라 일본인들이 더 이상 호이안에 올 수 없게 되자 중국인들이 호이안에서 상권을 장악했고, 거리, 파고다, 사원, 대규모 집회 장소 등 유적을 남겼다. 1636

년부터 1741년 기간에 네덜란드가 호이안에 상관商館을 설치했고, 유럽의 다른 나라의 무역선들도 방문하였다. 호이안은 가톨릭이 베트남에 전파되는 항구 중 하나였다. 호이안에 중국, 일본, 유럽 상인들의 유적이 남아 있다.

꽝찌 성Quang Tri Province 廣治省

꽝찌 성의 인구는 63만 명, 면적은 5,700제곱킬로미터, 1인당 GDP는 700불, 빈곤율 27퍼센트(전국 평균 14.5퍼센트)인 베트남에서 가장 낙후된 지역 중 하나다.

높은 산과 깊은 계곡 그리고 침엽수림으로 유명하다. 역사적으로 1954년부터 1973년까지 북남 베트남 분단선이 된 지역이면서 월남의 반정부 세력인 임시혁명정부의 수도이기도 했으며 베트남 전쟁의 피해를 가장 많이 입은 지역의 하나다. 베트남 전쟁 때 미군들의 주둔지가 되면서 1968년의 뗏Tet 공격의 주요 전쟁터가 되었다. 케산Khe Sanh 전투 등 이 지역을 놓고 북과 남이 지속된 전투를 벌였다. 꽝찌의 지역적 유리함을 이용한 전술 보고서는 미국 국방부에서 출간되었다. 1972년에는 꽝찌 지역에 3만 톤의 폭탄이 투하되었는데, 꽝찌 성 관계자의 설명에 따르면 3만 톤의 폭탄은 원자폭탄 7개의 위력에 해당한다고 한다. 전쟁 기간 동안 지역 주민 6만 여 명이 희생되었다. 이 지역에는 아직도 지뢰들이 많이 묻혀 있어서 1975년부터 현재까지 약 7,000명의 사상자를 낳은 불운의 지역이기도 하다.

꽝찌 성의 빈린Vinh Linh 현에 KOICA가 지원한 병원이 세워졌고, 새마을 운동 시범 마을이 있다. KOICA 지원 병원은 3개 병동을 각

2층으로 설립, 9,500명의 신생아 탄생, 1,500회 수술 실적을 가졌으며, 병원 측은 우리 봉사 단원의 노력으로 소독·멸균실을 확보하는 등 우리 봉사 단원들이 성실하고 책임감 있게 임무를 수행했다고 평가했다. 새마을 운동이 과거 북남 군사 분계선이었던 벤하이Ben Hai 강가에 위치한 히엔르엉Hien Luong 마을에서 전개되고 있었는데, 과거 북남 경계 지역이라는 특별한 의미도 있으며, 지역 사회 경제 발전에 기여도 해서 주민들로부터 큰 호응을 얻고 있었다. 우리의 새마을 운동처럼 활발하지는 않았지만, 현지 지도자들은 한국이 자립정신, 주인의식, 주민의지의 새마을 운동을 통해 지방 발전을 위해 힘이 되어준 데 대해 사의를 표했다.

꽝찌 성의 전쟁 박물관은 베트남 전쟁 때 이 성의 고성古城이 완전히 파괴된 모습을 보여주는 등 전쟁의 잔혹함이 고스란히 보여주고 있다.

꽝응아이 성Quang Ngai Province 廣義省

1968년 뗏 공세 이후 베트콩이 후퇴를 한 작은 성이다. 베트콩에게 도움을 주었다는 이유로 미군들이 1968년 3월에 민간인 300여 명을 처참하게 몰살한 미라이(My Lai, 또는 Son My) 대학살이 일어난 곳이다.

중꽛Dung Quat 공업 단지에 두산중공업이 진출했다. 2007년 말 처음 방문했을 때는 해안가 모래사장이었는데 1년 반 후에 갔더니 전혀 다른 모습의 웅장한 공업 단지로 변했다. 이 공업 단지 근처에 베트남 최초의 정유 공장이 건설되어 가동 중이다.

'여의사 일기'의 당뚜이쩜이 활동했던 득포 지역은 꽝응아이 성의 남쪽에 위치하고 있다.

칸호아 성 Khanh Hoa Province 慶和省

칸호아 성의 수도는 냐짱Nha Trang이다. 아름다운 해변으로 유명
한 곳으로 전국적으로 그리고 세계적으로 관광객을 유치한다.
2008년에는 미스 유니버스 대회가 열리기도 하였다. 나도 일단의
한국인들과 현지에 가서 우리나라 대표인 이지선 양을 응원했다.

칸호아는 실제로 관광 산업의 수입보다 제철과 중공업 산업 그리
고 조선업의 수입이 주요 산업이라 할 수 있다. 칸호아는 반퐁이라
는 천혜의 만灣을 가지고 있으며, 우리의 현대조선이 일찌감치 진
출해서 자리를 잡았다. 베트남은 이 반퐁항을 국제 환적항으로 개
발하고 있는데, 한국의 SK건설이 1단계(두 개의 부두 공사 및 관련 시
설) 건설 공사를 맡고 있다. 반퐁만은 수심이 깊고(20~40미터) 바람
이 적어 대형 컨테이너 항만 건설 부지의 최적지로 평가받고 있다.
2020년까지의 베트남 항만 개발 기본 계획상 베트남 내 유일의 국
제 환적항으로 개발될 예정인데 총 35~36억 불을 투자하여 42개
컨테이너 위주 접안 시설을 건설할 예정이다.

울산 시와 자매결연을 맺었다.

칸호아는 역사적으로 금이 많이 나기로 유명하다. 다랏의 개발을
주창한 과학자 알렉산드르 예르신은 냐짱에 파스퇴르 연구소를 설
립하여 선腺 페스트 병에 대한 연구에 몰두하였고, 생애를 냐짱에
서 마감했다.

다랏Da Lat 大叻

다랏은 베트남의 럼동Lam Dong 성의 성도로 럼비엔Lam Vien 고원에 자리하고 있다. 해발 1,550미터 고도에 아름다운 수언흐엉Xuan Huong 호수가 있다. 호찌민 시에서 약 300킬로미터 떨어진 곳에 있으며 버스로 6시간 30분에서 8시간 정도 소요된다.

다랏이라는 이름의 유래는 다양하다. 다랏이 "왕국", "물"을 의미한다는 설도 있고, 또 이 고원 지대에 사는 원주민들의 부족 이름이 다랏이었다는 설, "소나무가 많은 동네"라는 뜻을 지닌 베트남 방언이라는 설, "어떤 이에게는 즐거움을, 어떤 이에게는 신선함을"을 뜻하는 라틴어의 첫 글자들을 따서 만들었다는 설명도 있다.

프랑스 식민지 정부가 다랏이라는 이름을 정식으로 사용하기 시작하였다.

다랏 대학에 18년 전부터 한국학 전파를 위해 노력하고 있는 김진국 교수는 다랏 시내에서 "파파 김"으로 불리면서 널리 알려져 있다. 그는 다랏 시에 비닐 재배를 소개하여 주민의 소득 증대에 기여해오고 있다. 그는 민간외교의 노력으로 2009년 국민훈장을 받았다.

2년마다 연말에 국제규모의 꽃 축제가 열린다.

판랑Phan Rang 潘郎 닌뚜언 성Ninh Tuan Province 寧順省

고대 중국 승려들이 인도 수행을 갈 때 이 판랑을 거쳤으며, 《왕오천축국전》의 혜초 스님도 이곳을 거쳤을 것이라 추정된다.

판랑은 하노이에서 남쪽으로 2,387킬로미터, 호찌민에서 북쪽으로 338킬로미터 떨어진 지역에 위치하고 있으며, 닌뚜언 싱의 주도이며, 짬족 인구의 절반이 이 지역에 거주하고 있다. 짬족은 베트남의 53개 소수 민족 중 하나이며, 고대 짬파 왕조의 후예들이다. 짬파 왕조는 벌써 2세기 때 중국의 속박에서 벗어났으나 강력한 중심 권력이 없어서 쇠퇴하고 말았다. 짬파 왕조는 인도 힌두교의 영향을 크게 받았다.

닌뚜언 성은 짬족 문화가 지속적으로 보존되고 있는 몇 안 되는 지역 중 하나이다. 9~10월에는 연날리기 축제가 열리는데, 짬족 음악과 전통 춤을 선보이고 포클롱가라이Po Klong Garai왕을 기리는 문화 행사들이 진행된다. 이 왕은 문둥병으로 고생하는 와중에도 훌륭하게 성을 다스렸던 왕으로 칭송받는다.

닌뚜언 성은 척박한 땅, 모래, 햇볕, 바람, 바위의 지역이다. 기온은 평균 29도에서 33도의 건조한 더위이며, 연중 60일밖에 비가 오지 않는다.

베트남은 2025년까지 10기의 원자로 건설을 목표로 하고 있으며, 2014년에 두 개의 원자로 건설을 추진하고 있으며 이 두 기의 원자로는 닌뚜언 성에 건설할 예정이다. 우리는 베트남에 원전 진출을 원하고 있다. 원하는 땅을 미리 가서 밟아보아야 내 땅이 된다고 믿고, 나는 2009년 12월 닌뚜언 성의 원자로 건설 예정지를 둘러본 적이 있는데, 그곳은 바위의 지반을 가진 해변가에 위치한 땅으로 바람이 몹시 세차게 불었다. 뒤편이 바로 산이고, 주변에 거주하는 주민이 적은 점, 닌뚜언 성이 저개발된 상태라는 점 등이 첫 원전건설의 부지로 선정되는 데 고려되었다고 한다.

호찌민Ho Chi Minh 胡志明

호찌민 시는 베트남 제일의 도시다. 베트남이 남북으로 나뉘어져 있을 때는 월남의 수도였다. 1986년 도이머이 정책으로 개방을 추진한 이후 가장 번성하고 있는 도시이다.

호찌민 시 지역은 원래 습지대였고 캄보디아의 지배하에 있었다. 캄보디아 왕국이 타이와의 전쟁으로 약해져서 이 지역에 대한 통치력이 약해지고, 베트남인들의 이주가 급증하자 서서히 베트남화 되어갔다. 토착민들은 "사이공(Sai Gon, 西貢)"으로 불렀다.

1859년에 프랑스에 의하여 정복 이후, 프랑스령 코친차이나의 수도가 된 사이공은 식민지 기간 동안 프랑스의 영향을 많이 받았다. 현재도 수많은 전통 서양식 건축 양식을 반영한 건물들이 남아 있다. 이는 사이공이 "동아시아의 진주" 또는 "동양의 파리"라고 불리는 이유이기도 하다.

1954년 프랑스는 디엔비엔푸 전투에서 비엣민에게 패배하여 베트남으로부터 물러났다. 그러나 프랑스는 남부 베트남에 퇴임했던 바오다이 황제를 다시 추대하였고, 1950년에 바오다이 황제는 사이공을 남부 베트남의 수도로 삼았다. 베트남이 북베트남(베트남민주공화국)과 남베트남(베트남공화국)으로 나뉘게 되었을 때도, 사이공은 응오딘지엠 대통령이 이끌던 남베트남의 수도였다.

1975년 4월 30일 월남이 망하여 이 도시는 베트남민주공화국의 통치를 받게 되었다. 이를 미국에서는 '사이공 함락'이라고 부르나, 베트남에서는 '사이공 해방'이라 불렀다. 통일된 후인 1976년 7월부터 호찌민 주석의 업적을 기리기 위해 호찌민 시로 변경되었다.

호찌민 시는 인구 700만이 넘는 베트남 내 도시로 성제 수준도 베트남 전체 평균을 두 배 이상 넘는다. 2009년 베트남 국민의 1인당 GDP가 1,052불이었는데 호찌민 시민의 1인당 GDP는 2,534불이었다. 호찌민 시는 베트남 외국인 투자 전체의 17퍼센트를 차지하여 베트남 경제 발전의 견인차 역할을 하고 있다. 베트남 거주 우리 동포들도 대부분 호찌민과 인근 성에서 거주하고 있다. 호찌민 시 내 쩌런Cho Lon 지역은 베트남 내 최대 화교거주지역이다.

호찌민 시도 월남 전쟁 기간 중 많은 일이 있었다. 월남 전쟁과는 전혀 관련이 없었던 베네수엘라가 호찌민 시와 관련이 있는 일이 있다. 베트남 주재 베네수엘라 대사에게서 들은 이야기인데, 호찌민 시의 응우옌번쪼이 거리는 베네수엘라와 깊은 인연이 있는 거리라고 한다. 1964년 당시 월남에 응우옌번쪼이Nguyen Van Troi라는 한 젊은이가 미국대사 및 미 국방장관 암살 기도 죄로 체포되어 즉결 재판 후 처형될 위기에 처했는데, 그 당시 베네수엘라의 공산당 게릴라들이 베네수엘라 주재 미국 대사관 차석을 납치하여 응우옌번쪼이와 맞 석방하자고 제의했고, 미국이 딱 한번 게릴라 요구에 응하여 미국 차석과 응우옌번쪼이와 맞 석방에 동의하여, 응우옌번쪼이가 석방되었다. 그런데 그가 석방 된 후 3일 만에 월남정부는 다시 응우옌번쪼이를 체포하여 재판 후 총살형 시켰다고 한다. 응우옌번쪼이는 총살형 당시 사형집행관이 그의 눈을 가리려하는데 그는 마지막까지 베트남의 하늘을 보고 싶다며 눈가리개를 거부하여 눈가리개를 하지 않은 채 총살형 당했다고 한다. 턴손녓공항에서 호찌민 시로 들어가는 길목의 이름이 바로 응우옌번쪼이 거리이다. 베네수엘라와 호찌민 시는 매년 8월 초 그를 기리는 행사를 갖는다고 한다.

우리 한국을 포함하여 22개국이 호찌민에 총영사관을 두고 있다.

껀터 Can Tho 芹苴

"시가 흐르는 강"이라는 뜻을 지닌 도시로, 베트남을 지나는 메콩 델타에 있는 가장 큰 도시이다. 베트남의 민요 중 〈껀터의 흰쌀과 맑은 물을 본 사람들은 이곳을 떠나기 싫어하네〉라는 노래가 있을 정도로, 이곳은 베트남 인들에게 일종의 낭만을 주는 곳이다. 껀터는 수상시장으로 유명하고, 각종 특이한 열대 과일(자몽, 망고, 두리안)의 주요 생산지이다.

경기도 양주시와 자매결연을 맺었다.

웰빙의 베트남 음식

베트남 음식은 중국, 몽골, 프랑스의 영향을 받았으나, 특이한 향과 신선한 고유 재료를 사용하여 베트남만의 색을 가진 요리들을 만들어냈다. 베트남 음식은 대체로 맛이 담백하고, 민트와 고수 cilantro와 같은 향초들로 맛의 깊이를 더한다. 베트남 음식은 동서양인 모두에게 맞는 맛뿐 아니라 최근에는 몸에 좋은 야채와 과일 재료를 사용하는 웰빙 음식으로 세계인의 입맛을 사로잡고 있다.

베트남인들은 둥근 테이블 위에 큰 쌀밥 그릇을 갖다놓고 야채 한두 가시, 두부, 고기, 생선 등을 동시에 서브한다. 보통 시금치 국물에 밥을 제일 나중에 먹는다. 북쪽 사람들은 쇠고기, 닭고기, 개구리, 장어, 뱀, 귀뚜라미, 부화가 덜 된 오리알 등을 먹고 개고기는 음력 매월 마지막 날 먹으면 불운을 제거한다고 한다.

음식 관련 두 개의 베트남 속담이 있다.

음식은 맛있기 전에 먼저 눈에 들어야 한다.
쌀밥이 싫으면 퍼(쌀국수)를 먹어라.

안남미

베트남 말에 환자가 쌀밥 먹고 싶다고 말하면 그는 회복되기 시작한다는 것을 뜻한다고 한다.

세계 쌀의 90퍼센트는 아시아에서 생산되고 세계 인구의 40퍼센트를 먹여 살린다. 베트남에서 쌀 경작 문화는 이미 BC 10,000년 전 신석기 시대부터 시작되었으며, BC 1,000년 전인 청동기 문화 시대에는 벼 경작이 매우 높은 수준으로 발전하여 홍강 문명이 시작되었다. 베트남 생산 쌀은 경질미硬質米와 찹쌀 두 종류가 있는데, 찹쌀은 고산 지대에서 생산되고 설날, 결혼식, 장례식, 제사 때 제물, 떡을 만드는 데 사용된다. 한 숟가락 입에 물고 천천히 씹으면 달콤한 감칠맛이 우러난다. 베트남 속담에 "얻어먹는 주제에 찹쌀밥 달라고 한다"는 말이 있다. 찹쌀의 귀중함을 뜻한다.

베트남 북부에서는 2모작, 남부에서는 3모작을 한다.

베트남 사람들은 우리처럼 음식을 밥상에 한꺼번에 올려놓는다. 밥, 끓여서 간장에 절인 메꽃, 소금에 절인 가지, 데친 채소, 신맛 나는 생선 수프 등을 올려놓는다. 생선으로 만든 액젓인 '느억맘'은 빼놓을 수 없는 밥상 반찬이다. 밥통은 어머니나 큰 딸 옆에 놓는데, 다른 사람의 밥그릇이 비면 여기에 덜어주는 역할을 한다.

밥상이 차려지면 가장 어린 사람이 "식사하십시오" 하고 어른들을 밥상으로 모셔온다. 식사는 가족 단합의 상징이다. 식사하고 있는데 방문객이 나타나면 밥그릇과 젓가락을 갖다놓으면서 식사를 권한다. 베트남 말에 친구하고는 어떤 음식이든 함께 먹을 수 있다고 한다.

베트남 사람들은 대개 아침은 6시에 먹고 점심은 정오에 먹고 저녁 6시 또는 6시 반에 하고 이내 집으로 돌아간다. 식사 때 맛있는 밥 한 그릇과 국 한 그릇 먹는 데 만족한다. 저녁 식사를 간단히 하고 소식을 해서인지 베트남에 90세 이상 장수하는 사람이 많다.

앞에서 소개한 것처럼 식사는 매우 검소하다. 고기는 드물게 먹고 단백질은 생선, 새우, 홍합, 콩으로 보충하며, 쌀 대신 고구마, 옥수수, 타피오카 등을 주식으로 먹기도 한다.

쌀국수 Pho

베트남의 국민 음식이자 세계적으로도 유명세를 탄 퍼, 쌀국수는 불어로 불을 뜻하는 "feu"(그래서 베트남에서는 "포"가 아닌 "퍼"이다)를 베트남 식으로 발음한 것이 된다. 프랑스식 pot au feu(쇠고기 수프)에 베트남 쌀국수를 접목시킨 음식으로, 18세기 하노이 주변에서 알려지기 시작했다. 베트남 사람들은 주로 채식을 해왔는데 13세기 몽골 침략으로 돼지고기를 먹기 시작했고, 프랑스 식민 지배를 받으면서 농사를 돕는 동물로만 여겨졌던 소를 먹기 시작했다. 이후 프랑스 식민 지배가 남쪽으로 뻗어가면서 퍼 역시 남쪽 지방으로 전파되었다. 북부 베트남의 퍼는 맑은 쇠고기 국물과 향초를 사용하고, 남부의 퍼는 쇠고기 힘줄이나 닭고기 등을 더 사용한다. 프랑스에서는 퍼를 똥낀누아Tonkinois라고 부르기도 하는데, 이는 '통낀만의 음식'이라는 뜻으로 예나 지금이나 베트남의 대표적인 음식임을 알 수 있다. 우리 가족이 프랑스에서 근무할 때 공부에 지친 아이들에게 파리 17구 베트남인 거주 지역으로 똥낀누아 먹으러 가자고 하면 금세 활기를 되찾곤 했다.

우리도 그렇지만 베트남 사람들도 맛있는 음식을 알게 되면 새로운 별 하나 발견한 것보다 더 큰 행복을 가져다준다고 말한다. 퍼가 그렇다. 베트남 사람들이 가장 즐겨 먹고, 모든 사람들에게 행복을 가져다주는 음식이다. 베트남 사람들은 이 퍼를 언제든 하루에 몇 번이고 먹는다. 어떤 사람은 한 번에 두 세 그릇을 먹기도 한다. 한 사발의 퍼는 천국의 맛이고, 베트남 사람들이 외국에 나가 있을 때 가장 먹고 싶어 하는 음식이 바로 퍼라고 한다.

그래서 보트피플들이 미국이나 유럽에서 퍼 음식점을 열어 번성하고 있다. 퍼는 북부 베트남 특히 하노이에서 많이 먹는 음식이다. 그래서 하노이 수프라고도 불린다. 하노이 사람들은 남부의 퍼는 퍼가 아니라고까지 말한다. 하노이의 특산 음식이라고 하지만 사실은 남딘에서 시작되었다. 1925년 번Van의 이름을 가진 사람이 처음 개점했다고 한다. 하노이 퍼 요리사는 대부분이 남딘 성의 번쿠 촌락 출신이다. 하노이 퍼 식당의 80퍼센트는 이 촌락 출신들이 소유하고 있다.

퍼는 쌀국수, 가늘게 썬 쇠고기, 양파, 향초, 양념이 주원료이다. 퍼 요리 방법은 소뼈를 5시간 이상 가마솥에 넣고 펄펄 끓여 국물을 내고 적당량의 가느다란 쌀국수를 큰 그릇에 넣고 그 위에 이미 끓여놓은 쇠고기나 닭고기, 얇게 썬 양파, 파 등을 함께 넣는다. 이를 퍼 육수와 섞는데, 육수는 고기, 골이 들어 있는 정강이뼈, 말린 새우 등을 넣고 펄펄 끓인 다음 생강, 느억맘으로 맛을 낸다. 먹을 때 레몬 주스, 식초, 얇게 썬 빨간 고추, 후추 가루 등을 추가해서 먹기도 한다. 퍼 국물은 맑고 맛있어야 하며 고기는 질겨서는 안 된다. 베트남 사람들은 어렸을 때 길거리 행상에게서 사 먹은 퍼가 제일 맛있었던 것으로 회상하곤 한다. 나이 든 베트남 사람들은 행상인의 끓는 냄비에서 풍겨나와 길거리로 퍼지는 냄새를 기억하고 있다.

퍼 먹는 방법은 오른손으로는 젓가락, 왼손으로는 숟가락을 사용해서 먹는다. 베트남 사람들은 밥은 부인이고 퍼는 애인이라고 비유한다. 쌀밥이 싫으면 퍼를 먹어라는 농담까지 있다. 그래서 퍼 좋아하고 먹고 싶다고 하면 베트남 사람들은 마구 웃는다.

호안끼엠 호수 근처에 있는 퍼 띤Pho Tinh 집이 유명하다. 나도 한번 가보았는데 위생 상태는 좀 더 개선해야겠지만 맛만큼은 듣던 대로 최고였다.

분차Bun Cha

북베트남에서 먼저 생긴 음식으로, 주로 점심 메뉴이다. 양념된 돼지고기를 불에 구워 각종 야채, 신선한 향초, 쌀국수와 함께 새콤한 맛이 나는 수프인 느억참(Nuoc Cham, 느억맘에 식초 등을 넣어 희석한 소스)에 담가 먹는다.

분차 냄새를 한번 맡으면 이내 침이 흐른다. 입맛 없는 사람에게도 분차는 큰 기쁨이라고 한다. 토란 비슷한 손하Son Ha 잎줄기를 벗겨 같이 먹기도 하는데 그 맛이 독특하여 신이 이 목적으로만 손하를 만들었다고 하는 말까지 있다.

느억맘 Nuoc Mam

약 3,200킬로미터의 해안선을 두고 있는 베트남의 대표적인 조미료가 말린 생선을 주원료로 사용하는 것은 어쩌면 당연한지도 모른다. 요리할 때 쓰이기도 하고, 음식의 간을 맞추는 소스로도 사용된다. 베트남 음식점의 테이블마다 그릇에 느억맘 소스가 담겨 있다. 보통 얇게 썬 고추를 띄워 얼얼한 맛을 내기도 하고 고수나 향초를 넣기도 한다. 발효 식품 느억맘은 한국의 액젓과 비슷하다.

생선을 발효시켜 만든 소스로 영양가가 있고 베트남 요리에서 소금 대신 사용된다. 판띠엣Phan Tiet, 푹꿕Phuc Quoc 섬에서 생산되는 느억맘이 가장 맛이 좋다고 한다. 한번 맛을 들이면 모든 음식에 이 느억맘을 찾게 된다. 베트남 사람들은 느억맘을 베트남의 영혼이라고 말한다. 식초, 레몬, 설탕을 넣어 물로 희석해 사용하기도 한다.

넴잔 Nem Ran

다진 고기 튀김인 이 요리는 언뜻 보기에 중국식 춘권과 비슷하지만, 얇은 쌀 종이피를 사용하기 때문에 더욱 바삭하다. 퍼와 함께 베트남의 대표 요리로 꼽힌다.

짜까 Cha Ca

하노이의 도안Doan 가족이 100년 전에 처음 발명했다는 요리로, 엄청난 인기 덕에 이 가족의 음식점이 있는 길을 아예 '짜까 거리'로 이름을 바꾸었다고 한다. 이 짜까 거리는 구시가에 있다. 짜까는 민물 생선을 딜dill 풀을 얹은 기름 판에 직접 튀겨먹는 북베트남 요리이다. 땅콩과 고추를 띄운 느억맘에 찍어 먹는다.

반쯩Banh Chung
베트남 음력설 때 먹는 음식이다. 12시간 이상 요리해서 만드는데, 반쯩 요리하면서 남녀 간 사랑이 익기도 한다고 한다.

고대 베트남 홍왕조의 6대 왕이 후계자를 고르기 위해 왕자들에게 이 세상에 나가서 가장 맛있는 음식을 알아오는 아들에게 왕위를 물려주겠다고 말했다. 왕자들은 사방으로 흩어졌다. 어머니가 없는 16번째 아들인 렁리엔Lang Lien 왕자는 부유한 형제들이 떠나는 것을 바라보고만 있었다. 어느 날 귀신이 꿈에 나타나 쌀보다 귀한 것은 없다고 말하고 찹쌀을 깨끗이 씻어 찐 다음 두 개의 덩어리로 만들되 하나는 하늘처럼 둥글게 만들고 또 하나는 땅의 모양으로 사각형으로 만들라고 말했다. 귀신은 이 덩어리 안에 콩과 보리를 넣고 하루 낮, 하루 밤을 삶으라고 말했다. 렁리엔 왕자는 늙은 보모의 도움을 얻어 귀신이 말한 대로 요리 방법을 연습하였다. 긴 기다림의 날이 끝나고 흩어졌던 모든 왕자들이 왕에게 자기들이 구해온 이국적인 과일, 향료, 생선 등 진기한 음식을 바쳤다. 왕은 각각의 음식을 맛보고 신하들의 의견을 들은 후 찹쌀떡을 택하였다. 왕은 이 세상에서 가장 귀한 음식이란 손쉽게 얻을 수 있는 음식이어야 함을 보여준 것이다. 왕은 이 요리 방법을 전국에 전파하고 둥근 떡은 반자이Banh Day로 부르고 사각형의 떡은 반쯩으로 부르게 했다. 8~9인치의 나무 형판으로 찍어내서 바나나 잎으로 싸서 찐다.

2008년도 음력설 때 하노이 근교에 위치한 성의 당 서기의 부인이 자기 며느리와 구정 전 여러 날 동안 준비한 반쯩을 우리 가족에게 선물했는데, 마음을 담은 선물이라서 며칠을 두고 먹어도 맛이 있었다.

개고기

베트남 사람들도 개고기를 먹는다. 베트남 사람들은 개를 충성심이 있는 동물로 귀중히 여긴다. 돌로 개를 만들어 촌락과 절을 지키는 것으로 신격화한다. 그러나 개고기를 먹는다. 이것은 마치 서양 사람들이 말고기를 먹듯. 문화의 차이일 뿐이다.

베트남 사람들은 다양한 형태로 개고기를 요리하는데, 냄새가 전혀 나지 않는다. 북한 사람들에게 개고기 요리 방법을 베트남 사람들이 가르쳐주었다고 한다.

베트남 불교는 육식 특히 개고기를 먹는 것을 금하고 있다. 베트남에서 외국인과 대화 시 개고기 주제는 금기 사항이다. 재래시장에 가면 잡은 개를 걸어놓고 전시하는데 이 모습은 보기에 징그럽다. 그런데도 개고기 제공 식당은 번성하고 있다.

베트남 사람들은 음력 첫 번째 날에는 개고기를 먹지 않는다. 첫날 개고기를 먹으면 운이 나쁘다고 한다. 여자들은 개고기를 먹지 않는다. 파고다에서도 개고기를 음식으로 내놓는 것을 금하고 있다.

비아허이 Bia Hoi

생맥주로 대개 카페의 길거리 플라스틱 의자에 앉아서 마시며 현지인을 부담 없이 만나기에 가장 좋은 음료이다. 한 잔에 우리 돈으로 4백 원 정도다. 흥이 나면 건배를 제의하곤 하는데, 우리의 "위하여" 대신에 "하나, 둘, 셋, 듭시다!(mot, hai, ba, yo!)"라고 한다.

차

베트남 사람들은 사무실에서나 집에서나 손님이 오면 제일 먼저 차를 대접한다. 베트남 차 중 타이응우엔 성에서 나는 차가 제일 맛있다고 한다. 그래서 베트남 말에 "여자는 뚜엔꽝 여자가 제일 예쁘고, 차는 타이응우엔 차가 제일 맛있다"고 한다.

베트남 차를 이야기할 때 또한 다랏 차를 빼놓을 수 없다. 해발 1,550미터의 고원 지대 다랏은 선선한 기후 덕에 아티초크Artichoke라는 국화과 차의 주요 생산지다. 베트남 사람들은 아티소Atiso 차라고 부른다.

프랑스 식민 시절 들여온 국화과 식물을 차로 만들어서 대량 생산하는 곳은 세계에서 다랏이 유일하다. 2003년에는 이 국화과 차를 미국 특허로 등록했다. 이 차는 간에 좋다고 알려져 있다.

신이 내려준 선물

청순의 아오자이Ao Dai

'긴 옷'이라는 의미의 아오자이는 긴 소
매와 높은 칼라를 가진 긴 전통 의상으로
여자들이 자기 몸에 맞게 맞추어 입는 무릎
까지 내려오는 긴 옷이다. 이 긴 옷은 자유
롭게 휘날리는 플랩을 가지고 있다. 아오자
이는 1930년대 처음으로 입기 시작한 것으
로 알려져 있다. 프랑스 인도차이나 예술
학교 출신 껏뜨엉Cat Tuong이 디자인했다고
한다. 프랑스 사람들은 이 옷을 '르무르 긴

긴 옷이라 불리는 아오자이
는 한때 퇴폐적이고 노동에
적합하지 않다는 이유로 착
용이 금지되었다.

옷Lemur tunic'이라고 불렀는데, '뜨엉(Tuong, 베트남 사람들은 베트남 사
람 이름을 부를 때 맨 마지막 글자를 부름)'은 '벽'이라는 뜻을 가지며 불
어로 벽은 'le mur'이다.

통일 베트남 정부는 1976년 아오자이가 노동에 부적합하고 퇴폐
적이라는 이유로 착용을 금지시켰다. 그러다가 1986년 도이머이
후 착용 금지를 해제했다. 지금은 각종 예식에서 즐겨 입는다.

하얀 아오자이는 순결을 뜻한다. 월남 전쟁 때 하얀 아오자이를
입은 베트남 여학생들이 시위하는 모습에 서양 사람들이 큰 충격을
받았다고 한다.

농Non

야자나무 잎으로 만든 원뿔꼴 모양의 모자이다. 이 농 모자는

3,000년 전 청동기 시대부터 있었고, 13~15세기 쩐 왕조 때 유행했다. 여름에는 불덩이 같은 뜨거운 햇볕, 우기 때는 대홍수처럼 내리는 비로부터 보호해주는 파라솔 역할을 한다. 길거리 야채상에게는 지붕이 되고 시장 가는 아주머니에게는 바구니가 되고, 소 몰면서 논 가는 농부에게는 부채가 된다. 디엔비엔푸 전투 때 산위로 야포를 끌어올리는 자원자들도 농 모자를 썼다. 농은 지역에 따라 다른데 꽌호의 박닝 성의 농은 평평하고 둥글며 지름이 1미터나 된다.

대나무로 만든 어깨지게, 돈가잉Don Ganh, bamboo shoulder pole

베트남에서 흔히 보는 광경인데 남자나 여자가 어깨지게로 물건을 나르는 모습니다. 무거운 물건을 리듬에 맞추어 나르는 모습은 매우 인상적이다. 돈가잉이라고 불리는 어깨지게는 아주 실용적인

베트남인들이 물건을 운반할 때 쓰는 대나무 어깨지게. 특히 여성들이 이것을 이용해 가족의 생계를 책임졌다.

운반 수단이다. 들일, 시장에서 물건 나르는 일, 디엔비엔푸 전투, 월남전 등에서 군인들에게 보급품 운반 등 이 어깨지게가 했다. 이 어깨지게는 7개 또는 9개 대나무 매듭이 있는 반듯한 장대로 만든다. 8개 등 짝수 매듭은 운이 없다고 해서 쓰지 않는다. 이 대나무 어깨지게로 20~30킬로그램을 나른다. 옛날 베트남에서 여자들은 들판일 외에도 작은 장사라도 해서 가족들을 부양했는데, 특히 자급 경제 시절엔 학식 있는 남자들은 일을 하지 않았기 때문에 가족의 생존은 여자의 어깨지게에 달려 있었다.

9

베트남의 외교 전략

베트남의 전통 외교[84]

오늘날 베트남의 외교는 베트남의 전통 외교와 호찌민의 외교 사상이 근간을 이루고 있다.

베트남의 전통 외교는 베트남의 문화와 정체성에서 유래한다.

조화, 탄력, 수용

베트남의 전통 외교의 지향은 안정과 지속 가능인데, 이는 베트남이 대월 왕조 시대부터 인근국과 교류, 국가 방위, 국가 건설에서 발전시켜온 국민성 및 문화적 정체성에서 유래했다. 베트남 전통 외교의 특징은 조화, 탄력, 수용이다. 강대국과는 조화와 겸양, 인근국과는 평화 유지가 중요시되었다. "국내에서는 황제를 칭하고,

외부에 나가서는 왕이라 칭한 것emperor at home, king abroad"이 하나의 사례이다.

평화 애호

평화 애호는 베트남 전통 외교의 핵심이다. 베트남은 독립, 주권, 영토 보전을 견지하면서도 인근국과의 관계에서 평화 정책을 강조했다. 10세기 베트남을 침략한 중국 송나라의 추쿠웨이 장군이 곤궁에 처하자 베트남의 리통끼엣 장군은 '평화 회담'을 제의하고 이 회담을 통해 송나라 군대가 철군한 다음 송나라에 사절단을 보내 조공을 제안하여 우호 관계를 재개시켰다. 베트남의 쩐 왕조 시대인 1258년 베트남은 원나라를 격퇴시킨 다음 원나라에 사절단을 보내 화해를 요청하고 군신 관계를 수락한 후 매 2년마다 원나라 황제에게 조공 사절단을 보냈다. 평화적 화해는 베트남 전통 외교의 중심적 가치이다. 독립을 유지하기 위한 겸손이다. 그러나 침략을 당하면 '투쟁 승리'의 정신으로 저항했고, 이렇게 하면서도 강대국의 체면을 살려주고 조화를 유지했다.

민족 자존심

그러나 베트남 전통외교는 민족 자존심을 지켰다. 13세기 쩐 왕조 시대 막딘찌Mac Dinh Chi는 원나라에 사절로 갔는데, 원나라 황제가 원나라는 태양이고 베트남은 달이라고 말하면서 베트남을 폄하하자 그는 달인 베트남이 별의 화살을 이용하여 태양도 떨어뜨린다고 응수, 베트남의 자존심을 지켰다. 13세기 응우옌짜이는 동꽌(Dong Quan, 하노이) 성 내 점령군으로 와 있는 명군과 협상하여 피

흘리지 않고 성을 차례차례 되돌려 받았다. 중국에 사절로 간 응우엔비에우Nguyen Bieu는 위협을 받았으나, 끝내 명예를 지키고 마침내 적의 손에 죽임을 당했다.

호찌민의 외교 사상

호찌민의 외교 사상은 현 베트남 외교의 나침반이다.

호찌민은 베트남의 전통 외교, 유교·불교·도교, 손자병법, 손문 사상, 그리고 유럽과 미국의 인도주의와 민주주의를 공부하고 이들 사상을 해석하고 적용하는 데 베트남의 문화에 비추어 채택했다. 그는 사상이란 생활과 인간에 밀접하게 연관되어야 하며 여기서 멀리 떨어진 이념은 사상이 될 수 없다고 말했다.

마르크스-레닌주의

오늘날 베트남은 호찌민 사상에 기초하고 있는데 호찌민 사상의 바탕은 마르크스-레닌주의이다. 1940년 호찌민은 미국과 비엣민군 간 협력을 논의하기 위해 만난 미 육군 대령 찰스 펜에게 자신이 공산주의를 채택한 이유에 대해 다음과 같이 말했다. "프랑스로부터 독립 쟁취는 외부의 원조가 없이는 안 된다. 독립은 폭격으로 얻는 게 아니고 조직, 선전, 훈련, 기율로 얻는다. 신념, 지침, 현실에 대한 확실한 이해가 필요하다. 필요하면 성경도 이용할 수 있다. 마르크스-레닌주의는 이런 모델을 제공해준다." 마르크스주의는 베트남에 하나의 이념으로 온 것이 아니고 민족 해방의 수단으로서 온 것이다. 오늘날 베트남이 도이머이 정책을 택하여 대외 개방 등 전략을 택하고 있지만 이는 호찌민 사상을 포기한 것은 아니고 오히려 원칙은 견지하되 정책과 전략은 탄력적으로 택하는 호찌민의 접근을 활용하고 있는 것으로 보인다.

원칙은 확고히, 정책은 탄력적으로 firm in principles, but flexible in policies

국가 이익, 민족 해방, 혁명 이념, 사회주의에로의 발전 등 불변의 목표는 견지하되 이 목표들을 이루어내기 위한 전략과 정책은 당시의 여건을 고려하면서 유연하고 융통성 있게 대응했다. 호찌민은 상황이 바뀌고 혁명에 새로운 여건이 생기면 이미 택한 지침, 정책, 방법론은 재고해야 하며, 새로운 여건에 기초하여 전략과 전술을 다시 세워야지 이전의 방법론을 고집해서는 안 된다고 강조했다. 호찌민은 목표는 확실히 견지하면서도 행동에서는 현재의 여건, 힘의 균형, 자기 나라의 실제 힘, 상대방의 실제 힘을 고려했다. 그의 "일보일보 전진", "일보후퇴 이보전진"은 탄력적 대응의 한 면이다. 호찌민은 탄력성이 경직성을 이긴다고 말했다.

이런 탄력적 대응은 기회를 적시에 포착하고 신속한 대응을 가능하게 했다. 1945년 일본의 무조건 항복 직후 호찌민은 베트남 총봉기를 행동으로 옮겼는데, 당시 베트남은 힘도 정규군도 없었지만 국제 여건을 잘 이용해서 국민을 동원하여 매우 취약한 위치에서 강력한 위치로 서게 됐고 혁명을 성취시키고 독립을 쟁취하는 계기가 되었다.

1946년 3월 예비 협정, 1946년 9월 잠정 협정은 당시의 매우 복잡한 상황에서 원칙을 견지하면서 문제를 해결해가는 탄력 외교를 보여준 예이다. 이 두 협정으로 베트남은 20만 대군의 장개석 군을 철수시켰고 이제 10만의 프랑스군만 상대로 하는 대불 항전을 철저히 준비할 수 있게 되었다.

1954년 디엔비엔푸 전투에 나서는 보응우옌지압 장군에게 프랑스군과 디엔비엔푸 전투에서 반드시 승리해야 하지만 승리를 자신하지 못할 때는 싸우지 말라고 말했고, 전투 현장에 나가 있던 보응우옌지압 장군이 비엣민군의 전투 능력, 보급 물자 확보 등에서 조사해 보았더니 당이 이미 결정한 "신속 타격, 신속 진군"의 전략을 가지고는 도저히 승산이 없다고 판단한 후 "점진 타격, 점진 진군"의 전략으로 바꾸었을 때도 호찌민은 "지속적 탄력성"의 원칙하에서 지압 장군의 전략 수정을 승인했다. 지도자로서 현지 장군에 대한 신뢰였다. 호찌민은 전투에서든 외교에서든 하나의 전략이나 정책에만 매달리지 않고 상황에 따라서는 다른 정책이나 전략을 택할수도 있다고 말했다.

호찌민의 탄력 외교의 사례를 좀 더 소개하면 다음과 같다.

연도	사건
1945~1946년	일본군을 무장해제하기 위해 베트남에 진군한 장개석 군을 되돌려 보낼 때 호찌민은 "중국–베트남 우호"를 슬로건으로 내세움
1946년	프랑스와 예비 협정을 교섭할 때는 "자유 베트남"을 내세움
1946년	프랑스 정부와 교섭하러 프랑스를 방문하고 있을 때는 "프랑스 연방 내 독립·통일 베트남"을 내세움
1949년	항불 전쟁 시에는 모든 국가들과 협력할 용의가 있으며, 스위스처럼 중립국이 될 수도 있다고 말함
1960년대	미국과 전쟁을 할 때는 "월남의 평화와 중립"을 주장

호찌민이 일찍이 개방 외교를 제시한 것은 그의 탄력 외교의 또 다른 좋은 예이다. 1946년 호찌민은 '호소'를 통해 베트남의 미개발 경제 자원의 적절한 이용을 위해 국제 투자가의 베트남 내 투자를 환영한다고 말하고, 공항, 항만, 통신 시설을 확충하겠다고 밝혔다. 호찌민은 "나라가 독립을 얻었는데 국민이 행복과 자유가 없다면 독립은 무의미하다. 자유와 독립을 되찾았는데 국민이 추위와 기아로 계속 죽는다면 자유와 독립은 쓸모가 없다"고 말하면서 다른 나라와 경제 개발 외교를 강조했다.

호찌민은 1947년에도 프랑스와 여타국이 베트남과 협력할 것을 촉구하였다.

1959년 10월 한 일본 기자와 인터뷰에서 호찌민은 평등과 상호 이익의 원칙하에서 일본과 다른 나라들에게 개방 및 개발 협력의 용의를 표명했다. 그는 베트남민주공화국과 일본 간 무역은 양국 국민들에게 이익이 되는 일이라고 강조했다.

친구는 많게 적은 적게

1945년 베트남이 독립을 선언한 직후에 호찌민의 베트남은 다수의 외부 세력과 상대해야 했다. 일본군, 일본군을 무장 해제하러 들어온 중국의 장개석 군대, 다시 북부 베트남에 진입한 프랑스 군대, 프랑스와 중국 간 대립, 프랑스 내 실용주의파와 전쟁 지지파 간 대립 등 상황이 매우 복잡했고, 중국 장개석군은 베트남에서 공산주의자 제거, 호찌민 체포 등을 요구했다.

호찌민은 강한 적, 여러 적과 싸울 때는 동맹군은 더 얻고, 적의 수는 줄이면서 분리·고립시키라고 말했다. "누구에게도 증오심을

야기하지 마라"면서 다른 나라와 가능한 대립은 피하고 공동 입장을 추구했다. 그리고 강대국 간 대립에는 휘말리지 않으려고 노력했다. 강한 적과 싸울 때는 적 내부의 조그마한 간극이라도 최대한 이용할 때 강한 적을 패퇴시킬 수 있다고 말했다. 그는 베트남을 둘러싸고 벌어지는 강대국 간 대립을 충분히 이용하였다.

나라의 힘과 시대의 힘을 결합하라

호찌민은 민족 독립과 자립을 위해 베트남의 힘과 시대의 힘을 잘 결합시켰다. 그는 시대의 힘을 이용하는 방법의 하나로 국제 연대를 매우 중시했다. 그는 자립이 모든 문제의 뿌리며 열쇠라고 하면서도 독립 투쟁, 침략 전쟁에 맞서는 투쟁에서 진보 세력 간 연대는 힘이고 대의라고 말했다. 그는 국제 연대를 통해 제3국이 적의 편을 들지 않게 하고, 베트남이 고립되지 않도록 했다.

변화에 민감하게 대응하라

그는 베트남의 외교 관계를 다변화·다자화했다. 인근국과 연대 및 협력을 추구하였다. 그는 역사·문화적 관계를 공유하고 있는 중국과의 관계를 특히 중시하였다. 중국의 저우언라이와는 파리 공산당 운동 때부터 만났고, 광동에서 활동할 때는 저우언라이의 가객이었다. 중국과의 분쟁은 가급적 피하려고 노력했다. 캄보디아, 라오스 등 인근국과 긴밀한 관계를 도모했다. 또한 미국에 대해서도 1945년 미국 대통령과 국무장관에게 서한을 보내 베트남을 승인하고 지원해줄 것을 요청하기도 했다. 패전한 일본에 대해서는 일본은 더 이상 베트남의 적이 아니라고 말했다. 호찌민은 1950년

1월 14일 대외 성명에서 평등, 주권, 영토보전을 존중하는 모든 나라와 외교 관계 수립을 원한다고 밝혔다.

인간적으로 상대에게 접근하라

그는 베트남을 식민 통치한 프랑스에 대해서도 화해의 기회를 등한시하지 않았다. 1945년 9월 베트남인들에게 "전쟁에서 잡힌 프랑스인들에게 관용으로 대하라. 우리는 명예를 중시하는 사람이다. 우리는 프랑스에게 독립과 자유를 요구하는 것이지 보복하려는 것이 아니다. 우리는 침략자들보다 더 문명인이다"라고 말하였다. 1954년 5월 디엔비엔푸 전투에서 승리한 후 "우리는 전쟁을 이겼고, 이제 우리는 우리 군인과 국민의 용감성을 축하해야겠지만, 패배한 적에게 굴욕감을 주어서는 안 된다. 이는 상대국 국가 자존심에 대한 모독이다"라며 패한 적 앞에서 자제를 당부하였다. 호찌민은 인근국, 강대국과 조화와 평화를 추구하지만, 침략에 직면하면 '투쟁 승리fight and win'의 정신으로 임하였다. 그러면서도 강대국의 체면을 살려주고 조화를 이루려고 노력했다.

호찌민은 소박, 겸손, 애정으로 상대를 편안하게 했다. 1958년 인도를 방문했을 때 인도 주빈이 그를 영웅이라고 말하자 자기는 영웅이 아니고 오히려 자유와 독립을 위해 싸운 베트남 국민, 인도 국민이 영웅이라고 말했다. 한 대중 집회에서 네루 수상이 옥좌 의자를 권하자 이를 사양하고 평범한 의자에 앉았다.

1950년 프랑스와의 전투에서 사로잡은 프랑스 전쟁 포로 캠프를 방문했을 때인데 한 프랑스 군의관이 추위로 심히 떨고 있었다. 이를 본 호찌민은 자기가 입고 있던 재킷을 벗어 그 군의관에게 입혀

주었다. 그 프랑스 군의관은 감동했다.

호찌민은 단순명료하면서도 설득력 있는 대화 스타일을 가졌다. 상대의 대화에서 공통점을 찾고, 인간적 감정을 고취시켰다. 그는 부드러움이 강경함을 이긴다고 믿었다. 또 시를 통해서 긴밀한 분위기를 조성했다.

마음을 얻어라

상대의 마음을 얻는 일은 베트남 전통 외교의 핵심이다. 마음을 얻는 외교는 정당한 명분, 인간애, 공평, 도덕성을 가지고 사람의 마음을 얻는 것이다. 적국 국민의 마음을 얻는 것은 적군의 사기를 저하시키는 것이다. 15세기 레러이, 응우옌짜이가 명나라군 침입 시 이미 이용한 외교 방법론이다.

호찌민은 마음을 얻는 외교의 근간으로 특히 정의, 도덕성, 인도주의를 들었다. 그는 마음을 사는 외교를 통해 베트남의 독립 투쟁과 국가 건설 노력에 대해 국제 사회의 동정과 지지를 얻어냈다. 호찌민은 스스로가 소박한 삶, 너그러운 마음을 보였고, 적과 동지를 구별하여 적은 고립시키고 자기의 대의 명분을 지지하는 국제 사회의 지지 세력은 동원하였다. 호찌민은 마음을 얻는 외교를 통해 베트남의 정당한 투쟁에 대해 적 국민의 자존심에 호소하여 그들의 양심을 부추겼다. 호찌민은 프랑스와 전쟁 때도 그랬고, 미국과 전쟁 때도 적국의 정부와 국민을 구별, 전쟁을 반대하는 사람들에게 직접 다가가 그들의 양심에 호소하였다. 호찌민은 "적과 싸워서 승리하는 것은 바람직하지만, 적과 싸우지 않고 승리하는 것은 더 중요하다"고 말했다. 마음을 얻는 외교는 적과 싸우지 않고 승리하는 외교이다.

1946년 그가 프랑스를 방문할 때의 일로, 한 리셉션 장에서 파리 거주 베트남 어린이들에게 프랑스의 애국가를 부르도록 하여 프랑스인들에게 감동을 얻었다. 1946년 그가 프랑스 여행을 마치고 베트남으로 돌아와 가진 환영식에서 그는 그 자리에 와 있었던 프랑스군 장교 및 사병들과 프랑스어로 대화하면서 자신의 프랑스 방문 시 프랑스 정부의 환대, 프랑스군 가족들의 안부, 프랑스군의 안전한 귀국 등을 언급한 후 이들과 악수를 청해, 그 자리에 있던 프랑스 군인들을 감동시켰다. 그는 미국과 전쟁 때 하노이 소재 호아로 감옥에 수감 중인 미국인 포로들도 배려했다고 한다. 베트남 전쟁 당시인 1965년 더블유 로빈슨W. Robinson이 그의 비행기가 격추되어 체포되었는데, 당시 그를 체포했던 게릴라 대원 응우엔티라이 Nguyen Thi Lai는 이 비행사를 극진히 대접했다. 1972년 푸토 성에서 추락하여 체포된 비행사도 라이너후엔Lai Nhu Huyen이 극진히 대접했다.

희망이 있는 한 노력한다

평화 애호는 호찌민 사고의 중요한 부분이다. 호찌민은 프랑스 식민 당국으로부터 사형 선고를 받고, 수차례 도피 생활을 하며 태국 승려의 샛노란 승복을 입기도 하고 중국 팔로군의 군복을 입기도 했다. 오랫동안 고통스러웠을 시간을 보냈음에도 불구하고 "희망이 있는 한 노력한다"고 말하면서 프랑스 식민 당국에 대해 수차례 휴전, 협상 등 평화적 해결을 주장했다.

싸우면서 대화한다

베트남이 외부의 지배를 받지 않았던 900년간 외교는 국가 건설과 방어였다. 이 시기 외교의 규범은 "부유한 국가, 강력한 군대, 내부 안정, 대외 평온"이라는 13세기 쩐흥다오 장군의 언급에 잘 나타나 있다. 1945년부터 1949년까지 베트남이 군사적으로 매우 취약했을 때 외교는 혁명 정부를 보호하고 방어하는 데 집중하였다. 1965년부터 1975년까지 미국과 전쟁 시 베트남의 외교는 국제 사회의 지지와 연대를 얻는 데 집중하였다. "싸우면서 대화한다"는 전략에 따라 미국에 대해 정치 및 군사 공세를 취하면서 미국 등 서방 진보 세력의 반전 지지를 얻는 데 외교적 공세를 가했다.

"지벗비엔 응번비엔(di bat bien, ung van bien, 以不變 應萬變)"은 호찌민 외교의 핵심인데, 이 말의 뜻은 불변으로 만변에 대응, 즉 만물은 항상 변화하므로 변하지 않는 '불변'으로 '만물의 변화'에 대처하겠다는 뜻이다. 이런 호찌민의 철학에 따라 베트남의 외교는 원칙은 견지하면서 전략과 정책은 탄력성을 가지고 임하고 있다. 즉 현 베트남은 마르크스-레닌주의는 유지되도 '사회주의 시장 경제'의 실용주의 정책을 통해 다원화, 다양화, 개방을 추진하고 있다. 나아가 다원화, 지역화 외교를 통해 자국의 안보를 강화하고 있다. 베트남은 아세안과의 관계를 중시하고 있으며, 아세안 또한 베트남이 중국을 견제하는 역할을 해주기를 기대하고 있다. 베트남은 거대 중국에 대해 우호와 경계의 양면을 유지하면서 한편 지정학적인 이유로 러시아와의 관계도 중시하고 있다.

베트남의 미래와 대한민국의
공생 관계를 꿈꾸며

내가 근무 하는 기간 동안 한국-베트남 양국 관계가 외교의 최상 상태인 전략적 동반자 관계로 격상되었다. 이때는 또 베트남이 신흥 공업 국가로 부상하는 시기였다. 나는 한국-베트남 관계와 베트남의 발전에 있어서 가장 중요한 시기에 역사의 현장에 있었고, 베트남 발전을 돕고 목격한 증인이다.

베트남은 문화적으로는 동북아에 속하고 지리적으로는 동남아의 심장이다. 인간도 심장이 건강해야 하듯이 동남아도 심장인 베트남이 건강해야 평화와 안정의 향유가 가능하다고 생각한다. 베트남이 경제적으로 발전하여 저개발 상태를 탈피하고 국력에 상응하는 역할을 할 때 동남아의 번영에 기여하게 될 것이다.

이런 점에서 베트남이 2007년 WTO 가입, 2008~2009 2년간 UN 안보리 비상임 이사국 역할 수행, 2010년 ASEAN 의장국 역할 수행 등 베트남의 국력에 상응하는 국제적 역할을 수행하고 있는 것은 매우 좋은 일이다.

나는 동남아의 심장인 베트남에서 보낸 900일 동안 1,264회 공식 접촉 활동을 가졌다. 내가 혼을 쏟은 기간이었다. 베트남의 역사, 문화, 사람을 알리려고 노력하면서 우리 두 나라가 더 가깝게 다가서도록 애쓰고 우리 기업을 도우려고 노력한 기간이었다. 베트남 주재 2,000여 개의 우리 기업들은 열심히 일하고 있다. 중동, 아프리카, 아시아 등 열악한 환경에서 땀 흘려 일하고 있다. 정부가 주는 훈장은 이들이 더 많이 받아야 한다.

애니미즘, 토테미즘에서부터 가족 중시, 체면 문화, 학문 숭상, 민족주의, 젓가락 사용, 이름 석자 표기 등 문화적 유사성을 어느 나라 국민보다 더 많이 공유하고 있는 베트남 사람들과 희로애락을 함께한 시간은 오랫동안 기억될 것이다. 수없이 많은 외침의 도전을 극복한 고통과 희생, 54개 민족이 화합하는 베트남 사람들의 모습은 우리 국민들에게 전하고 싶은 이야기다.

행복 지수 5위의 나라(2009년 영국 신경제재단 NEF 발표, 1위는 코스타리카, 한국은 68위), 외국인들에게 가장 친절한 나라 등의 수식어가 붙는 베트남 사람들은 사실은 인고의 역사를 가지고 있다. 겸손하지만 자존심이 강하고 유연하지만 단호한 그들의 성향은 나를 끄는 매력 중 하나이다.

이제 뒤돌아보면 이전의 나의 외교 근무지는 2년 반 동안의 베트남과 인연을 맺어주기 위한 준비 과정으로 보인다. 이런 점에서 내가 베트남에서 근무하고 외교관 생활을 마치게 된 것은 커다란 행운이었다. 내가 베트남을 만난 것은 우연이 아니라 운명이었다.

베트남은 우리에게 있어 과거사가 있는 국가다. 우리가 일본에 대해 과거사 문제를 요구하는 상황에서 우리는 베트남에 대한 과거 문제를 지혜롭게 해결해야만 일본에 대한 도덕적 우위를 확보할 수 있을 것이다. 한국과 베트남이 수교할 때 베트남의 한국에 대한 정책을 하나의 문장으로 표현한다면 "과거를 묻고 미래를 향해 협력한다"였는데, 베트남이 과거를 묻는다고 해서 우리가 이를 잊을 것이 아니라 우리 스스로가 베트남 사람들을 마음으로부터 위로해줄 수 있는 방안을 찾아 계속 이행해 나가야 할 것이다. 우리가 베트남의 중부 지역에 건립하는 대형 병원 사업은 그중 좋은 사업의 하나라고 생각한다.

한국과 베트남은 동반자로 함께 가야 한다.

바람처럼 스쳐서 지나버리는 짧은 인생에서 내가 잠깐 머물렀던 베트남에서 보고 듣고 느낀 것들을 내가 죽은 후에도 소멸되지 않고 살아 있도록 기록을 남겼다. 앞으로도 내 기억을 더듬으면서 이 기록을 계속 보완해나갈 것이다. 바라건대 이 기록이 시간과 지역을 초월해서 숨 쉬기를 기대한다.

다만 베트남의 모든 것을 다 보았다 할 수 없을 터이므로 이어지는 베트남의 변화상에 대해서는 또 다른 누군가에 의해 쓰여지기를 기대한다.

나는 이 책을 쓰면서 뒤에 소개하는 서적들을 참고했다. 베트남의 역사, 문화, 호찌민, 디엔비엔푸전투 등 자료는 흐우응옥Huu Ngoc의 저서와 그가 고문으로 있는 테져이(The Gioi, 世界) 출판사 간행 책자에 크게 의존했다. 내가 이 서적들을 인용할 수 있도록 허용해준 테져이 출판사와 이를 주선한 응우옌찌뚜옌Nguyen Chi Tuyen 저작권담당국장에게 감사를 표한다. 베트남의 이모저모 아름다운 모습을 담은 사진을 제공해준 베트남 문화체육관광부 응우옌번틴 Nguyen Van Tinh 국제협력국장, 응우옌꿔프엉Nguyen Quy Phuong 베트남 관광청 부국장, 레뚜언아인Le Tuan Anh 베트남 관광청 과장에게 감사를 표한다.

이 책은 김영사의 박은주 사장님의 배려로 간행되었다. 박사장님은 우리 사회가 급속히 다문화로 가는 과정에서 두 번째로 많이 한국인과 결혼해서 한국으로 이주해 오는 베트남 여성들의 역사와 문화를 우리 사회에 소개하는 것을 매우 중요하다고 판단하고 이 책의 출간을 적극 지원했다. 기업의 사회적 책임을 앞세우는 모습에서 깊은 인상을 받았다. 또한 김영사 편집팀과 디자인팀에게도 감사의 마음을 전한다.

베트남에 대한 나의 한정된 지식과 경험을 채워준 조선대의 안경환 교수님과 쩐탄하이 영사에게 감사를 표한다. 이 분들의 조언으로 나의 베트남 관찰이 생명을 갖는 생생한 모습으로 태어나게 되었다. 안경환 교수님과 쩐탄하이 영사는 내 원고를 직접 읽고 귀중한 조언을 해주었다. 안경환 교수님은 베트남에 대해 각별한 사랑과 해박한 지식을 갖고 있는 우리나라의 저명한 베트남 전문가이다.

이 책의 원고를 꼼꼼히 읽고 한국-베트남 양국 관계 내용과 사실관계에 대해 조언을 해준 유연철 녹색성장위원회 국장, 최형찬 외교통상부 한미안보협력과장, 유성용 국토해양부 도시정책과 과장에게 감사를 표한다. 이 동료들은 주베트남 대사관에서 나와 함께 일한 적이 있다. 어렸을 적부터 내 친구인 황상욱 선생은 이 책의 기초를 다듬을 때부터 일반인들의 베트남에 대한 관심을 조언해주었다.그의 우정에 감사한다.

업무로 바쁜 가운데서도 베트남 관련 자료를 제공해 준 주호찌민 총영사관의 차창순 영사, 호찌민무역관의 신남식 관장, 하노이 무역관의 박동욱 차장 등 동료들에게 감사한다. 주 베트남 한국대사관에서 한국 전문가로 일하고 있는 쩐티뀐리엔, 그리고 이전에 한국 대사관에서 근무한 적이 있는 부티탄흐엉의 베트남어 관련 조언에 감사한다.

한국과 베트남 간 다리 역할을 하는 베트남 거주 우리 동포들은 재임 기간 중 나에게 큰 힘을 주었다. 특히 한인사회 지도자들은 우리 동포들의 단합과 한국-베트남 간 우호를 위해 많은 노력을 하고 있다. 이 지도자들과 베트남 거주 우리 동포들에게 감사를 표한다.

이 책을 준비하는 과정에서 곁에서 응원해준 나의 가족은 나에게 큰 위로와 힘이 되었다. 이 책은 우리 가족의 사랑의 산물이다.

베트남은 금년에 수도 하노이의 천도 천년을 기념한다. 나는 이 책을 내가 사랑하는 베트남인들에게 증정한다.

2010년 11월

은천암에서 관악산을 바라보면서 임홍재

《Annam-다다를 수 없는 나라, 크리스토프 바타이유》, 김화영 옮김, 문학동네, 서울, 1996

Dragons on the Roof-A Year in Vietnam, Carol Howland, The Gioi Publishers, Hanoi, 2008

Dien Bien Phu-Randezvous with History, Vo Nguyen Giap, The Publishers, Hanoi, 2004

Hanoi of A Thousand Years, Carol Howland, The Gioi Publishers, Hanoi, 2009

Hoa Lo Prison, Administration Board of Hoa Lo Prison Historic Vestige, Hanoi,

Ho Chi Minh's Life and Cause, The Gioi Publishers, Hanoi, 2009

Ho Chi Minh Thought on Diplomacy, The Gioi Publishers, Hanoi, 2008

Ho Chi Minh Thought on Military, The Gioi Publishers, Hanoi, 2008

Ho Chi Minh-A Long Journey, Lady Borton, The Gioi Publishers, Hanoi, 2009

Vietnam-A Long History, Nguyen Khac Vien, The Gioi Publishers, Hanoi, 2009

Wandering through Vietnamese Culture, Huu Ngoc, The Gioi Publishers, Hanoi, 2004(4쇄),

Diplomacy, Henry Kissinger, Simon & Schuster, New York, 1994

Kissinger, Walter Isaacson, Simon & Schuster, New York, 1992

Project of on-going renovation and stimulation for economic structure shift- Peroid 2011~2020 towards productivity, efficiency and com-

petitiveness improvement, Ministry of Panning and Investment,
January 2010

Taking Stocks-An Update on Vietnam's Recent Economic Developments,
The World Bank, June 2010

*Summary report on the implementation status of millennium development
goals of Vietnam 2010*, Ministry of Planning and Investment, Hanoi,
2010

Policy-making on the Frontlines : Memoirs of a Korean Practitioner,
1945~79, Chung-yum Kim, Economic Development Institute of the
World Bank, Washington, D.C., 1994

Modern Diplomacy, The Art and The Artisans, Elmer Plishke, American
Enterprise Institute for Public Policy Research, Washington, D.C.,
1979

Napoleon-Le soleil d'Austerlitz, Max Gallo, Robert Laffont, Paris, 1997

International Negotiation-Actors, Structure/Process, Values, Peter Berton,
Hiroshi Kimura and I. William Zartman, St. Martin's Press, New
York, N.Y., 1999,

Vietnam Moment, Brenda Paik Sunoo & Ton Thi Thu Nuyet, Seoul
Selection, 서울, 2009

A Brief History of the Future, Jacques Attali, Arcade Publishing, New York,
2009

I Dreamed of Peace Last Night, Dang Thuy Tram, Harmony Books,
New York, 2007

《경제 개혁으로 21세기를 여는 민족주의의 나라 베트남》, 양승윤 · 구성열 · 김
기태 한국외국어대학교 출판부, 서울, 2002

《기회의 땅, 베트남》, 신동아 창간 78주년 별책 부록, 서울, 2009년 10월

《나는 지난밤 평화를 꿈꾸었네》, 안경환 번역, 이룸, 서울, 2008

《미래의 물결》, 쟈크 아탈리 지음, 양영란 번역, 위즈덤하우스, 서울, 2007

《백강회고록》, 한국종교협의회, 서울, 1979

《백범일지》, 도진순 주해, 돌베게, 서울, 2009(33쇄)

《베트남 역사 읽기》, 송정남, 한국외국어대학교 출판부, 서울, 2010

《베트남 최고 시인 阮廌》, 조동일 해설, 지준모 번역, 지식산업사, 서울, 1992

《아시아 민족 독립 운동과 건국지도자》, 백범 김구 선생 서거 60주기 추모 국제
　　학술회의, 백범김구기념관. 서울, 2009

《최병욱 교수와 함께 읽는 베트남 근대사》, 최병욱, 창비, 서울, 2008

《메콩 강의 기적》, 김현재, 계창, 서울, 2009

《베트남, 삶과 문화(Vietnam, Life and Culture)》, 국립중앙박물관, 서울, 2007

《호찌민, 옥중 일기》, 안경환 옮김, 지만지, 서울, 2008

《쭈엔키에우(Truyen Kieu, 翹傳)》, 응웬주, 안경환 번역, 문화저널, 2004

《臨政叢書 白岡回顧錄 編外國》, 韓國宗敎協議會, 서울, 1979

《베트남 모르고 가면 큰코다친다》, 이창근, 에세이, 서울, 2008

《사이공 최후의 표정 컬러로 찍어라》, 안병찬, 커뮤니케이션북스, 서울, 2005

《아버지의 바이올린》, 정나원, 새물결, 서울, 2005

《외교관의 회고-격동기의 외교관 수난기》, 외교통상부 외교안보연구원, 서울,
　　2002년

《내 기억할게, 내 삶이 빛을 잃을 때마다》, 진유정, 넥서스Books, 서울, 2008

《아주 특별한 베트남 이야기》, 권쾌현, 연합뉴스, 서울, 2010

《베트남 개황》, 외교통상부, 서울, 2009

《2009 베트남 Grand Survey-베트남 진출기업 경영성과 및 전망》, KOTRA/중
　　소기업연구원, 서울, 2009

1 혜초의 왕오천축국전, 정수일, 도서출판 학고재, 서울, 2004 p. 197~198, 207

2 Wandering through Vietnamese Culture, Huu Ngoc, The Gioi Publishers, Hanoi, 2004(4쇄), pp. 1054~1059

3 Hanoi of a Thousand Years, Carol Howland, The Gioi Publishers, Hanoi, 2009, pp. 76~77

4 Summary report on the implementation status of millennium development goals of Vietnam 2010, Ministry of Planning and Investment, Hanoi, 2010, p.7

5 기회의 땅, 베트남, 신동아 창간 78주년 별책 부록, 서울, 2009년 10월 p. 70

6 A Brief History of the Future, Jacques Attali, Arcade Publishing, New York, 2009, p. 114

7 Vietnam News, 2010년 7월 21일

8 Project of on-going renovation and stimulation for economic structure shift - Peroid 2011~2020 towards productivity, efficiency and competitiveness improvement, Ministry of Panning and Investment, January 2010, p. 20

9 A Brief History of the Future, Jacques Attali, Arcade Publishing, New York, 2009, p. 114

10 베트남 MPI, 하노이 KBC, 호찌민 KBC 세계은행은 베트남의 2009년 FDI 승인규모를 717억불로 기록하고 있다.
Taking Stocks - An Update on Vietnam's Recent Economic Developments, The World Bank, June 2010, p. 4

11 Ibid, p. 12

12 Project of on-going renovation and stimulation for economic structure shift - Peroid 2011~2020 towards productivity, efficiency and competitiveness improvement, Ministry of Panning and Investment, January 2010, pp. 17~20

13 Vietnam Infrastructure, Business Monitor International, London, 2007, p. 12

14 Project of on-going renovation and stimulation for economic structure shift - Peroid 2011~2020 towards productivity, efficiency and competitiveness improvement, Ministry of Panning and Investment, January 2010, p. 27

15 Harvard Asia Quarterly Volume 5, No. 1. Winter 2000
Doi Moi 2? Vietnam after Asian Financial Crisis, by Carlyle Thayer

16 Is Vietnam Another China?, The Finance Professional's Post, The New York Society of Security Analysts, New York, 2010

17 베트남 최고시인 阮廌, 조동일 해설/지준모 번역, 지식산업사, 서울, 1992, pp. 11~22

18 베트남 통계청, 베트남 MPI, 호찌민 KBC

19 Ibid

20 Ibid

21 Ibid

22 2009 베트남 Grand Survey - 베트남 진출기업 경영성과 및 전망, KOTRA/ 중소기업연구원, 서울, 2009, p.2, p.12, p.24

23 주 베트남 한국대사관 자료

24 Ho Chi Minh Thought on Diplomacy, The Gioi Publishers, Hanoi, 2008, p. 17

25 Viet Nam News, 2009년 3월 12일

26 Ho Chi Minh' s Life and Cause, The Gioi Publishers, Hanoi, 2009, P.148

/ Ho Chi Minh-A Long Journey, Lady Borton, The Gioi Publishers, Hanoi, 2009, P.135

27 International Negotiation-Actors, Structure/Process, Values, Peter Berton, Hiroshi Kimura and I. William Zartman, St. Martin's Press, New York, N.Y., 1999, P.112

28 Wandering through Vietnamese Culture, Huu Ngoc, The Gioi Publishers, Hanoi, 2004(4쇄), pp. 1054~1090

29 Wandering through Vietnamese Culture, Huu Ngoc, The Gioi Publishers, Hanoi, 2004(4쇄)

30 Wandering through Vietnamese Culture, Huu Ngoc, The Gioi Publishers, Hanoi, 2004(4쇄), p. 392

31 최병욱교수와 함께 읽는 베트남 근대사, 최병욱, 창비, 서울, 2008, pp. 60~62

32 Ho Chi Minh's Life and Cause, The Gioi Publishers, Hanoi, 2009

33 옥중일기, 호치민, 안경환 옮김, 지만지, 서울, 2008 / Ho Chi Minh-A Long Journey, Lady Borton, The Gioi Publishers, Hanoi, 2009, pp. 79~81

34 Ho Chi Minh - A Long Journey, Lady Borton, The Gioi Publishers, Hanoi, 2009, p. 7

35 Ibid, p. 148

36 Ibid, 표지

37 백범일지(백범 김구 자서전), 도진순 주해, 돌베게, 서울, 2009(33쇄), pp. 441~446

38 臨政叢書 白岡回顧錄 編外國, 韓國宗教協議會, 서울, 1979, p. 371

39 2010년 7월 1일 김신 백범기념관 관장의 필자와 대담

40 Ho Chi Minh - A Long Journey, Lady Borton, The Gioi Publishers, Hanoi, 2009, pp. 107~108 / Ho Chi Minh's Life and Cause, The Gioi Publishers, Hanoi, 2009, pp. 125~126

41 디엔비엔푸 전투는 주로 Dien Bien Phu – Randezvous with History, Vo Nguyen Giap, The Publishers, Hanoi, 2004 책을 토대로 기술

42 Ho Chi Minh – A Long Journey, Lady Borton, The Gioi Publishers, Hanoi, 2009, pp. 128~129

43 Ho Chi Minh – A Long Journey, Lady Borton, The Gioi Publishers, Hanoi, 2009, p. 131, p. 133

44 Vietnam – A Long History, Nguyen Khac Vien, The Gioi Publishers, Hanoi, 2009, pp. 281~284

45 Ho Chi Minh – A Long Journey, Lady Borton, The Gioi Publishers, Hanoi, 2009, p. 133

46 Vietnam – A Long History, Nguyen Khac Vien, The Gioi Publishers, Hanoi, 2009, pp. 290~291

47 Kissinger, Walter Isaacson, Simon & Schuster, New York, 1992, pp. 439~445 / 미국-베트남 간 파리협상은 이 책의 439~490 페이지를 중심으로 기술

48 Ibid, pp. 448~449

49 Ibid, p. 456

50 Ibid, pp. 459~467

51 Ibid, p. 480

52 Ibid, p. 484

53 Ibid, p. 489

54 Ibid, p. 486

55 Vietnam – A Long History, Nguyen Khac Vien, The Gioi Publishers, Hanoi, 2009, pp. 308~318

56 Ho Chi Minh – A Long Journey, Lady Borton, The Gioi Publishers, Hanoi, 2009, pp. 145~146 / Vietnam-A Long History, Nguyen Khac Vien, The Gioi Publishers, Hanoi, 2009, pp. 323~334

57 Ho Chi Minh – A Long Journey, Lady Borton, The Gioi Publishers,

Hanoi, 2009, p. 147

[58] 외교관의 회고 - 격동기의 외교관 수난기- 외교통상부 외교안보연구원, 서울, 2002년, pp 103~129

[59] Vietnam - A Long History, Nguyen Khac Vien, The Gioi Publishers, Hanoi, 2009, pp. 336~347

[60] 베트남 역사 읽기, 송정남, 한국외국어대학교 출판부, 서울, 2010, pp. 511~512

[61] Vietnam - A Long History, Nguyen Khac Vien, The Gioi Publishers, Hanoi, 2009, pp. 348~352 / 베트남 역사 읽기, 송정남, 한국외국어대학교 출판부, 서울, 2010, pp. 513~516

[62] 베트남 - 경제개혁으로 21세기를 여는 민족주의의 나라, 양승윤 · 구성열 · 김기태 외, 한국외국어대학교 출판부, 서울, 2002, pp. 302~304

[63] Ibid, pp. 284~288

[64] 최병욱교수와 함께 읽는 베트남 근대사, 최병욱, 창비, 서울, 2008, pp. 168~169

[65] Wandering through Vietnamese Culture, Huu Ngoc, The Gioi Publishers, Hanoi, 2004(4쇄), pp. 879~882

[66] Hanoi of a Thousand Years, Carol Howland, The Gioi Publishers, Hanoi, 2009을 중심으로 기술 / Viet Nam News 2010년 7월 21일 / Wandering through Vietnamese Culture, Huu Ngoc, The Gioi Publishers, Hanoi, 2004(4쇄), pp. 883~884

[67] Hoa Lo Prison, Administration Board of Hoa Lo Prison Historic Vestige, Hanoi

[68] Wandering through Vietnamese Culture, Huu Ngoc, The Gioi Publishers, Hanoi, 2004(4쇄), pp. 866~867

[69] Ibid,, pp. 842~843

[70] Hanoi of a Thousand Years, Carol Howland, The Gioi Publishers, Hanoi, 2009, p. 37

71 Wandering through Vietnamese Culture, Huu Ngoc, The Gioi Publishers, Hanoi, pp. 498~510

72 Ibid, pp. 386~387

73 Ibid, pp. 504~506

74 Ibid, pp. 707~710

75 Ho Chi Minh Thought on Diplomacy, The Gioi Publishers, Hanoi, 2008, pp. 130~131

76 Kissinger, Walter Isaacson, Simon & Schuster, New York, 1992, p.254

77 Ibid, p. 551

78 Ibid, p. 558

79 Ibid, p. 551

80 Ibid, p. 554

81 Ibid, p. 556

82 Ibid, p. 556

83 Ibid, p. 556

84 Ho Chi Minh Thought on Diplomacy, The Gioi Publishers, Hanoi, 2008 를 중심으로 기술

부록

베트남 체류 900일

우리 기업을 돕다

나는 베트남 외무부가 주선한 지방 방문 프로그램과 한국과 베트남 간 양자 업무로 우리 대사관이 주선해서 방문한 경우 등을 모두 포함해서 2 년 반 재임 기간 동안 베트남의 30여 개 성을 방문하였다. 신임 일본 대사 는 부임 1년 만에 베트남 58개 지방 성과 5개 광역 단체를 포함 63개 지자 체 중 57개를 방문하여 일본 기업 진출 지원과 베트남 지방 정부와의 인맥 을 공고히 하고 있다. 예산 지원이 우리보다 나은 것을 보고 부러웠다. 우 리 기업과 교민이 전국 곳곳에 진출해 있는데, 베트남이 지형적으로 남북 으로 길고, 도로 및 철도망이 매우 열악하여 항공편을 이용할 수밖에 없 다. 노사 분규, 현지 파트너와의 마찰 등 우리 기업들이 겪고 있는 여러 애 로 사항을 해결하고, 기공식 및 준공식 등의 주요 행사에 참석하는 일은 공관의 베트남 진출 기업 지원 업무에서 매우 중요한 부분이다. 일본보다 20년 늦게 베트남에 진출한 후발주자로서, 우리는 몇 배 더 부지런히 발로 뛰어야 한다.

나도 베트남 지방 곳곳에 찾아가서 땀 흘리는 우리 기업인들, 교민들 모두 만나 베트남 술 '넵머이', '하노이 보드카' 한잔 하며 격려도 하고 싶었는데 그러지 못해 매우 섭섭했다. 그들은 오늘도 땀 흘리는 애국자들이다. 정부와 국민은 이들을 도와야 한다. 가장 시급한 것이 질병으로부터 보호다. 신종 플루 사태에서 보았듯 해외에 나가서 일하는 우리 기업인들은 항상 생명의 위협을 받는다. 오지, 험지, 벽지에서 일하는 사람들은 병 걸리지 않는 게 신의 축복이다. 2009년 신종 플루 때 알아보았더니 일본은 이미 백신 확보 등 대비를 마쳤다. 일본은 84개 재외 공관에 의료 주재관을 두어 긴급시 자기 동포와 기업인의 생명을 보호하고 현지 풍토병도 연구하여 맞춤형 약도 개발하고 있는데, 세계로 뻗어가기 위해 글로벌 경영, 글로벌 외교를 해야 하는 우리도 이제 이런 제도를 둘 때가 되었다고 생각한다. 경쟁국들보다 해외 진출이 늦은 우리는 벽지, 오지, 험지에도 가야 한다.

27개 지자체와 자매결연을 맺다

27개의 우리 지방 자치 단체가 베트남 지방 단체와 자매결연했다. 베트남 지방 지도자들을 만나 우리 지자체와 자매 교류를 격려하고, 우리 기업의 권익 보호를 당부도 하고, 우리 기업체를 방문, 간담회를 갖고 베트남 경제 현황 및 베트남 세무, 관세, 노동, 환경 등 법규를 소개하면서 독려도

하였다. 우리 기업체를 방문할 때는 베트남인 근로자 중 모범 근로자를 추천받아 대사관 표창장과 함께 부상으로 베트남 사람들이 좋아하는 국산 휴대폰을 선물했다. 기업들은 기업의 노사 관리에 큰 힘을 실어주었다고 말했다. 베트남 진출 초기 단계에 일부 우리 기업들이 현지인들을 무리하게 다루어 많은 노사 문제를 야기했으나 이제는 이런 사례는 거의 없다. 우리 공관은 현지인 구타 등으로 노사 문제를 야기한 경우 그다음 날 본국으로의 소환을 우리 기업들에게 조언했다. 그러나 이런 조언보다는 우리 기업들의 자발적 노력이 높이 평가된다. 나는 우리 기업을 방문할 때마다 주재국의 법, 제도, 관행, 특히 노동, 환경, 세금 관련 규정을 존중할 것을 당부하였다. 노동, 환경 규정 위반은 정부 당국과 언론으로부터 즉각적인 비판과 제재 조치를 받는다. 설사 베트남 하청 업체가 위반해도 비판은 우리 기업이 받는다. 나는 우리 기업들이 베트남에 심어진 나무로 베트남에서 꽃피우겠다는 생각으로 사업에 임해줄 것을 당부하였다.

중소기업, 대기업 할 것 없이 우리 기업체들의 베트남 진출은 참 인상적이다. 한번은 하노이에서 멀리 떨어져 있는 지방 성을 방문했는데, GPS를 가지고도 찾아가기 어려운 깊숙한 산골 구석에 들어가 베트남인 40여 명과 동물 사료를 만들고 있는 공장을 찾아갔다. 그는 바나나 껍질, 콩깍지 등 농산물 부산물을 수집해서 천연 사료를 만들어 한국에 공급하고 있었다. 그는 사업이 잘 되어 만족한다고 했다. 어떻게 첩첩산중 이 시골까지 왔느냐고 물었더니 그냥 웃기만 했다. 땀 흘리는 모습이 보기에 참 좋았다.

대사의 하루

2010년 3월 한국으로 돌아와 이삿짐을 정리하면서 발견한 포켓 수첩을 보았더니 베트남 생활이 숨 막힐 정도로 빽빽이 기록되어 있었다.

2007년 10월 어느 날

감기 기침이 계속되고 있다. 새 부임지에 가면 꼭 앓는다. 적응 과정인가 보다. KOICA 파견 황혜헌 박사로부터 물약을 처방받아 복용하고 있는데도 높은 습도 탓인지 감기가 빨리 낫지 않는다. 기침 때문에 다른 사람과 대화하는 데 지장이 크다.

우기라 거의 매일 흐리거나 비가 내린다. 오늘도 아침부터 비가 주룩주룩 내린다.

8시 반 _ 사무실에 출근하여 본부에서 온 훈령을 파악했다. 베트남 현지 영자지의 헤드라인 기사와 한국 관련 보도 내용을 점검하였다.

9시 _ 몇몇 직원들을 불러 본부 훈령에 대해 협의한 후 업무를 분장하고 처리 지침을 지시했다.

10시 _ APEC 국제교육원장(부산대) 일행을 접견했다. 이들은 '한국-베트남 교육 훈련원' 설립 문제를 베트남 측과 협의차 방문 중이다.

11시 _ U국 대사를 부임 인사차 방문했다.

12시 _ 한국 건설사 대표 15명을 초청해서 점심 간담회를 가졌다. 우리 건설회사들은 신도시 개발, 아파트 건축, 재건축, 호텔 건설 등 사업에 참여하고 있으며, 투자 관련법, 건설 행정 절차, 시행착오 등 대책 마련 필요성에 대해 의견을 나누었다.

오후 3시 _ 대사관 내 ODA 협의체 회의를 주재했다. 이 회의는 2007년도 ODA 추진 사업의 실적 및 계획을 청취하였다.

오후 5시 _ 제1회 세계 한인의 날 행사 참석. 120여 명의 한인 대표가 참석한 가운데 열렸다. 이날 한인 사회에 봉사한 3명의 한인에 대해 대사 명의의 표창장을 수여하고 격려했다.

저녁 6시 반 _ ODA 협의체 참가자를 위한 저녁 식사에 참석했다. 나는 유상, 무상 원조 간 긴밀한 팀워크를 강조했다.

감기 기운이 점점 더 악화되고 있다.

2008년 3월 어느 날

아침 5시 반 _ 일어나서 준비 후 6시 반에 집을 나섰다.

7시 _ 한국에서 온 기업인들과 아침을 함께했다. 베트남 정치, 경제 동향 및 한국-베트남 관계에 대해 브리핑했다. 기업인들의 관심사에 대해 의견을 교환하였다.

8시 반 _ 사무실에 출근하여 본부에서 온 훈령을 파악했다. 베트남 현지 영자지의 헤드라인 기사와 한국 관련 보도 내용을 점검하였다.

9시 _ 몇몇 직원들을 불러 본부 훈령에 대해 협의한 후 업무를 분장하고 처리 지침을 지시했다. 11시 베트남 세미나에서 행할 연설문을 최종 점검했다.

9시 반 _ 사무실을 떠나 외무부로 갔다.

10시 _ 외무차관을 만나 양국 현안 문제를 논의했다.

11시 _ 베트남 정부가 우리 기업인들을 위해 개최한 세미나에 참석, 기조 연설 후 토의에 참석하였다.

12시 반 _ 세미나 참석 우리 기업인들과 오찬을 함께하면서 애로 사항을 청취하였다.

오후 4시 _ 베트남 경제 장관을 면담, 우리 기업 투자 프로젝트에 대해 협의하였다.

오후 6시 _ 한인회 지도자들을 면담했다.

오후 7시 _ 관저에서 베트남 장관과 우리 기업을 초청하여 저녁을 접대하면서 현안 업무를 협의하였다.

10시 _ 하루 일과를 끝냈다. 직원들이 제출한 보고서를 검토하였다.

11시 반 _ 영사로부터 한인 사망 사고가 발생했다고 보고받았다. 주재국 경찰에 신고하고 신원이 밝혀지는 대로 가족에게 통보하라고 지시했다.

2008년 4월 어느 날

아침 10시경 _ 하노이 대사관을 출발하여 두 시간 비행하고 두 시간 반 정도 자동차 편 주행 후 오후 4시 반 호찌민 시 근처 붕따우에 있는 석유공사지사에 도착하였다. 두 시간 반가량 에너지 자원 외교에 대해 토의한 후 내일 석유공사가 개발해서 운영하는 베트남 11-2 광구 롱도이 플랫폼 사업 현장 방문에 따르는 준비 사항을 점검하였다.

저녁 일찍 잠자리에 들었는데 저녁 음식이나 물이 잘못되었는지 갑자기

설사가 시작되어 고생했다. 같이 간 상무관이 가지고 온 비상약을 먹고 잤다. 다음 날 새벽 5시에 일어나 준비한 후 5시 반에 아침 식사를 하였다. 여전히 뱃속이 편치 않아서 음식 먹기가 매우 조심스러웠다. 6시 10분경 호텔을 떠나 헬기장으로 갔다. 헬기장에서 약 20여 분간 안전 교육을 받았다.

석유 공사는 매주 목요일마다 해상 플랫폼 근무자 교체를 위해 헬기를 운영한다고 한다. 한 번 운영하는 데 비용이 많이 들기 때문에 우리의 방문도 이렇게 정기 운영할 때를 활용하기로 했다. 일하러 들어가는 베트남인들 10여 명이 함께 탔다.

7시 반에 이륙한 헬기는 약 두 시간 비행하였다. 날씨가 덥기도 했지만 비행 중 안전 때문에 문을 모두 닫아 매우 무더웠다. 2003년, 2004년 이라크에서 헬기 타고 우리 군 파병 지역을 둘러보던 일이 생각났다. 그때는 이라크 저항 세력의 공격 위험 때문에 헬기는 도시 주둔 미군 헬기장을 이륙하면 곧바로 사막으로 빠져 한없이 사막 위를 날았다. 작열하는 태양, 끝없는 사막에 가끔 외딴 마을이 나타났고, 반갑다며 손을 흔들어주는 아이들도 볼 수 있었는데, 이번에는 바람이 세차게 부는 바다 위를 비행했다.

9시 _ 현장에 도착하여 현장 책임자(영국인)의 영접을 받았다. 붕따우에서 동남방으로 약 320킬로미터 떨어진 이 플랫폼에는 영국인 총책임자, 호주인 생산 담당 책임자, 한국인 관리 담당 책임자와 베트남 기술자들이 일하고 있다. 안전 교육 후 야광색의 안전복을 착용하고 약 한 시간에 걸쳐 해상 플랫폼을 시찰하였다. 가스 매장량은 약 1조 입방피트(한국의 1년 사용량), 일일 생산량은 약 1억 6,000만 입방피트이며, 가스와 함께 나오는 컨덴세이트(초경질유)는 일일 3,000~4,000배럴이라고 한다. 매일 60만 불을 벌어들이는 프로젝트이다. 여기서 나는 가스는 파이프로 호찌민 시 근처 지역에 직접 공급되고 경질유는 근처에서 대기 중인 수송선에 의해 바로 외국으로 수출된다고 한다. 베트남인 기술자들은 일주씩 교대 근무하며 이 플랫폼 근무자들은 매일 야간을 포함 수시로 안전 훈련을 실시한다고 했다. 바닷바람이 몰아치고 적막하기 그지없는 바다 위 이 작은 플랫폼에서 일하는 우리 한국인들이 자랑스러웠고, 외국인 근로자들에게는 감사를 느꼈다. 나는 이들을 격려했다. 이 프로젝트는 1990년 초부터 우리가 탐사하고 개발하고 생산하는, 우리 힘으로 개발한 자원 프로젝트였다. 이 가스 개발 사업은 사업의 구상, 탐사, 생산 등 회임 기간은 길었지만 이제 우리에게 효자 프로젝트가 되어 자랑스러웠다.

한 시간가량 시찰 후 10시 육지로 돌아오는 헬기를 탔다. 지난 한 주간 현장에서 근무를 마치고 육지로 나오는 베트남인 근무자들도 함께 탔다. 표정들이 매우 밝았다. 12시 붕따우 헬기장에 도착하여 눈에 익은 롯데리아에서 샌드위치로 간단히 점심을 든 후 바로 크루즈 선착장으로 갔다. 두 시간 운행 후 배가 호찌민 선착장에 도착하여 바로 호찌민 공항으로 갔다. 3시 반 비행기 편을 타고 하노이로 돌아오니 5시 반이 되었다.

2009년 1월 어느 날

아침 8시 경 _ 출근 직후 베트남 언론의 보도 내용을 점검하였다.

9시 _ KOICA 및 수출입은행으로부터 ODA 관련 금년 세부 이행 계획에 대해 보고를 받았다. 베트남을 원조하는 두 원조 기관 간 협의체가 구성되어 모범적으로 운영되고 있다.

12시 _ 북경에서 온 한국 특파원, 하노이 주재 한국 특파원과 만나 대

메콩지역 협력GMS의 남북 회랑(중국 남부와 베트남 북부)를 잇는 건설 프로젝트에 대해 의견을 교환하였다. 북경 특파원은 중국 난닝에서 하노이까지 기차 여행을 했는데, GMS 남북 회랑의 발전 잠재력을 높이 평가하였다.

오후 2시 _ 서울에서 온 한국 기업 대표단의 방문을 받았다. 한국인 전용 산업공단 건립 문제를 협의하였다.

오후 3시 반 _ 문화 및 홍보 그리고 교육 분야 새해 업무 세부 이행 계획에 대해 보고가 있었다.

저녁 6시 반 _ D 그룹 법인장 등 일행과 저녁을 함께했다. 노사 문제, 중공업 단지 준공식 개최 등에 대해 협의하였다.

저녁 10시 20분 _ 우리의 대 베트남 ODA 협력 현황 조사차 방문하는 국회의원단 일행(5명)을 공항 영접하였다.

집에 오니 밤 12시였다.

2009년 6월 어느 날

아침 8시 _ 출근 후 바로 베트남 언론의 보도 내용을 점검하였다.

아침 9시 _ 직원회의를 열고 업무를 점검하였다. 20여 건의 일에 대해 협의하고 처리 방안을 정했다.

10시 _ K그룹의 법인장 방문을 받았다. 베트남 진출 대 규모 프로젝트에 대한 공관 지원 방안을 논의하였다.

12시 _ 수출입은행 소장 일행을 점심에 초청, 베트남에 대한 유상 원조 현황과 추진 중인 사업에 대해 보고를 받았다. 세계은행 주관 베트남 원조

공여국 회의 참가 준비를 협의하였다.

오후 4시 _ 베트남 국영 방송 VTV와 인터뷰했다. 무역 및 투자 등 한국-베트남 경제 교류 현황을 소개하였다.

오후 5시 _ 한국 기업인의 방문을 받았다. 의료 기기 생산 공장 건립 문제에 대해 안내했다.

저녁 6시 반 _ 관저에서 베트남-한국 의원 친선 협회장 등 베트남 국회 의원 6명을 위해 저녁을 대접하였다.

저녁 10시 _ 직원들의 업무 보고서를 검토하였다.

2009년 11월 어느 날

아침 출근 후 베트남 언론의 보도 내용을 점검하였다.

아침 9시 _ 직원회의를 열고 업무를 점검하였다. 나는 회의 때마다 우리 직원들에게 오케스트라 단원들이 서로 다른 악기로 아름다운 음률을 만들어내듯 우리도 서로 다른 일이지만 하나의 통합된 공관으로 일해서 원하는 결실을 얻자고 독려했다.

12시 _ 2001년 한국-베트남 관계가 '21세기 포괄적 동반자' 관계로 격상될 때 주베트남 대사를 했던 한국인 P대사, 주한국 대사를 했던 베트남인 T대사를 오찬에 초청, '전략적 협력 동반자' 관계로 격상된 한국-베트남 관계의 후속 조치에 대해 그들의 견해를 청취했다.

오후 2시 _ 한국 기업인의 방문을 받고 그가 개발한 리조트의 준공식 개최 문제를 협의하였다. 나는 그를 격려했다.

오후 3시 _ 한국 기업인의 방문을 받고 하노이 근처 성에 자동차 부품 공장 건립 공장 추진에 대해 안내하였다.

오후 4시 _ C국 대사의 방문을 받고 한국인 관광객의 곰쓸개 음용 문제에 대해 동인의 우려를 듣고, 우리의 조치 내용을 설명해주었다.

오후 5시 _ 베트남 내무장관을 방문하여 곧 있게 될 동 장관의 방한 일정을 협의하였다.

오후 6시 _ 하노이 NCC(국제 회의장)에서 열린 베트남 중부지역 태풍 피해 성금 모금 외교단 갈라 디너에 참석하였다. 베트남 조국전선 주석, 외무장관이 참석하였다. 주최 측은 피해 주민을 도운 현지의 우리 기업과 NGO의 활동을 부각해서 소개하고 사의를 표명했다. 우리 동포들이 매우 자랑스러웠다. 쌓인 피로도 싹 가셨다.

다른 나라 주재 우리 공관도 그렇지만 베트남도 우리 동포 수가 늘어나고 단기 여행 차 베트남에 오는 사람 수도 늘어나니 자연히 사건 사고 발생이 잦아지고 있다. 그러다 보니 한밤중에도 대사관 직원들이 현장으로 달려 나가기도 한다. 나는 전화로 보고받고 지시만 하지만, 자다 말고 현장으로 달려 나가는 직원은 대단히 힘들었을 것이다. 대사관 직원 모두가 주야로 노력해준 결과 주베트남 대사관은 경제 통상, 개발 협력, 에너지 자원, 영사 서비스, 사용자 중심 홈페이지 운영 등에서 최우수 그룹 공관에 선정되었다.

외교관에게는 여러 가지 자질이 요구된다. 적응력, 신뢰성, 용기, 침착성, 인내심, 감정이입, 전문 지식, 외국어 구사 능력, 기밀 보호, 정제된 언어 구사 등인데, 여기에 체력 또한 중요한 자질이다. 나폴레옹이 지휘한다는 것은 현장에 자신의 모습을 보이는 것이라고 말했듯, 외교관은 현장에 가서 현장의 목소리를 듣고 빡빡한 일정을 소화하려면 육체적으로도 강건해야 한다. 건강한 몸에서 건전한 사고와 판단이 가능하기 때문이다. 자주 몸이 아프면 외교 현장에서 제대로 지휘할 수가 없다.

개인의 사생활에서도 그렇지만 외교관의 공적 활동에서도 소통과 접촉은 효과적인 업무 수행의 윤활유다. 외교관의 소통은 대개 성명서, 연설 및 서한 등으로 이루어지며 접촉은 면담, 행사 및 연회 참석을 통해 이루어진다. 나는 베트남 근무 기간 동안 소통과 접촉을 위해 공식적으로 사람을 자주 만났고, 베트남 중앙 정부, 지방 정부, 여타 기관 또는 인사 그리고 외교단에게 보낸 서한도 통계를 뽑아보지는 않았지만 상당히 많았다.

나는 베트남을 떠나기 직전에 베트남 지도부, 정부 장관과 차관, 지방성 당 서기 및 인민 위원장, 학계, 언론계 등 지도자 200여 명에게 이임 인사 편지를 보냈다. 편지에서 나의 재임 기간 동안 한국-베트남 관계가 외교의 최상 상태인 전략적 협력 동반자 관계로 격상되고 베트남이 정치·사회적 안정 속에서 경제가 급성장 하는 모습을 직접 목격하였다고 말하고, 베트남 사람들이 우리 문화를 사랑해준 데 대해 사의를 표했다. 이어 나는 이 편지에서 쟈크 아탈리가 베트남에게 주는 희망적 메시지를 전하면서 2025년에 꼭 베트남에 다시 와서 발전해 있을 모습을 보고 싶다고 말했다. 나의 이 편지를 받은 많은 베트남 사람들이 답장 또는 전화를 해서 나의 재임 기간 동안의 양국 관계 발전을 평가하면서 나의 이임을 섭섭해 했다. 나의 이임 예방을 받은 한 최고 지도자는 베트남 근무 후 이임하는 대사로부터 직접 편지를 받은 것은 처음이라며 좋게 평했다. "예의를 갖추는 데 돈이 들지는 않는다Courtesy costs nothing"라는 속담도 있지만 나의 짧은 이임 편지가 한국에 대해 좋은 인상을 주었다니 이 또한 매우 기쁘고 보람된 일이었다.

편지 관련하여 또 하나의 사례가 있다. 2008년 12월 말의 어느 날로 기억되는데, 나는 가족과 함께 공관 옆 음식점에서 저녁식사를 하고 있었다. 이 시간에 베트남과 태국이 동남아 축구 컵을 놓고 결승전을 하고 있었다. 베트남은 얼마 전 태국 원정 경기에서 승리하여 이번 시합에서 비기기만 해도 우승을 하게 되어 있었다. 아쉽게도 베트남은 전반전에서 한 골을 태국에게 내주고 말았다. 축구 좋아하는 베트남 사람들, 식당 종업원들이 텔레비전을 시청하느라 정신이 없었다. 그런데 베트남 팀이 후반전까지 끝나고 주어진 로스 타임 3분 중 10초쯤 남겨놓고 태국 문전 근처에서 프리킥을 얻어 찬 것이 골인되어 비기는 행운을 얻었다. 국제 경기에서 10년 만에 베트남이 승리한 운동 경기라고 했다. 태국 선수에 비해 기술력도 뒤지고 체력도 현저히 떨어졌지만 끝까지 포기하지 않고 싸운 베트남 선수들의 투혼이 가져온 승리였다.

집으로 돌아오려고 음식점 밖으로 나오니 벌써 거리에는 베트남기를 꽂은 차량과 오토바이들이 경적을 울리며 요란스럽게 달렸다. 집으로 돌아오는 길 내내 승리를 축하하는 흥분한 시민들로 온통 축제 분위기였다.

나는 다음 날 베트남의 축구 우승에 대해 호앙뚜언아인Hoang Tuan Anh 문화체육관광부 장관에게 축하 서한을 보내 이번 승리가 베트남의 비상을 알리는 상서로운 쾌거라고 말했다. 2주 후 베트남 외무부와 문화부의 두 장관이 공동으로 주최한 뗏(설) 맞이 리셉션에서 문화부 장관은 내가 보낸 축하 편지를 문화부 전 직원들에게 읽어 주었다면서, 베트남에게 응원을 보내준 데 대해 고마움을 표했다.

연회는 접촉에 매우 좋은 기회다. 그러므로 연회에 참석하거나 연회를 주최하는 것은 외교관의 중요한 책무 중 하나다. 의전을 갖춘 공식 오찬 또는 만찬은 물론이고 의전을 고려하지 않는 리셉션이나 칵테일 파티 참석은 정보 수집과 네트워킹의 기회가 된다. 연회 참석은 유희가 아니라 긴장한 가운데 수행하는 업무다. 사람들은 외교관 하면 샹들리에 밑에서 와인 잔 들고 한가롭게 노는 모습을 연상한다고 하는데 사실은 연회 참석은 고역이다. 복장 등 사전 준비에 여간 신경 쓰이는 게 아니고, 술이 제공된다고 해서 취해서도 안 되겠지만 취할 틈도 없다. 왜냐하면 이 기회에 만날 사람도 많고 해결해야 될 일도 많기 때문이다.

한 주에 서너 번은 연회다. 연회에 가면 적어도 두어 시간은 보내야 한다. 리셉션이라면 잠시 내 시간을 가질 수도 있겠지만, 좌정한 오찬이나 만찬의 경우 옆 사람은 아랑곳하지 않고 음식만 먹고 있을 수는 없다. 옆 사람의 이야기를 듣고 나도 이야기를 해야 한다. 내가 주최하는 경우에는 대화를 이끌어가야 한다. 또 돈을 쓰는 것만큼 참석자들과 업무도 보아야 한다. 그렇지만 부드럽게 접근해야 한다. 그러므로 연회 참석과 주최는 사전에 상당한 준비가 필요하다. 새내기 대사관 직원들은 호기심으로 큰 규모의 리셉션이나 칵테일파티에 한번 가보고 싶다고 한다. 나는 이들에게 대사 역할 연습하는 차원에서라도 연회에 가는 것을 적극 권장한다. 그런데 직원들은 한두 번 가본 뒤로는 안 가려고 한다. 너무 힘들기 때문이다.

그럼에도 불구하고 연회에 초청받으면 참석해야 한다. 다수가 참석하는 리셉션의 경우에는 외교단은 물론이고 주재국의 현직 및 은퇴한 주요 인사들이 오기 때문이다. 외교관들이야 서로 자주 만나지만 연회에 오는 주재국의 인사들은 보물이다. 이들은 자기 분야의 지식과 역사를 지니고 있고 그의 네트워크가 있기 때문에 영향력이 큰 사람들이다. 이들과 네트워킹이 잘 되면 주재국의 문화, 역사, 관습 등 이모저모를 단시간 내 습득할 수 있고 그의 네트워크를 이용하면 업무도 아주 효과적으로 처리할 수 있다.

나는 하노이 주재 외교단의 외교 행사에는 물론 베트남 정부가 주최하는 행사로 외교단을 초청하면 빠짐없이 참석하였다. 한번은 베트남 문화부의 호앙뚜언아인 장관을 4일 연이어 만났는데, 그는 한국 대사가 동에 번쩍 서에 번쩍 한다며 나를 치켜세웠다. 베트남 각종 문화 행사에도 꼭 참석했는데 호앙뚜언아인 장관은 한국 대사가 자기 부의 행사에 빠짐없이 참석한다며 좋아했다. 우리의 문화 외교 관련 일에서 나도 역시 그 장관으로부터 도움을 많이 받았다. 이 장관은 나의 재임 기간 중 우리 개천절 리셉션에 두 번이나 베트남 정부를 대표하는 자격으로 참석하였다. 대개는 국경일 리셉션에 외무부 차관이 베트남 정부 대표로 참석한다. 이 일은 네트워킹의 효과를 보여주는 좋은 예라고 생각된다.

이란에 있을 때도 테헤란 주재 외교단 연회는 물론 이란 정부가 외교단 참석을 초청하는 행사에 거의 빠짐없이 참석하였다. 내가 이란을 떠날 때 이란 외무장관을 이임 인사차 예방했는데, 그는 나의 재임 기간 중 활동을 언급하고 마지막에 자기들이 조사한 바에 따르면 내가 이란 정부 주최 외교 행사에 제일 성실하게 참석했다며 감사하다고 말했다.

19세기 중엽 영국의 유명한 재상이었던 파머스톤 경은 대사는 모세의 10계명을 다 어길지라도 11번째 계명인 '남 눈에 띄지는 말라Thou shalt not be found out'는 어거서는 안 된다고 말했는데, 이는 대외 보안을 요하는 일을 할 때 남의 눈에 띄지 않게 은밀히 하라는 뜻의 조언으로 생각된다. 이는 예나 지금이나 맞는 말이다. 그러나 그런 경우를 제외하고는, 대사는 자주 주재국 국민들의 눈에 띄어야 한다고 생각한다. 이점 또한 예나 지금이나 마찬가지다. 대사는 주재국의 언론과 인터뷰 등을 통해 주재국 국민들에게 자기 모습을 빈번히 보여주고 주재국 정부가 주최하는 외교 행사에도 부지런히 참석해서 자기의 모습을 정부 인사들의 눈에 익혀놓아야 한다. 외교 행사 참석은 주재국 정부에 대한 관심과 성의일 뿐만 아니라, 평소 만나기 어려운 고위 인사들과 만나 외교도 하고 주재국 고위 인사와 네트워킹을 튼튼히 할 수 있는 절호의 기회다.

언젠가의 일이다. 하노이 주재 외교관들이 베트남 외무장관과 모임을 갖는 자리에서 이 장관이 한 아세안 국가 대사를 보더니 어느 나라 대사냐고 물었는데 이때 그 대사는 대단히 얼굴색이 창백해지면서 당혹해했다. 물론 장관이 하노이 주재 80여 명의 외국 대사의 얼굴을 다 알 수는 없겠지만, 인근국 대사로 주재국 외무장관으로부터 어느 나라 대사냐고 물음을 받는다면 이는 그 외교관에게는 충격이다. 그 대사는 나중에 각종 연회에 적극 참석했고, 베트남 외무장관이 참석하는 행사에서는 항상 그 장관 곁에 있었다.

사람을 만나는 일은 외교관의 중요한 업무 중 하나이다. 만난 사람을 기억하는 것 또한 중요하다. 그러나 정말 많은 사람을 만나기 때문에 만난 사람의 이름과 얼굴을 매치시켜 기억한다는 것은 보통 어려운 일이 아니다. 특히 새로운 임지에 부임할 때엔 주재국 대통령부터 시작하여 장관, 차관, 국장 등 한두 달 내에 한 40~50여 명을 만나게 되는데, 여기에 더해 리셉션 또는 오찬 만찬 석상에서 만난 이들을 바로 기억한다는 것은 매우 어렵다. 물론 대통령이나 외무장관은 쉽게 알아볼 수 있다고 하더라도 그 외의 인사들을 알아보기까지는 상당한 시간이 필요하다. 낯선 나라, 특히 이름이 길거나 외우기에 복잡한 지역에 가면 보통 고역이 아니다. 여기에다가 100여 명의 외교단 동료 대사들, 나아가 교민 대표와 지사 상사 요원까지 더하면 만나고 기억해야 하는 사람의 숫자는 급속히 늘어난다.

이를 대비하여 나는 항상 사진기를 휴대하고 다녔다. 새 부임지에 가면 만나는 사람과 가급적 사진을 찍고 사무실 컴퓨터에 이 사진을 올려놓고 얼굴과 이름을 익힌다. 그러면 정말 많은 도움이 된다. 이렇게 얼굴을 익힌 후 연회 때나 다른 행사에서 만났을 때 그 사람의 이름을 불러주면 매우 반가워했다. 나폴레옹이 전장에서 부하들의 이름을 하나하나 불러주었더니 이들의 사기가 충천되었다는 말이 맞나 보다.

큰 규모의 회의나 리셉션 같은 경우에는 명찰을 달아주어 서로 누가 누군지 금방 알 수 있으나 요즘은 명찰을 달아주지 않는다. 웃지 못할 해프닝은 이때 일어난다.

이란에서 근무할 때 일이다. 외무부 한 국장을 만나 면담을 한 후 내가 용도를 설명하고 사진을 함께 찍자고 했다. 그러나 그는 터번을 쓴 채로 외국인과는 사진을 찍지 않는다며 내 요청을 정중하게 거절하였다. 충분히 이해할 수 있는 일이었다.

이틀 후 모로코 대사관 리셉션에 갔는데 터번을 쓴 이란 사람들이 여러 사람이 서 있었고, 그중 한 사람이 나를 무척 반겨주었다. 테헤란의 외교단 리셉션에서는 명찰을 제공해주지 않았다. 나는 그가 누군지를 전혀 알아차리지 못하고 다른 터번 쓴 사람들에게 한 것처럼 가볍게 인사하고 그들과 헤어져 다른 사람들과 어울렸다. 내 눈엔 이란 사람들은 대개 비슷하게 보였고, 더욱이 터번을 쓴 사람들은 구별하기가 어려웠다.

집에 돌아와 유달리 나를 반긴 그가 누구일까 곰곰이 생각하니 그가 바로 이틀 전에 면담 가서 만났던 바로 그 국장이었다. 매우 미안한 마음이 들었다. 나는 다음 날 사무실에 출근하자마자 그에게 전화하여 어제저녁 그가 나를 반겨했는데도 내가 그가 누군지를 얼른 알아차리지 못했고, 집에 돌아와 생각해보니 당신이어서 크게 후회가 되어 미안한 마음으로 이렇게 전화했다고 전했더니 그는 껄껄 웃으며 충분히 이해한다고 말했다. 나는 내가 그를 바로 알아차리지 못한 것은 분명 내 잘못이지만, 그것은 내가 사진 찍자고 했을 때 그가 거절하여 내가 그의 사진을 가지고 그의 얼굴을 익힐 기회가 없어 그런 결례를 범하게 되었다고 했더니 그는 다음에는 꼭 사진도 찍고 더 가까이 지내자고 말했다. 이 일이 인연이 되어 그후 그와 나는 매우 가깝게 지냈다.

대사들이 어느 나라에 가든 그 나라의 외무부 의전장은 주재 대사들에게 매우 중요한 위치에 있는 사람이다. 그를 통해 주재국 국가 원수 앞 신임장 제정의 절차가 시작되기 때문이다. 나라마다 약간 차이는 있지만 대개 또 의전장을 통해 주재국 장관 등 고위 인사 부임 인사 예방이 주선되기 때문이기도 하다. 나는 이란과 베트남에서 의전장들과 친하게 지내 업무에 많은 도움을 받았다. 한 동료 한국 대사로부터 들은 이야기다. 그는 자기가 근무하는 나라의 외무부 의전장과 절친하게 지내고 있었는데 어느 날 외교단 만찬에서 옆 자리에 앉아 있는 주재국 인사가 낯익은 사람인데 누군지 생각이 잘 안 나서 한참 망설인 끝에 실례지만 누구냐고 물었다고 한다. 그랬더니 그 사람이 어이없다는 표정을 짓더니만 자기는 외무부 의전장이며 그간 여러 계기에 자주 만나고 엊그저께 식사도 같이 해 놓고는 누구냐고 물어와 매우 언짢아 했다고 한다. 동료 대사는 한두 달 그를 달래느라 애 먹었다고 한다.

Việt Nam Kiến Văn Lục